Vorwort

Die vorliegende Fallsammlung ist für **Studenten in den ersten Semestern** gedacht. Gerade in dieser Phase ist es wichtig, bei der Auswahl der Lernmaterialien den richtigen Weg einzuschlagen. Auch in den späteren Semestern und im Referendariat sollte man in den grundsätzlichen Problemfeldern sicher sein. Die essentials sollte jeder kennen.

Die Gefahr zu Beginn des Studiums liegt darin, den Stoff zu abstrakt zu erarbeiten. Nur ein **problemorientiertes Lernen**, d.h. ein Lernen am konkreten Fall, führt zum Erfolg. Das gilt für die kleinen Scheine / die Zwischenprüfung genauso wie für das Examen. In juristischen Klausuren wird nicht ein möglichst breites Wissen abgeprüft. In juristischen Klausuren steht der Umgang mit konkreten Problemen im Vordergrund. Nur wer gelernt hat, sich die Probleme des Falles aus dem Sachverhalt zu erschließen, schreibt die gute Klausur. Es geht darum, Probleme zu erkennen und zu lösen. Abstraktes anwendungsunspezifisches Wissen, sog. „Träges Wissen", täuscht Sicherheit vor, schadet aber letztlich.

Bei der Anwendung dieser Lernmethode sind wir Marktführer. Profitieren Sie von der fast 30-jährigen Erfahrung des Juristischen Repetitoriums hemmer im Umgang mit Examensklausuren. Diese Erfahrung fließt in sämtliche Skripten des Verlages ein. Das Repetitorium beschäftigt und beschäftigte **ausschließlich Spitzenjuristen**, teilweise Landesbeste ihres eigenen Examenstermins. Die so erreichte Qualität in Unterricht und Skripten werden Sie woanders vergeblich suchen. Lernen Sie mit den Profis!

Ihre Aufgabe als Jurist wird es einmal sein, konkrete Fälle zu lösen. Diese Fähigkeit zu erwerben ist das Ziel einer guten juristischen Ausbildung. Nutzen Sie die Chance, diese Fähigkeit bereits zu Beginn Ihres Studiums zu trainieren. Erarbeiten Sie sich das notwendige Handwerkszeug anhand unserer Fälle. Sie werden feststellen: Wer Jura richtig lernt, dem macht es auch Spaß. Je mehr Sie verstehen, desto mehr Freude werden Sie haben, sich neue Probleme durch eigenständiges Denken zu erarbeiten. Wir bieten Ihnen mit unserer **juristischen Kompetenz** die notwendige Hilfestellung.

Fallsammlungen gibt es viele. Die Auswahl des richtigen Lernmaterials ist jedoch der entscheidende Aspekt. Vertrauen Sie auf unsere Erfahrungen im Umgang mit Prüfungsklausuren. Unser Beruf ist es, **alle klausurrelevanten Inhalte** zusammenzutragen und verständlich aufzubereiten. Prüfungsinhalte wiederholen sich. Wir vermitteln Ihnen das, worauf es in der Prüfung ankommt – verständlich – knapp – präzise.

Achten Sie dabei insbesondere auf die richtige Formulierung. Jura ist eine Kunstsprache, die es zu beherrschen gilt. Abstrakte Floskeln, ausgedehnte Meinungsstreitigkeiten sollten vermieden werden. Wir haben die Fälle daher bewusst kurz gehalten. Der Blick für das Wesentlich darf bei der Bearbeitung von Fällen nie verloren gehen.

Wir hoffen, Ihnen den Einstieg in das juristische Denken mit der vorliegenden Fallsammlung zu erleichtern und würden uns freuen, Sie auf Ihrem Weg in der Ausbildung auch weiterhin begleiten zu dürfen.

hemmer wüst

Inhaltsverzeichnis: Die Zahlen beziehen sich auf die Seiten des Skripts.

Kapitel I: Anfechtungsklage

Kapitel III: Fortsetzungsfeststellungsklage

Kapitel IV: Allgemeine Leistungsklage

Kapitel V: Allgemeine Feststellungsklage

Kapitel VI: Normenkontrolle

Kapitel I: Anfechtungsklage

Fall 1: Eröffnung des Verwaltungsrechtswegs

Sachverhalt:

A betreibt einen kleinen Lebensmittelladen in der Stadt S. Da der Verdacht besteht, dass er häufig unversteuerte Zigaretten „unter dem Ladentisch" verkauft, erlässt die zuständige Behörde nach Anhörung des A eine Gewerbeuntersagung aufgrund § 35 I Gewerbeordnung (GewO). A will dagegen klagen. Ist der Verwaltungsrechtsweg eröffnet?

I. Einordnung

Erste Voraussetzung für die Eröffnung des Verwaltungsrechtswegs ist, dass es sich um eine öffentlich-rechtliche Streitigkeit handelt.

II. Gliederung

1. Keine aufdrängende Sonderzuweisung
2. § 40 I VwGO
a) Öffentlich-rechtliche Streitigkeit
Maßgeblich sind die streitentscheidenden Normen, hier die GewO.
⇨ Öffentlich-rechtlich
b) Nichtverfassungsrechtlicher Art
c) Keine abdrängende Sonderzuweisung
3. Ergebnis: Verwaltungsrechtsweg gem. § 40 I VwGO eröffnet.

III. Lösung

Eröffnung des Verwaltungsrechtswegs:

1. Eröffnung des Verwaltungsrechtswegs aufgrund einer aufdrängenden Sonderzuweisung

hemmer-Methode: Die einzige relevante aufdrängende Sonderzuweisung gilt für beamtenrechtliche Streitigkeiten nach § 126 I BRRG. Für alle anderen Streitigkeiten kann sich der Verwaltungsrechtsweg nur aus § 40 I VwGO ergeben.

Eine aufdrängende Sonderzuweisung für die Klage des A besteht nicht.

2. Eröffnung des Verwaltungsrechtswegs aus § 40 I VwGO

Der Verwaltungsrechtsweg könnte gem. § 40 I VwGO eröffnet sein. Dazu müsste die Klage des A eine öffentlich-rechtliche Streitigkeit darstellen, die nichtverfassungsrechtlicher Art ist und für die keine abdrängende Sonderzuweisung eingreift.

a) Öffentlich-rechtliche Streitigkeit

Eine Streitigkeit ist öffentlich-rechtlich, wenn die **streitentscheidenden Normen** öffentlich-rechtlich sind. Die Klage des A wäre gegen die Gewerbeuntersagung gerichtet. Die für die Rechtmäßigkeit der Gewerbeuntersagung maßgeblichen Vorschriften ergeben sich aus der Gewerbeordnung, insbesondere aus § 35 GewO. Die Vorschriften der GewO betreffen die hoheitliche Überwachung und Kontrolle der Gewerbeausübung und sind daher nach der Subordinationstheorie öffentlich-rechtliche Normen. Die Streitigkeit ist damit öffentlich-rechtlich.

hemmer-Methode: Prüfen Sie den öffentlich-rechtlichen Charakter einer Streitigkeit gedanklich in drei Schritten:
1) Was ist Streitgegenstand?
2) Welche ist die streitentscheidende Norm?
3) Ist es eine öffentlich-rechtliche Norm?

Punkt **2)** bereitet bei der Anfechtungsklage (wie bei der Verpflichtungsklage) in aller Regel keine Schwierigkeiten. Wird um einen Verwaltungsakt gestritten, so ist es meist einfach zu sagen, welche Vorschriften für dessen Rechtmäßigkeit maßgeblich sind (streitentscheidende Normen). Anders ist dies bei allgemeiner Leistungsklage und allgemeiner Feststellungsklage (vgl. Fälle 39 und 41).
Punkt **3)** ist i.d.R. ebenso unproblematisch, und zwar bei allen Klagearten. Die Vorschriften des Baurechts (das Baugesetzbuch, die Bauordnungen der Bundesländer), die Gemeindeordnungen, die Polizei- und Ordnungsbehördengesetze, die Vorschriften des Gewerberechts wie die Gewerbeordnung, das Gaststättengesetz und die Handwerksordnung sind öffentlich-rechtliche Vorschriften. Dies brauchen Sie nicht zu begründen. Der öffentlich-rechtliche oder privatrechtliche Charakter einer Norm ist in aller Regel unproblematisch. Es ist daher nicht notwendig, die für diese Abgrenzung vertretenen Theorien (Zuordnungstheorie, Subordinationstheorie, Interessentheorie, usw.) anzuführen.

b) Nichtverfassungsrechtlicher Art

Die Streitigkeit könnte nichtverfassungsrechtlicher Art sein. Eine Streitigkeit ist nur dann verfassungsrechtlicher Art, wenn eine sog. doppelte Verfassungsunmittelbarkeit vorliegt. Dazu ist erforderlich, dass zum einen zwei unmittelbar am Verfassungsleben Beteiligte (Verfassungsorgane oder deren Teile) streiten. Zum anderen muss um deren Rechte und Pflichten unmittelbar aus der Verfassung gestritten werden. Beide Voraussetzungen liegen hier nicht vor, so dass die Streitigkeit nichtverfassungsrechtlicher Art ist.

c) Keine abdrängende Sonderzuweisung

Eine abdrängende Sonderzuweisung für das Gebiet des Gewerberechts und damit für den hier vorliegenden Streit besteht nicht.

hemmer-Methode: Abdrängende Sonderzuweisung bedeutet, dass eine Streitigkeit in einem anderen Rechtsweg (z.B. ordentliche Gerichte, Finanzgerichte, Sozialgerichte) als vor den Verwaltungsgerichten auszutragen ist. Vgl. dazu im Einzelnen Fall 3.

Die Voraussetzungen des § 40 I VwGO liegen vor.

3. Ergebnis

Der Verwaltungsrechtsweg ist eröffnet.

IV. Zusammenfassung

- Wenn nicht wegen einer beamtenrechtlichen Streitigkeit § 126 I BRRG eingreift, ist für die Eröffnung des Verwaltungsrechtswegs § 40 I VwGO zu prüfen.
- Der öffentlich-rechtliche Charakter einer Streitigkeit ist gedanklich in drei Schritten zu prüfen:

I) Was ist Streitgegenstand?
II) Welche ist die streitentscheidende Norm?
III) Ist diese Norm öffentlich-rechtlich?

- I.d.R. liegt hier kein Problem vor, daher sollten keine überlangen Ausführungen erfolgen, insbesondere kein Theorienstreit!

V. Vertiefung

- Hemmer/Wüst, Basics Öffentliches Recht, Rn. 8 ff.

Fall 2: Eröffnung des Verwaltungsrechtswegs

Sachverhalt:

G möchte eine öffentliche Versammlung auf der Hauptstraße der Stadt W durchführen. Er meldet dies bei der zuständigen Behörde an (vgl. § 14 I Versammlungsgesetz - VersG). Daraufhin verbietet die Behörde die Versammlung, weil die Versammlung den Verkehr behindern würde. G fühlt sich dadurch in seinem Grundrecht auf Versammlungsfreiheit gem. Art. 8 I GG verletzt. Die Behörde müsse seine verfassungsrechtlich gewährleisteten Freiheiten beachten. Ist für eine Klage des G der Verwaltungsrechtsweg eröffnet?

I. Einordnung

Der Verwaltungsrechtsweg ist nach § 40 I VwGO nur dann eröffnet, wenn die öffentlich-rechtliche Streitigkeit nichtverfassungsrechtlicher Art ist.

II. Gliederung

1. **Keine aufdrängende Sonderzuweisung**
2. **§ 40 I VwGO**

a) **Öffentlich-rechtliche Streitigkeit** (+), da die streitentscheidenden Normen aus dem VersG öffentlich-rechtlich sind.

b) **Nichtverfassungsrechtlicher Art keine doppelte Verfassungsunmittelbarkeit**, da keine Beteiligten streiten, die unmittelbar am Verfassungsleben beteiligt sind.

c) **Keine abdrängende Sonderzuweisung**

3. **Ergebnis**: § 40 I VwGO (+)

III. Lösung

Eröffnung des Verwaltungsrechtswegs:

1. Eine aufdrängende Sonderzuweisung für die Klage des G besteht nicht.

2. Eröffnung des Verwaltungsrechtsweg aus § 40 I VwGO

Der Verwaltungsrechtsweg könnte gem. § 40 I VwGO eröffnet sein.

Dazu müsste die Klage des G eine öffentlich-rechtliche Streitigkeit darstellen, die nichtverfassungsrechtlicher Art ist, und für die keine abdrängende Sonderzuweisung eingreift.

a) Öffentlich-rechtliche Streitigkeit

Eine Streitigkeit ist öffentlich-rechtlich, wenn die **streitentscheidenden Normen** öffentlich-rechtlich sind. Die Klage des G ist gegen das Verbot der Versammlung gerichtet. Die hierfür maßgeblichen Vorschriften finden sich im Versammlungsgesetz, insbesondere in § 15 I VersG. Dieses sind nach der Subordinationstheorie öffentlich-rechtliche Normen, da hoheitliches Tätigwerden vorliegt. Die Streitigkeit ist damit öffentlich-rechtlich.

b) Nichtverfassungsrechtlicher Art

Die Streitigkeit müsste nichtverfassungsrechtlicher Art sein. Eine Streitigkeit ist dann verfassungsrechtlicher Art, wenn die sog. **doppelte Verfassungsunmittelbarkeit** vorliegt. Dazu ist erforderlich, dass zum einen zwei unmittelbar am Verfassungsleben Beteiligte (Verfassungsorgane) streiten. Zum anderen muss um deren Rechte und Pflichten unmittelbar aus der Verfassung gestritten werden.

G ist hier der Ansicht, dass das Versammlungsverbot sein Grundrecht aus Art. 8 I GG verletzt. Ob dies tatsächlich so ist, ist eine Frage der Begründetheit. Sicher ist jedoch, dass das Grundrecht auf Versammlungsfreiheit hier zu beachten ist, denn die von G beabsichtigte Versammlung wird von dieser verfassungsrechtlichen Vorschrift geschützt.

Bei einer Klage des G würde damit - zumindest auch - um verfassungsrechtliche Rechte des G gestritten würde. Die zweitgenannte Voraussetzung der sog. doppelten Verfassungsunmittelbarkeit ist daher gegeben.

Jedoch müssten die Beteiligten dieses Streits solche sein, die unmittelbar am Verfassungsleben beteiligt sind. Dies ist hier hinsichtlich des G nicht der Fall, denn G ist eine „normale" Privatperson und kein Verfassungsorgan. Ebenso ist die Behörde nicht unmittelbar am Verfassungsleben beteiligt.

hemmer-Methode: Anhand des Falls wird klar, dass es *nicht* ausreichen kann, dass (auch) um Verfassungsrecht gestritten wird: Bei jeder öffentlich-rechtlichen Streitigkeit können Grundrechte eine Rolle spielen, da jegliche Staatsgewalt gem. Art. 1 III GG an die Grundrechte gebunden ist. Und: Jede belastende Maßnahme betrifft zumindest das Grundrecht auf allgemeine Handlungsfreiheit gem. Art. 2 I GG. Deshalb kann der Streit um verfassungsrechtliche Rechte und Pflichten *allein* nicht den „verfassungsrechtlichen" Charakter einer Streitigkeit begründen!

Demnach liegt hier keine verfassungsrechtliche Streitigkeit vor. Diese ist vielmehr nichtverfassungsrechtlicher Art i.S.v. § 40 I VwGO.

c) Keine abdrängende Sonderzuweisung

Eine abdrängende Sonderzuweisung für das Gebiet des Versammlungsrechts und damit für den hier vorliegenden Streit besteht nicht.

3. Ergebnis

Der Verwaltungsrechtsweg ist gem. § 40 I VwGO eröffnet.

IV. Zusammenfassung

- Für die Eröffnung des Verwaltungsrechtswegs nach § 40 I VwGO ist erforderlich, dass die Streitigkeit nichtverfassungsrechtlicher Art ist.
- Nichtverfassungsrechtlich i.S.d. § 40 I VwGO ist eine Streitigkeit, wenn es an der sog. **doppelten Verfassungsunmittelbarkeit** fehlt. Doppelte Verfassungsunmittelbarkeit bedeutet, dass
  - **(1)** **unmittelbar am Verfassungsleben Beteiligte** (Verfassungsorgane)
  - **(2)** um **verfassungsrechtliche Rechte und Pflichten** streiten.

V. Vertiefung

- Hemmer/Wüst, Basics Öffentliches Recht, Rn. 22 f.

Fall 3: Eröffnung des Verwaltungsrechtswegs

Sachverhalt:

Der politisch aktive A verteilt in der Fußgängerzone der Stadt S Flugblätter, die eine Beleidigung bestimmter Politiker beinhalten. Er wird von einer Polizeistreife aufgefordert, dies zu unterlassen, da die Flugblätter einen beleidigenden Inhalt hätten und das Verteilen eine Straftat nach § 185 StGB darstelle. Als A sich weigert, erklärt einer der Polizeibeamten, die Zettel seien beschlagnahmt und A müsse diese herausgeben. Daraufhin übergibt A die restlichen Flugblätter. Er möchte jedoch gegen die Beschlagnahme vorgehen.

Ist der Verwaltungsrechtsweg eröffnet?

I. Einordnung

Bestimmten öffentlich-rechtlichen Streitigkeiten ist **durch besonderes Gesetz ein anderer Rechtsweg als der Verwaltungsrechtsweg zugewiesen** (abdrängende Sonderzuweisung).

II. Gliederung

1. **Keine aufdrängende Sonderzuweisung**
2. **Eröffnung des Verwaltungsrechtswegs gem. § 40 I VwGO**

a) Öffentlich-rechtliche Streitigkeit (+)
Maßgeblich sind die streitentscheidenden Normen. Dies könnten hier die Vorschriften des jeweiligen Polizeigesetzes, oder die §§ 98 ff. StPO sein. Beides sind öffentlich-rechtliche Vorschriften, so dass die Streitigkeit in jedem Fall eine öffentlich-rechtliche ist.

b) Nichtverfassungsrechtlicher Art (+)

c) Abdrängende Sonderzuweisung

⇨ **§ 23 EGGVG** greift bei Handeln der Polizei zum Zweck der Strafverfolgung ein. Hier erfolgte die Beschlagnahme jedoch vorrangig, um das weitere Verteilen der Flugblätter zu verhindern und damit künftige Straftaten zu verhindern. Die Maßnahme diente der Gefahrenabwehr, nicht der Strafverfolgung.

3. **Ergebnis**: Der Verwaltungsrechtsweg ist gem. § 40 I VwGO eröffnet.

III. Lösung

Der Verwaltungsrechtsweg könnte eröffnet sein.

1. Eine aufdrängende Sonderzuweisung kommt nicht in Betracht.

2. Verwaltungsrechtsweg gem. § 40 I VwGO

Gem. § 40 I VwGO müsste es sich um eine öffentlich-rechtliche Streitigkeit nichtverfassungsrechtlicher Art handeln, die nicht einem anderen Rechtsweg zugewiesen ist.

a) Öffentlich-rechtliche Streitigkeit

Eine Streitigkeit ist öffentlich-rechtlich, wenn die streitentscheidenden Normen solche des öffentlichen Rechts sind. Dies könnten hier zum einen die Vorschriften des jeweiligen Polizeigesetzes über die Beschlagnahme bzw. Sicherstellung sein.[1] Es könnte sich jedoch auch um eine polizeiliche Maßnahme zum Zweck der Strafverfolgung handeln. Denn die Polizei ist gem. § 163 StPO auch für Maßnahmen aufgrund der StPO zuständig. Dann sind die streitentscheidenden Normen die §§ 98 ff. StPO.

1 Z.B. Art. 25 BayPAG; § 43 NRWPolG; § 27 SäPolG.

hemmer-Methode: Die Polizei hat die Aufgabe der Gefahrenabwehr aufgrund der jeweiligen Polizeigesetze.[2] Daneben hat die Polizei/der Polizeivollzugsdienst nach § 163 StPO die Aufgabe, die Staatsanwaltschaft bei der Strafverfolgung zu unterstützen.

Alle diese Vorschriften sind jedoch solche des öffentlichen Rechts nach der Subordinationstheorie. Es handelt sich daher in jedem Fall um eine öffentlich-rechtliche Streitigkeit.

b) Nichtverfassungsrechtlicher Art.

Mangels doppelter Verfassungsunmittelbarkeit ist diese Streitigkeit nichtverfassungsrechtlicher Art.

c) Abdrängende Sonderzuweisung

Die Streitigkeit könnte gem. **§ 23 EGGVG** den Strafgerichten zugewiesen sein. Dazu müsste die Maßnahme der Polizei einen sog. Justizverwaltungsakt darstellen. Dies erfordert, dass es sich um eine Maßnahme zur Strafverfolgung handelt. Ob eine **strafverfolgende Maßnahme** vorliegt oder die Polizei zur **Gefahrenabwehr** aufgrund des jeweiligen Polizeigesetzes handelte, richtet sich danach, ob Zweck der Maßnahme die Abwehr einer Gefahr oder die Verfolgung und Aufklärung einer Straftat war. Kommen beide Zwecke in Betracht, so ist auf den Schwerpunkt der polizeilichen Maßnahme abzustellen.

Im Fall könnte es sich um eine Maßnahme der Strafverfolgung handeln. A hat bereits einige der beleidigenden Flugblätter verteilt und damit eine Straftat nach § 185 StGB verwirklicht.

Andererseits könnte Zweck der Maßnahme jedoch auch die Abwehr einer Gefahr sein. A wollte weitere Flugblätter verteilen. Dies würde jeweils erneut den Straftatbestand des § 185 StGB erfüllen. Die Maßnahme der Polizei kann daher auch den Zweck gehabt haben, die Gefahr dieser bevorstehenden Straftaten abzuwehren.

Demnach muss hier nach dem Schwerpunkt des polizeilichen Handelns gefragt werden. Die Beschlagnahme aller Flugblätter hatte vorrangig den Zweck, den A an dem fortgesetzten Verteilen zu hindern. Zur Strafverfolgung, etwa um ein Beweismittel zu gewinnen, hätte es ausgereicht, ein einzelnes Flugblatt zu beschlagnahmen. Demnach bezweckte die polizeiliche Maßnahme dem Schwerpunkt nach die Abwehr einer Gefahr, nicht der Strafverfolgung.

Daher liegt kein Justizverwaltungsakt im Sinne des § 23 EGGVG vor. Die abdrängende Sonderzuweisung gem. § 23 EGGVG greift nicht ein.

3. Ergebnis

Der Verwaltungsrechtsweg ist gem. § 40 I VwGO eröffnet.

IV. Zusammenfassung

- Bei Streitigkeiten um Maßnahmen der Polizei bzw. des Polizeivollzugsdiensts kann die **abdrängende Sonderzuweisung des § 23 EGGVG** eingreifen.
- Entscheidend ist dabei, ob der **Zweck der polizeilichen Maßnahme** der Gefahrenabwehr oder der Strafverfolgung diente. Kommen beide Zwecke in Frage, insbesondere wenn bereits Straftaten verwirklicht wurden, ist auf den Schwerpunkt polizeilicher Maßnahmen abzustellen.

---

[2] Z.B. Art. 2 I BayPAG; § 1 I NWRPolG; § 1 I SäPolG.

hemmer-Methode: Weitere abdrängende Sonderzuweisung gelten für die Überprüfung einer polizeilichen Freiheitsentziehung aufgrund der jeweiligen Polizeigesetze[3], für Ersatzansprüche bei polizeilichen Maßnahmen[4] sowie für weitere Ersatzansprüche des Einzelnen gegen den Staat gem. § 49 VI S. 3 VwVfG, Art. 34 S. 3 GG, § 40 II S. 1 VwGO. Entscheiden Sie sich in der Klausur im Zweifel gegen die abdrängende Sonderzuweisung und für den Verwaltungsrechtsweg. Nur dann kommen Sie in dem Fall weiter!

V. Vertiefung

- Hemmer/Wüst, Basics Öffentliches Recht, Rn. 24 ff.

[3] Z.B. Art. 18 BayPAG; § 36 NRWPolG; § 22 VII SäPolG.

[4] Z.B. Art. 73 I BayPAG; § 43 NRWOBG i.V.m. § 67 NRWPolG; § 58 SäPolG.

Fall 4: Zulässigkeit der Anfechtungsklage / Statthaftigkeit

Sachverhalt:

B betreibt eine Bäckerei, in der er auch Getränke und Backwaren zum sofortigen Verzehr anbietet. Dazu hat er zwei Tische in dem Geschäftsraum aufgestellt. B erhält ein Schreiben der zuständigen Behörde, in dem ihm mitgeteilt wird, dass er nach § 2 I Gaststättengesetz (GastG) eine Genehmigung benötige. § 2 II GastG gelte für ihn nicht, da er auch alkoholische Getränke ausschenke. B ist anderer Ansicht.

Ist für eine Klage des B der Verwaltungsrechtsweg eröffnet und ist die Anfechtungsklage statthaft?

I. Einordnung

Die Anfechtungsklage ist gem. § 42 I VwGO statthaft, wenn die Aufhebung eines Verwaltungsakts begehrt wird. Dies erfordert, dass tatsächlich ein Verwaltungsakt vorliegt, insbesondere eine „Regelung" i.S.d. § 35 VwVfG.

II. Gliederung

1. **Eröffnung des Verwaltungsrechtswegs**
2. **Statthaftigkeit der Anfechtungsklage**

Wird die **Aufhebung eines Verwaltungsakts** begehrt?

a) **„Maßnahme einer Behörde"** (+)

b) **„Auf dem Gebiet des öffentlichen Rechts"** (+)

c) **„Regelung"**?
Erforderlich, dass die Setzung einer Rechtsfolge bezweckt ist.
Dies fehlt bei einer bloßen Mitteilung oder einem Hinweis auf die Rechtslage.
Hier hat die Behörde in dem Schreiben verbindlich die Rechtsfolge gesetzt, dass der Betrieb der Bäckerei durch B nicht nach § 2 III GastG erlaubnisfrei ist.
Eine Regelung liegt vor.

d) **Einzelfall** (+)

e) **Auf Außenwirkung gerichtet** (+)

3. **Ergebnis**: Anfechtungsklage ist statthaft.

III. Lösung

1. Eröffnung des Verwaltungsrechtswegs

Der Verwaltungsrechtsweg ist gem. § 40 I VwGO eröffnet. Die streitentscheidenden Normen sind hier die des GastG[5] und nach der Zuordnungstheorie öffentlich-rechtlich. Es liegt daher eine öffentlich-rechtliche Streitigkeit vor. Mangels doppelter Verfassungsunmittelbarkeit ist diese nichtverfassungsrechtlicher Art. Eine abdrängende Sonderzuweisung greift nicht ein.

2. Statthaftigkeit der Anfechtungsklage

Die statthafte Klageart richtet sich nach dem Begehren des Klägers. Die Anfechtungsklage ist gem. § 42 I 1. Alt. VwGO statthaft, wenn die Aufhebung eines Verwaltungsakts gem. § 35 VwVfG begehrt wird. Das Schreiben der Behörde an B könnte einen Verwaltungsakt darstellen.

a) Behörde

Behörde ist gem. § 1 IV VwVfG jede Stelle, die Aufgaben der öffentlichen Verwaltung wahrnimmt.

---

5 Das GastG des Bundes kann nach Art. 125a I GG jederzeit durch Landesrecht ersetzt werden, da die Kompetenz des Bundes im Rahmen der Föderalismusreform weggefallen ist, Art. 74 I Nr. 11 GG.

Dies ist bei der für die Ausführung des GastG zuständigen Behörde gegeben.

hemmer-Methode: Auf das Bundes-VwVfG dürfen Sie eigentlich nur abstellen, wenn Bundesbehörden handeln. Sobald eine Landesbehörde tätig wird – was aufgrund der Art. 83 f. GG der Normalfall ist – muss auf das jeweilige Landes-VwVfG abgestellt werden. In diesem Skript wird hiervon abweichend aus Gründen der Einheitlichkeit das Bundes-VwVfG zitiert!

b) Auf dem Gebiet des öffentlichen Rechts

Die Maßnahme ist auf dem Gebiet des öffentlichen Rechts ergangen (s.o.).

hemmer-Methode: Bei der Prüfung der Zulässigkeit der Klage wird die Frage, ob die Streitigkeit und damit die Maßnahme öffentlich-rechtlich ist, schon im Rahmen der Eröffnung des Verwaltungsrechtswegs nach § 40 I VwGO geprüft. Für die Prüfung der Voraussetzung „auf dem Gebiet des öffentlichen Rechts“ gem. § 35 S. 1 VwVfG kann daher nach oben verwiesen werden.

c) Regelung

Das Schreiben müsste eine Regelung im Sinne des § 35 VwVfG enthalten. Dazu ist erforderlich, dass die behördliche Maßnahme auf die Setzung einer Rechtsfolge gerichtet ist. Die Maßnahme muss also den Inhalt haben, verbindlich Rechte und Pflichten für den Betroffenen zu begründen, zu ändern oder aufzuheben.

Die Rechtsfolge könnte hier darin bestehen, dass die Behörde verbindlich festlegen wollte, dass die Bäckerei des B nicht die Voraussetzungen des § 2 III GastG erfüllt und daher einer Gaststättenerlaubnis bedarf.

Anders wäre es, wenn damit lediglich auf die bestehende Rechtslage hingewiesen werden sollte.

Bloße Mitteilungen oder Hinweise einer Behörde sind nicht auf die Setzung einer Rechtsfolge gerichtet und beinhalten keine Regelung im Sinne des § 35 S. 1 VwVfG.

Davon abzugrenzen ist der **feststellende Verwaltungsakt**. Ob ein bloßer Hinweis auf die Rechtslage oder eine verbindliche Feststellung vorliegt, richtet sich nach der objektiv erkennbaren Absicht der Behörde.

hemmer-Methode: Für die Frage, ob die Merkmale des § 35 VwVfG vorliegen, ist in entsprechender Anwendung zivilrechtlicher Grundsätze (§§ 133, 157 BGB) der objektive Erklärungsgehalt, der „Empfängerhorizont“, entscheidend. Dabei kommt auch der Form, in der ein Schreiben abgefasst ist, Bedeutung zu. Ist es mit „Bescheid“, „Verfügung“ oder „Anordnung“ überschrieben oder ist eine Rechtsbehelfsbelehrung (vgl. § 58 I VwGO) angefügt, so wird daraus im Zweifel für den objektiven Empfänger der behördliche Wille deutlich, dass die Behörde eine verbindliche Feststellung treffen wollte.

Im Fall ist das Schreiben zwar nicht als „Bescheid“ o.Ä. bezeichnet und es enthält auch keine Rechtsbehelfsbelehrung. Der äußeren Form nach hat die Behörde das Schreiben nicht als Verwaltungsakt erlassen.

Aus der Formulierung geht jedoch hervor, dass die Behörde die Voraussetzungen des § 2 III GastG geprüft und verneint hat. Sie zieht daraus die Konsequenz, dass B nach § 2 I GastG eine Gaststättenerlaubnis benötigt und verpflichtet ist, diese zu beantragen.

Hierin wird der Wille der Behörde erkennbar, dem B gegenüber die Notwendigkeit einer Gaststättenerlaubnis festzustellen. Danach enthält dieses Schreiben eine Regelung im Sinne von § 35 VwVfG.

hemmer-Methode: A.A. vertretbar. Eine andere Frage ist, ob die Behörde zu dieser Feststellung berechtigt ist und der Verwaltungsakt rechtmäßig ist. Das GastG enthält keine Rechtsgrundlage für eine solche Feststellung, so dass die Maßnahme rechtswidrig ist.

Ist die Behörde der Ansicht, dass B seinen Betrieb nicht ohne Gaststättenerlaubnis führen darf, so kann sie den weiteren Betrieb gem. § 31 GastG i.V.m. § 15 II S. 1 GewO untersagen.

d) Einzelfall

Die Maßnahme betrifft nur B und erlegt ihm die konkrete Pflicht auf, einen Antrag zu stellen. Sie regelt einen Einzelfall.

e) Auf Außenwirkung gerichtet

Die Maßnahme geht über den verwaltungsinternen Bereich hinaus und betrifft B. Sie ist auf unmittelbare Außenwirkung gerichtet (vgl. hierzu auch Fall 26).

Ein Verwaltungsakt liegt vor. B begehrt die Aufhebung dieses Verwaltungsakts. Die Anfechtungsklage ist statthaft.

3. Ergebnis

Für eine Klage des B ist der Verwaltungsrechtsweg eröffnet und die Anfechtungsklage ist die statthafte Klageart.

IV. Zusammenfassung

- Eine „Regelung“ i.S.d. § 35 S. 1 VwVfG liegt vor, wenn die Maßnahme **auf die Setzung einer Rechtsfolge gerichtet** ist.
- Ob eine Regelung vorliegt, richtet sich nach der objektiv erkennbaren Absicht der Behörde (Auslegung nach dem Empfängerhorizont).
- Nimmt eine Maßnahme **auf eine kraft Gesetzes bestehende Rechtslage Bezug**, so kann es sich dabei um einen **bloßen Hinweis** oder eine Mitteilung handeln, oder aber es kann die verbindliche Feststellung dieser Rechtslage vorliegen (gesetzeskonkretisierender oder **feststellender Verwaltungsakt**).

V. Vertiefung

- Hemmer/Wüst, Basics Öffentliches Recht, Rn. 34 f.
- Vgl. dazu Life&Law 2001, 732 ff.

Fall 5: Zulässigkeit der Anfechtungsklage / Statthaftigkeit

Sachverhalt:

A erhält am 10.03. einen Bescheid von der zuständigen Behörde, mit welchem ihm untersagt wird, die Tauben auf dem Schlossplatz zu füttern. Der Bescheid ist mit einer ordnungemäßen Rechtsbehelfsbelehrung versehen. Nachdem sich „Tierfreund“ A hiervon nicht beirren lässt und weiterfüttert, erhält er am 10.05. ein weiteres Schreiben, mit welchem er darauf hingewiesen wird, dass ihm das Füttern der Tauben schon aufgrund des ersten Schreibens verboten ist. Nunmehr will A sich wehren und erhebt nach erfolglosem Widerspruch Anfechtungsklage.

Ist eine Anfechtungsklage zulässig?

I. Einordnung

Hat ein Bescheid den gleichen Inhalt wie ein zuvor ergangener Verwaltungsakt, so ist das Merkmal der „Regelung“ i.S.v. § 35 VwVfG fraglich.

II. Gliederung

A. Klage gegen Bescheid v. 10.03.

1. **Verwaltungsrechtsweg**, § 40 I VwGO (+)
2. **Klageart, § 42 I VwGO: Anfechtungsklage**

⇨ statthaft nur gegen VA
Bescheid vom 10.03. ist ein VA

3. **Klagebefugnis (+)**
4. **Vorverfahren**:
Fristablauf gemäß § 70 I VwGO
5. Klage unzulässig

B. Klage gegen Bescheid v. 10.05.

1. **Verwaltungsrechtsweg** eröffnet (+)
2. **Statthafte Klageart**
Schreiben vom 10.05.: VA-Qualität fraglich, lediglich wiederholende Verfügung?
⇨ Prüfung erforderlich, § 35 S. 1 VwVfG: Behörde (+); Verfügung, Entscheidung oder andere hoheitliche Maßnahme auf dem Gebiet des öffentlichen Rechts?

Zweitbescheid? (-)

Da keine erneute Regelung getroffen, nur Hinweis auf Inhalt eines früher erlassenen VA.

= **wiederholende Verfügung**

⇨ VA (-)

C. Ergebnis: Anfechtungsklage unstatthaft und daher unzulässig.

III. Lösung

hemmer-Methode: Es kommen hier Klagen sowohl gegen den Bescheid v. 10.03. als auch gegen das Schreiben v. 10.05. in Betracht. Sie müssen daher zwei Klagen prüfen! Im Folgenden werden die beiden Klagen getrennt geprüft. Aus Gründen der Übersichtlichkeit ist dies i.d.R. empfehlenswert. Möglich ist aber auch, die Zulässigkeit beider Klagen gemeinsam zu prüfen. Dann müssen Sie aber daran denken, in jeder Zulässigkeitsvoraussetzung beide Klagen zu prüfen!

A. Klage gegen den Bescheid v. 10.03.

1. Verwaltungsrechtsweg

Der Verwaltungsrechtsweg ist gem. § 40 I VwGO eröffnet. Die streitentscheidenden Normen sind hier die des Polizei- bzw. Sicherheitsgesetzes des Bundeslandes und des VwVfG und damit öffentlich-rechtlich.

Es liegt daher eine öffentlich-rechtliche Streitigkeit vor. Mangels doppelter Verfassungsunmittelbarkeit ist diese nichtverfassungsrechtlicher Art. Eine abdrängende Sonderzuweisung greift nicht ein.

hemmer-Methode: Dies ist hier unproblematisch und daher kurz abzuhandeln.

2. Klageart, § 42 I VwGO

Die vorliegend erhobene Anfechtungsklage müsste sich gegen einen VA richten, § 42 I Alt. 1 VwGO.

Das Schreiben vom 10.03. ist unproblematisch eine behördliche Maßnahme auf dem Gebiet des öffentlichen Rechts zur Regelung eines Einzelfalls mit Außenwirkung und damit ein VA gemäß § 35 VwVfG. Insbesondere beinhaltet das Schreiben eine Regelung. Die Rechtsfolge, die hier gesetzt wird, ist, dass der A von nun an daran gehindert ist, die Tauben zu füttern.

3. Klagebefugnis § 42 II VwGO

A ist klagebefugt gem. § 42 II VwGO, denn als Adressat eines belastenden Verwaltungsakts besteht die Möglichkeit, dass er in seinem Grundrecht aus Art. 2 I GG verletzt ist.

4. Vorverfahren, § 68 I S. 1 VwGO

Vor Erhebung der Anfechtungsklage ist ein Vorverfahren durchzuführen (§ 68 I S. 1 VwGO). Dieses muss insbesondere ordnungsgemäß durchgeführt werden. Dazu ist erforderlich, dass der Widerspruch in der Frist des § 70 I S. 1 VwGO eingelegt wird. A hat hier jedoch erst nach dem Schreiben v. 10.05. Widerspruch eingelegt. Dieser ist in jedem Fall erst nach Ablauf der Monatsfrist des § 70 I S. 1 VwGO erfolgt.

hemmer-Methode: Zu den Einzelheiten der Frist und deren Berechnung vgl. Fälle 14 ff.

Das Vorverfahren wurde nicht ordnungsgemäß durchgeführt, da kein Widerspruch innerhalb der Widerspruchsfrist eingelegt wurde.

5. Zwischenergebnis

Eine Klage gegen den Bescheid v. 10.03. ist unzulässig.

B. Klage gegen das Schreiben v. 10.05.

1. Verwaltungsrechtsweg

Da auch für die Klage gegen diesen Bescheid die Voraussetzungen des § 40 I VwGO vorliegen, ist der Verwaltungsrechtsweg eröffnet.

2. Statthafte Klageart

Die Anfechtungsklage ist statthaft, wenn der Kläger die Aufhebung eines Verwaltungsakts i.S.v. § 35 VwVfG begehrt. Das Schreiben v. 10.05. stellt die Maßnahme einer Behörde auf dem Gebiet des öffentlichen Rechts dar.

Fraglich ist, ob in dem Schreiben eine Regelung gem. § 35 VwVfG enthalten ist. Die Rechtsfolge könnte hier darin bestehen, dass A untersagt wird, die Tauben zu füttern.

Diese Rechtsfolge wurde jedoch schon in dem Bescheid v. 10.03. ausgesprochen. Das nachfolgende Schreiben v. 10.05. könnte daher auch lediglich den Hinweis auf diese schon getroffene Regelung beinhalten.

Hat eine behördliche Maßnahme den gleichen Inhalt wie ein schon zuvor ergangener Verwaltungsakt, so kann diese zweite Maßnahme eine bloße Bezugnahme auf den zuvor ergangenen Verwaltungsakt darstellen. Dann handelt es sich um eine sog. **wiederholende Verfügung**.

Eine Regelung i.S.d. § 35 VwVfG enthält die nachfolgende behördliche Maßnahme nur dann, wenn die Behörde erkennbar eine neue, wenn auch inhaltlich gleich lautende, Sachentscheidung getroffen hat. Dies wird als **Zweitbescheid** bezeichnet.

Erforderlich für die Annahme eines Zweitbescheids ist, dass die Behörde erneut die Voraussetzungen für den Erlass des Verwaltungsakts geprüft hat.

Vorliegend aber wird lediglich auf das Taubenfütterungsverbot vom 10.03. verwiesen, um den A dazu anzuhalten, dieses zukünftig einzuhalten. Für eine erneute Sachprüfung, die zum gleichen Ergebnis kommt wie der Erstbescheid, ist nichts ersichtlich. Die Maßnahme vom 10.05. stellt keinen Verwaltungsakt, sondern vielmehr nur eine sog. wiederholende Verfügung dar, die gerade keine Regelung im Sinne von § 35 VwVfG enthält.

hemmer-Methode: Enthielte das zweite Schreiben neben der Erinnerung an das bereits ergangene Taubenfütterungsverbot eine weitere Maßnahme, etwa einen Platzverweis gegen A, so wäre eine Anfechtungsklage nach erfolglosem Widerspruch gegen *diese* Maßnahme statthaft, da es sich hierbei um eine neuerliche, *weitere* Sachentscheidung auf dem Gebiet des öffentlichen Rechts handelte.

Mangels VA-Qualität ist die Anfechtungsklage gegen das Schreiben vom 10.05. daher ebenfalls nicht statthaft.

C. Ergebnis

Die Klage ist unzulässig.

IV. Zusammenfassung

- Das Merkmal der „Regelung" gem. § 35 VwVfG ist zweifelhaft, wenn der Bescheid einer Behörde den gleichen Inhalt aufweist wie ein zuvor ergangener Verwaltungsakt.
- I.d.R. wird die Behörde aber lediglich auf die schon getroffene Regelung verweisen. Darin liegt keine eigene Regelung. Eine solche Maßnahme wird als „wiederholende Verfügung" bezeichnet.
- Eine Regelung liegt nur dann vor, wenn die Behörde erkennbar eine erneute Sachentscheidung getroffen hat. Dann handelt es sich um einen sog. „Zweitbescheid".

V. Vertiefung

- Hemmer/Wüst, Basics Öffentliches Recht, Rn. 35.

Fall 6: Zulässigkeit der Anfechtungsklage / Statthaftigkeit

Sachverhalt:

Nach dem Verzehr eines Kuchens des Lebensmittelherstellers C wurden in Hessen mehrere Personen mit Beschwerden in Krankenhäuser eingeliefert. Es besteht der Verdacht, dass Ursache hierfür die Verunreinigung dieses Produkts des Herstellers mit gesundheitsgefährdenden Bakterien ist. Daraufhin erlässt der Gesundheitsminister des Landes in einer Pressekonferenz die Anordnung, dass allen Lebensmittelhändlern in Hessen der Weiterverkauf dieses Produkts bis auf Weiteres untersagt wird.

Lebensmittelhändler L in der hessischen Stadt S möchte gegen diese Anordnung vorgehen. Ist für eine Klage des L der Verwaltungsrechtsweg eröffnet und die Anfechtungsklage statthaft?

I. Einordnung

Stellt eine behördliche Maßnahme die Regelung eines „Einzelfalls" im Sinne von § 35 VwVfG dar?

II. Gliederung

1. **Eröffnung des Verwaltungsrechtsweg** gem. § 40 I VwGO (+)
2. **Statthaftigkeit der Anfechtungsklage** Liegt ein **Verwaltungsakt** gem. § 35 VwVfG vor?

a) Maßnahme einer Behörde (+)

b) Auf dem Gebiet des öff. Rechts (+)

c) Regelung

d) Einzelfall

⇨ Unterscheiden: Betroffener Personenkreis (individuelle oder generelle Regelung) und erfasster Sachverhalt (konkrete oder abstrakte Regelung). Verwaltungsakte sind auch die **konkret-generellen Regelungen.**

⇨ Hier keine abstrakte Regelung, da anlassbezogen und die Regelung auf diesen konkreten Sachverhalt beschränkt (a.A. vertretbar).

⇨ Die Maßnahme regelt einen Einzelfall.

e) Auf Außenwirkung gerichtet (+)

3. **Ergebnis**

Der Verwaltungsrechtsweg ist eröffnet und die Anfechtungsklage ist statthaft.

III. Lösung

1. Eröffnung des Verwaltungsrechtswegs

Der Verwaltungsrechtsweg ist gem. § 40 I VwGO eröffnet. Die streitentscheidenden Normen sind hier die des hessischen Polizeigesetzes, insbesondere die polizeiliche Generalklausel gem. § 11 HSOG[6], und damit öffentlich-rechtlich. Es liegt daher eine öffentlich-rechtliche Streitigkeit vor. Mangels doppelter Verfassungsunmittelbarkeit ist diese nichtverfassungsrechtlicher Art. Eine abdrängende Sonderzuweisung greift nicht ein.

2. Statthaftigkeit der Anfechtungsklage

Die Anfechtungsklage ist gem. § 42 I VwGO statthaft, wenn die Aufhebung eines Verwaltungsakts begehrt wird. Die Anordnung des Ministers könnte einen Verwaltungsakt i.S.v. § 35 VwVfG darstellen.

---

[6] Inhaltsgleich zu den polizeilichen Generalklauseln der anderen Bundesländer, z.B. Art. 11 BayPAG; § 8 NRWPolG, § 3 SäPolG.

a) Maßnahme einer Behörde

Das Verbot ist die Maßnahme einer Behörde, denn das Ministerium nimmt dabei Aufgaben der öffentlichen Verwaltung wahr (§ 1 IV VwVfG).

b) Auf dem Gebiet des öffentlichen Rechts

Wie oben festgestellt, stellt dies eine öffentlich-rechtliche Maßnahme dar.

c) Regelung

Eine Regelung gem. § 35 VwVfG liegt vor, wenn die Setzung einer Rechtsfolge beabsichtigt ist. Die Anordnung beinhaltete das Verbot an alle Lebensmittelhändler in Hessen, dieses Produkt weiterhin zu verkaufen. Diese Rechtsfolge wurde gesetzt, so dass eine Regelung vorliegt.

d) Einzelfall

Es müsste ein Einzelfall geregelt sein. Das Kriterium des Einzelfalls dient der Abgrenzung des Verwaltungsakts gegenüber den Rechtsnormen.

hemmer-Methode: Verwaltungsakte können nur Regelungen beinhalten, die einen Einzelfall betreffen. Daraus ist jedoch *nicht* zu schließen, dass Rechtsnormen keinen Einzelfall regeln können. I.d.R. werden Rechtsnormen zwar nicht die Regelung eines Einzelfalls beinhalten. Dies ist aber nicht zwingend so. Vielmehr kann durch Gesetz vorgesehen sein, dass untergesetzliche Rechtsnormen (Rechtsverordnungen, Satzungen) auch Einzelfälle regeln können. Dies ist z.B. bei Bebauungsplänen der Fall, die gem. § 10 BauGB als Satzung ergehen. Auch können formelle Gesetze ausnahmsweise einen Einzelfall regeln, v.a. durch sog. Maßnahmegesetze. Das Verbot des Einzelfallgesetzes gem. Art. 19 I S. 2 GG muss dem nicht entgegenstehen.

Als Abgrenzungsmerkmale kommen zwei Aspekte in Betracht:

aa) Zum einen der **Personenkreis**, der von der Regelung betroffen ist. Eine Regelung kann an eine bestimmte Person oder zumindest an einen bestimmbaren Personenkreis gerichtet sein (**individuelle** Regelung). Eine Regelung kann jedoch auch so gefasst sein, dass sie sich an einen unbestimmten Kreis von Personen wendet. Dann handelt es sich um eine **generelle** Regelung.

hemmer-Methode: Eine individuelle Regelung beinhaltet die Baugenehmigung an den Bauherrn, das Hausverbot gegenüber einer bestimmten Person usw. Gegenbeispiel ist ein durch die Polizei ausgesprochenes Aufenthaltsverbot an alle Personen, die bestimmte Merkmale erfüllen, z.B. die so gekleidet sind, dass sie der Punker-Szene zuzurechnen sind.

bb) Zum anderen kann an den **geregelten Sachverhalt** angeknüpft werden. Betrifft die Regelung nur einen Fall, indem dieser durch Ort, Zeit und weitere Merkmale festgelegt ist, so liegt eine **konkrete Regelung** vor. Ist die Regelung dergestalt, dass sie eine Vielzahl von Sachverhalten erfasst, so handelt es sich um eine **abstrakte Regelung**.

hemmer-Methode: Ob eine Regelung konkret oder abstrakt ist, hängt insbesondere von deren sprachlicher Fassung ab. Ist die Situation, für die Regelung gelten soll, direkt festgelegt („Die für den 20.01. auf dem Rathausplatz der Stadt S angemeldete Versammlung wird verboten“), so liegt eine konkrete Regelung vor. Ist die Situation nur nach allgemeinen Merkmalen bestimmt („Versammlungen, die eine ausländerfeindliche Zielrichtung verfolgen, sind im Gebiet der Stadt S verboten“), so handelt es sich um eine abstrakte Regelung.

Fraglich ist nun, ob der betroffene Personenkreis (individuell/generell) oder der geregelte Sachverhalt (konkret/abstrakt) ausschlaggebend für das Merkmal „Einzelfall“ ist.

Sicher ist, dass eine Regelung, die sowohl generell als auch abstrakt ist, keinen Einzelfall im Sinne des § 35 VwVfG betrifft und demnach kein Verwaltungsakt sein kann.

cc) Hinsichtlich der individuellen oder generellen Regelung ist zu beachten, dass § 35 S. 2 VwVfG die sog. Allgemeinverfügung ausdrücklich als Verwaltungsakt bezeichnet. **§ 35 S.2 VwVfG** beinhaltet drei Alternativen:

- die **adressatenbezogene** Allgemeinverfügung, § 35 S. 2 Alt. 1 VwVfG,
- die **sachbezogene** Allgemeinverfügung, § 35 S. 2 Alt. 2 VwVfG,
- die **benutzungsregelnde** Allgemeinverfügung, § 35 S. 2 Alt. 3 VwVfG.

Die sachbezogene sowie die benutzungsregelnde Allgemeinverfügung haben zunächst überhaupt keinen Adressatenkreis, denn sie betreffen unmittelbar nur eine Sache. Adressaten einer solchen Regelung gibt es erst dann, wenn eine Person diese Sache benutzt.

dd) Hieraus ist zu schließen, dass es für das Merkmal der Regelung nicht darauf ankommt, dass der betroffene Personenkreis bestimmbar (individuelle Regelung) oder nur nach allgemeinen Aspekten umschrieben ist (generelle Regelung). Verwaltungsakt ist auch eine konkret-generelle Regelung.

hemmer-Methode: Umgekehrt betrifft auch eine abstrakt-individuelle Regelung einen Einzelfall im Sinne des § 35 VwVfG. Bsp. der sog. Kühlturmfall: „Immer wenn (= abstrakte Regelung) die Temperatur unter 5° C fällt, ist der Kraftwerksbetreiber K verpflichtet, eine bestimmte Straße zu streuen“.[7]

Keine Einzelfallregelungen sind daher lediglich die abstrakt-generellen Regelungen. Nur eine Regelung, die sowohl einen unbestimmten Adressatenkreis betrifft als auch eine unbestimmte Vielzahl von Sachverhalten betrifft, kann kein Verwaltungsakt sein.

ee) Fraglich ist, ob die durch den Minister getroffene Regelung abstrakt und generell ist.

Die Abstraktheit betrifft die Frage der erfassten Sachverhalte. Dies sind die (potentiellen) Verkäufe dieses Kuchens durch die Lebensmittelhändler in Hessen. Dies ist eine Vielzahl von Situationen, die durch die Regelung erfasst werden.

Allerdings ist für die Frage nach konkreter oder abstrakter Regelung auch auf die Anlassbezogenheit abzustellen. D.h. wird die Regelung auf einen bestimmten Anlass hin erlassen und soll sie insbesondere zeitlich auch hierauf beschränkt sein, so kann darin der eigentlich geregelte Sachverhalt gesehen werden.

Anlass ist hier der Verdacht von bakteriellen Verunreinigungen eines bestimmten Lebensmittels und die Tatsache, dass Personen mit Beschwerden in Krankenhäuser eingeliefert wurden. Dies ist ohne Zweifel ein konkreter Anlass. Zudem erfolgte die Anordnung „bis auf Weiteres“. Dies unterstreicht die Anlassbezogenheit, auch wenn damit keine genaue zeitliche Begrenzung erfolgte. Sieht man dies als den geregelten Sachverhalt an, so handelt es sich um eine konkrete Regelung.

hemmer-Methode: So das BVerwG im sog. Endiviensalat-Fall, vgl. BVerwGE 12, 87, 89f. Das gegenteilige Ergebnis ist jedoch ebenso vertretbar. Es kommt darauf an, ob man die Verkäufe oder die (mögliche) bakterielle Verunreinigung als den geregelten Sachverhalt ansieht.

Damit liegt eine konkrete, keine abstrakte Regelung vor. Dass es sich um eine generelle Regelung handelt (unbestimmter Adressatenkreis) und nicht um eine individuelle, ändert nichts an der Einzelfallbezogenheit. Es liegt daher die Regelung eines Einzelfalls i.S.v. § 35 VwVfG vor.

e) Außenwirkung

Da das Verbot auch Außenwirkung beinhaltet, ist es ein Verwaltungsakt.

7 Die Existenz abstrakt-individueller Regelungen wird aber z.T. überhaupt bestritten, vgl. Maurer, § 9 Rn. 20.

Die Anfechtungsklage ist statthaft.

3. Ergebnis

Für eine Klage des L ist der Verwaltungsrechtsweg eröffnet, und statthafte Klageart ist die Anfechtungsklage.

IV. Zusammenfassung

- Bei der Regelung eines „Einzelfalls“ i.S.v. § 35 VwVfG kann nach dem betroffenen Personenkreis (**individuell oder generell**) und nach dem geregelten Sachverhalt (**konkret oder abstrakt**) unterschieden werden.
- Um eine Einzelfallregelung handelt es sich auch dann, wenn der betroffene Personenkreis unbestimmt ist, aber ein konkreter Sachverhalt geregelt wird (konkret-generelle Regelung). Dies ergibt sich schon aus der Bestimmung über die Allgemeinverfügung gem. § 35 S. 2 VwVfG.
- Ein Einzelfall ist nur dann nicht geregelt, wenn die Regelung **abstrakt und generell** ist.

V. Vertiefung

- Hemmer/Wüst, Basics Öffentliches Recht, Rn. 42 ff.

Fall 7: Statthaftigkeit der Anfechtungsklage / Aufhebung von Verwaltungsakten

Sachverhalt:

S möchte in der Stadt W eine „Spielhölle" betreiben, in der er gewerbsmäßig Spielgeräte i.S.d. § 33c I S. 1 Gewerbeordnung (GewO) aufstellt. Auf seinen Antrag erteilt ihm die zuständige Stadt am 14.01. die Erlaubnis. Später wird die Erlaubnis aufgehoben.

Welche Klageart ist zulässig?

I. Einordnung

Entscheidend für die statthafte Klageart ist das mit dem Klagebegehren verfolgte Rechtsschutzziel. Kann dies durch verschiedene Klagearten erreicht werden, stellt sich die Frage, welche Klageart statthaft und auch im Übrigen zulässig ist.

II. Gliederung

1. Verpflichtungsklage auf erneute Erteilung der Erlaubnis.
2. Anfechtungsklage gegen Aufhebung der Erlaubnis.
3. **Anfechtungsklage oder Verpflichtungsklage?**

⇨ Die Anfechtungsklage ist der einfachere Weg zur Erreichung des Rechtsschutzziels.

4. **Ergebnis**: Anfechtungsklage statthaft.

III. Lösung

1. Verpflichtungsklage auf erneute Erteilung der Erlaubnis

Eine Verpflichtungsklage ist gem. § 42 I 2.Alt. VwGO statthaft, wenn der Erlass eines Verwaltungsakts begehrt wird. Das Begehren des S könnte hier dahingehend verstanden werden, dass die erneute Erteilung der gewerberechtlichen Erlaubnis erstrebt wird. Denn durch deren Aufhebung ist S nicht mehr Inhaber der für den Betrieb der Spielhölle erforderlichen Erlaubnis. Da es sich hier um einen Verwaltungsakt handelt, ist eine Verpflichtungsklage statthaft.

2. Anfechtungsklage gegen Aufhebung der Erlaubnis

In Betracht kommt jedoch auch eine Anfechtungsklage. Dazu müsste die Aufhebung eines Verwaltungsakts i.S.v. § 35 VwVfG begehrt werden. Die Aufhebung der gewerberechtlichen Erlaubnis ist ein Verwaltungsakt. Insbesondere enthält dieser die Regelung, dass die an den S erteilte Erlaubnis rechtsgestaltend beseitigt wird.

Ist die Anfechtungsklage erfolgreich, so hebt das Gericht den angefochtenen Verwaltungsakt auf (vgl. § 113 I S. 1 VwGO). Angefochten ist hier die Aufhebung der Erlaubnis. Wird diese Aufhebung aufgehoben, so führt dies dazu, dass die dem S erteilte Erlaubnis „wiederauflebt". Die Erlaubnis ist dann gem. **§ 43 II VwVfG** so wirksam, als ob sie niemals aufgehoben worden wäre. Daher erfüllt die Anfechtungsklage gegen die Aufhebung der Erlaubnis das Rechtsschutzziel des S ebenso wie eine Verpflichtungsklage auf erneute Erlaubnis.

3. Anfechtungsklage oder Verpflichtungsklage?

Im Verhältnis dieser beiden Klagearten ist jedoch nur diejenige statthaft, die den **einfacheren Weg** zur Erreichung des Rechtsschutzziels darstellt.

Führen beide Möglichkeiten zum Ziel, so fehlt für die andere Klageart das Rechtsschutzbedürfnis.

hemmer-Methode: Diese Frage kann auch erst bei der Zulässigkeitsvoraussetzung „allgemeines Rechtsschutzbedürfnis" geprüft werden. Üblich ist es jedoch, das Verhältnis mehrerer Klagearten schon i.R.d. Statthaftigkeit zu entscheiden.

Im Verhältnis Anfechtungs- und Verpflichtungsklage könnte erstere der einfachere Weg sein. Denn diese ist schon dann erfolgreich, wenn die Aufhebung der Erlaubnis rechtswidrig ist, d.h. irgendeinen formellen oder materiellen Fehler aufweist. Dagegen ist für den Erfolg der Verpflichtungsklage erforderlich, dass S einen Anspruch auf den Verwaltungsakt hat. Dazu müssen insbesondere alle Voraussetzungen des Verwaltungsakts vorliegen, für die hier betroffene gewerberechtliche Erlaubnis insbesondere die Zuverlässigkeit nach § 33c II GewO. Hinzu kommt, dass bei der Anfechtungsklage als Gestaltungsklage durch das Urteil das angestrebte Ziel erreicht wird, während bei der Verpflichtungsklage als besonderer Leistungsklage bestenfalls die Verurteilung des Beklagten zum Erlass des Verwaltungsaktes herauskommen kann.

Daher ist die Anfechtungsklage gegen die Aufhebung der Erlaubnis der einfachere und rechtsschutzintensivere Weg und damit die statthafte Klageart.

Die Verpflichtungsklage ist zwar eigentlich statthaft, scheitert aber am mangelnden Rechtsschutzbedürfnis. Der Kläger muss den Weg beschreiten, der ihn am schnellst und effektivsten zu seinem Ziel bringt.

hemmer-Methode: Merken Sie sich: Wird ein Verwaltungsakt durch die Behörde aufgehoben, so ist Rechtsschutz mittels einer Anfechtungsklage gegen die Aufhebung zu gewähren. Eine Verpflichtungsklage auf erneute Erteilung des begünstigenden Verwaltungsakts ist nicht statthaft.

4. Ergebnis

Die Anfechtungsklage ist statthaft.

IV. Zusammenfassung

- Wird ein Verwaltungsakt aufgehoben, so ist die Anfechtungsklage gegen die Aufhebung statthaft.
- Eine Verpflichtungsklage auf erneuten Erlass des aufgehobenen Verwaltungsakts ist nicht zulässig. Zwar entspräche auch dies dem Rechtsschutzziel des Klägers. Die Anfechtungsklage stellt jedoch demgegenüber den einfacheren Weg dar.

V. Vertiefung

- Hemmer/Wüst, Basics Öffentliches Recht, Rn. 47.

Fall 8: Zulässigkeit der Anfechtungsklage / Statthaftigkeit: Nebenbestimmungen

Sachverhalt:

G möchte eine Gaststätte eröffnen, in der alkoholfreie und alkoholhaltige Getränke ausschenkt werden soll. Er stellt einen entsprechenden Antrag bei der zuständigen Stadt S. Daraufhin wird ihm eine Gaststättenerlaubnis erteilt (§ 2 GastG [zur Weitergeltung des GastG bis zum Erlass eines jeweiligen Landesgesetzes vgl. oben Fn. 5.]), die jedoch nur den Ausschank alkoholfreier Getränke vorsieht. Außerdem wird festgelegt, dass er drei Gästetoiletten bereitstellen muss.

G möchte jedoch eine Erlaubnis wie beantragt, die ihm auch den Ausschank alkoholischer Getränke ermöglicht. Außerdem hält er eine Toilette für völlig ausreichend.

Ist eine Anfechtungsklage statthaft?

I. Einordnung

Wie sind Zusätze zu einer Hauptregelung in einem Verwaltungsakt zu behandeln?

II. Gliederung

1. Möglliche Klagearten bei Vorgehen gegen „Zusätze"

2. Verhältnis von isolierter Anfechtungsklage gegen Zusatz und Verpflichtungsklage auf unbelasteten Verwaltungsakt ohne Zusatz

a) Inhaltsbestimmung/-änderung der Genehmigung und echte Nebenbestimmung

b) Statthafte Klageart bei echter Nebenbestimmung

3. Ergebnis: Bzgl. der Beschränkung der Erlaubnis auf alkoholfreie Getränke ist die Anfechtungsklage nicht statthaft. Sie ist aber statthaft bzgl. der Anordnung, drei Toiletten bereitzustellen.

III. Lösung

Statthaftigkeit der Anfechtungsklage

Die Anfechtungsklage ist statthaft, wenn die Aufhebung eines Verwaltungsakts begehrt wird (§ 42 I VwGO).

Fraglich ist, ob G dies hier begehrt. Er wendet sich nicht gegen die an ihn erteilte Gaststättenerlaubnis, sondern gegen die darin enthaltenen Zusätze, dass er nur alkoholfreie Getränke ausschenken darf und drei Toiletten bereitstellen muss.

1. Mögliche Klagearten bei Vorgehen gegen „Zusätze"

Das Begehren ist demnach nicht gegen die Gaststättenerlaubnis selbst gerichtet, sondern gegen die Zusätze. Das Rechtsschutzziel des G ist, dass er eine Erlaubnis ohne diese Zusätze hat.

Zur Erreichung dieses Ziels, eine Erlaubnis ohne Zusätze, kommen zwei Möglichkeiten in Betracht:

- Eine Verpflichtungsklage gerichtet darauf, dass er eine unbelastete Gaststättenerlaubnis erhält.
- Eine Anfechtungsklage gegen diese Zusätze: Wenn dies möglich ist und G nur gegen diese Zusätze allein („isoliert") vorgehen kann, dann werden bei Erfolg der Anfechtungsklage diese Zusätze durch das Gericht aufgehoben (vgl. § 113 I S.1 VwGO). Im Ergebnis hat er dann ebenso eine unbelastete Erlaubnis.

hemmer-Methode: Machen Sie sich klar, an welcher Situation das Problem des Rechtsschutzes gegen Nebenbestimmungen ansetzt.
Es gibt eine begünstigende **Hauptregelung** (hier die Gaststättenerlaubnis), der noch weitere, belastende Regelungen (**Zusätze**) beigefügt sind (hier die Begrenzung auf alkoholfreie Getränke und die Pflicht, drei Toiletten vorzuhalten). Rechtsschutzziel ist, die Hauptregelung ohne die belastenden Zusätze zu erhalten.

2. Verhältnis von isolierter Anfechtungsklage gegen Zusatz und Verpflichtungsklage auf unbelasteten Verwaltungsakt ohne Zusatz

Sollte man dazu kommen, dass beide Klagearten möglich sind, so ist nur die Anfechtungsklage statthaft. Entsprechen sowohl Verpflichtungs- als auch Anfechtungsklage dem Rechtsschutzziel, ist nur die Anfechtungsklage zulässig, da diese den einfacheren Weg zur Erreichung des Klageziels darstellt. Die Verpflichtungsklage ist dann mangels Rechtsschutzbedürfnisses unzulässig. Es gilt insofern das Gleiche wie bei dem Rechtsschutz gegen die Aufhebung eines Verwaltungsakts (vgl. dazu Fall 7).

Fraglich ist jedoch, ob und inwieweit die Anfechtungsklage gegen solche Zusätze statthaft ist (sog. **isolierte Anfechtungsklage**). Nach allg. Meinung ist die Anfechtungsklage dann gegen Zusätze zu einer Hauptregelung möglich, wenn die Hauptregelung und der Zusatz **teilbar** ist. Dass ein Verwaltungsakt teilbar sein kann, ergibt sich schon aus der Formulierung des § 113 I S. 1 VwGO, der von der Aufhebung spricht, „soweit" der Verwaltungsakt rechtswidrig ist. Sehr umstr. ist jedoch, in welchen Fällen diese Teilbarkeit vorliegt.

a) Inhaltsbestimmung/-änderung der Genehmigung und echte Nebenbestimmung:

aa) „Zusätze" sind in **echte Nebenbestimmungen** einerseits oder **Inhaltsbestimmungen und -änderungen** der Genehmigung andererseits aufzuteilen.

Echte Nebenbestimmungen sind die Regelungen, die in § 36 II VwVfG aufgezählt sind. Alle anderen Zusätze sind keine echten Nebenbestimmungen, sondern Inhaltsbestimmungen der Genehmigung.

hemmer-Methode: Daneben soll es noch sog. „modifizierende Auflagen geben". Diese stellen der Gegenansicht reine Inhaltsbestimmungen der Genehmigung dar. Der Meinungsstreit ist jedenfalls für die ersten Semester zu speziell und wird deshalb hier nicht weiter erörtert.[8]

Eine Inhaltsbestimmung und -änderung der Genehmigung liegt insbesondere dann vor, wenn ein quantitatives oder qualitatives **Minus** erteilt wird, oder wenn etwas anderes gewährt wird, als beantragt wurde (**aliud**)[9].

bb) Weiterhin ist unstr., dass eine **Inhaltsbestimmung und -änderung** der Genehmigung **nicht** von der Hauptregelung **teilbar** ist. Dies ist auch unmittelbar einleuchtend, denn dies ist die Hauptregelung selbst und stellt schon gar keine eigenständige Regelung dar.

Eine Inhaltsbestimmung oder -änderung kann daher nicht isoliert angefochten werden. In diesem Fall ist nur eine Verpflichtungsklage auf Erlass der gewünschten Genehmigung statthaft.

hemmer-Methode: Bei einer Inhaltsbestimmung antwortet die Behörde auf den Antrag mit einem „Nein, aber". Hier ist eine Anfechtung sinnlos, da aus einem angefochtenen „Nein", kein „Ja" wird. Anders ist die Situation bei einer echten Nebenbestimmung. Hier lautet die Antwort der Behörde „Ja, aber". Wird das „Aber" durch eine erfolgreiche Anfechtungsklage beseitigt, bleibt das begehrte „Ja" über!

---

8 Dazu Hemmer/Wüst, VerwaltungsR I, Rn. 416.

9 Vgl. dazu Hemmer/Wüst, Öffentliches Recht für Anfangssemester, Rn. 409.

b) Statthafte Klageart bei echter Nebenbestimmung

Handelt es sich um eine echte Nebenbestimmung, d.h. um eine der in § 36 II VwVfG genannten Regelungen, so ist umstritten, ob und inwieweit diese von der Hauptregelung teilbar sind.

aa) Z.T. wird nach der Art der Nebenbestimmung unterschieden. Danach sollen Auflage und Auflagenvorbehalt teilbar und daher isoliert anfechtbar sein, alle anderen Nebenbestimmungen (Bedingung, Befristung, Widerrufsvorbehalt) aber nicht.

Für diese Ansicht wird der Wortlaut des § 36 II VwVfG angeführt, wonach die Auflagen mit dem Hauptverwaltungsakt verbunden werden, also eigentlich selbständige Regelungen darstellen.

Nach a.A. wird zwischen Ermessens-Verwaltungsakten und sonstigen Verwaltungsakten unterschieden. Nur letztere sollen teilbar sein. Nach wiederum a.A. soll in keinem Fall Teilbarkeit gegeben sind und stets die Verpflichtungsklage auf unbelasteten Verwaltungsakt die richtige Klageart sein.[10]

bb) Nach vorzugswürdiger Ansicht ist jedoch von der **grundsätzlichen Teilbarkeit aller echten Nebenbestimmungen** auszugehen, mit der Folge, dass auch prinzipiell die isolierte Anfechtungsklage gegen die Nebenbestimmung statthaft ist.

Uneinigkeit besteht innerhalb dieser Ansicht jedoch, ob hiervon eine Ausnahme zu machen sind, wenn der restliche Verwaltungsakt nach Wegfall der Nebenbestimmung (d.h. nach erfolgreicher isolierter Anfechtungsklage) rechtswidrig wäre.

Zudem wird vertreten, dass die Teilbarkeit ausgeschlossen ist, wenn die Hauptregelung im Ermessen der Behörde steht und fest steht, dass die Behörde die Hauptregelung ohne die Nebenbestimmung nicht oder nicht so erlassen hätte. Dies wird damit begründet, dass ansonsten ein Verwaltungsakt (die Hauptregelung) bestehen würde, der im Ermessen der Behörde stand, den die Behörde aber niemals so erlassen hätte.

Richtigerweise sind diese beiden möglichen Ausnahmen jedoch nicht Frage der Zulässigkeit, sondern der Begründetheit (str.). Auch in diesen Fällen ist ausnahmslos von der isolierten Anfechtbarkeit der Nebenbestimmung auszugehen.[11]

hemmer-Methode: Es wird demnach innerhalb der Ansicht, die von der grundsätzlichen Teilbarkeit aller echten Nebenbestimmungen ausgeht, zum einen darum gestritten, ob es diese beiden Ausnahmen (Rest-Verwaltungsakt rechtswidrig, Ermessens-Verwaltungsakt) gibt. Zum anderen besteht Uneinigkeit, ob diese Ausnahmen ein Problem der Statthaftigkeit oder der Begründetheit der isolierten Anfechtungsklage sind. Beschränken Sie sich in diesem heillos umstrittenen Bereich auf das Wesentliche und darauf, in der Klausur zu einer vertretbaren Lösung zu kommen. Wichtiger als das Auswendiglernen von Ansichten ist, dass Sie in der Klausur das Problem erkennen, einordnen und zu einer überzeugend begründeten Lösung kommen. Intelligentes Lernen heißt, von Anfang an die Klausurpraxis im Auge zu behalten!

cc) Im Fall stellt die Regelung, dass die Gaststättenerlaubnis nur für den Ausschank alkoholfreier Getränke erteilt wird, eine Bestimmung des Inhalts der Erlaubnis dar. Die Erlaubnis ist von vornherein darauf beschränkt, dass G nur eine Gaststätte dieser Art eröffnen darf. Diese Regelung stellt die Gaststättenerlaubnis selbst dar. Sie ist kein von einer Hauptregelung unterscheidbarer Zusatz und daher nicht teilbar. Es handelt sich um ein „minus" zum eigentlichen Antrag.

Hinsichtlich der Beschränkung der Erlaubnis auf den Ausschank alkoholfreier Getränke ist die isolierte Anfechtungsklage nicht statthaft. Statthaft wäre alleine eine Verpflichtungsklage.

Fraglich ist jedoch, wie dies hinsichtlich der Forderung, drei Toiletten herzustellen, zu sehen ist:

[10] S. auch Hemmer/Wüst, Öffentliches Recht für Anfangssemester, Rn. 410 f.

[11] Vgl. Hemmer/Wüst a.a.O., Rn. 412.

dd) Bei dem Zusatz zu der Gaststättenerlaubnis, drei Toiletten bereitzustellen, könnte es sich um eine **Auflage i.S.v. § 36 II Nr. 4 VwVfG** und damit um eine echte Nebenbestimmung handeln. Auflage ist demnach eine Bestimmung, durch die dem Begünstigten ein Tun, Dulden oder Unterlassen vorgeschrieben wird. Das entscheidende Merkmal der Auflage ist, dass Sie eine eigenständige, von der Hauptregelung unabhängige Regelung darstellt, die auch selbständig durchsetzbar ist.

Die Verpflichtung, drei Toiletten bereitzustellen, erlegt dem G ein Tun auf. Diese Regelung ist auch von der Hauptregelung, der Gaststättenerlaubnis abtrennbar.

Denn diese Verpflichtung könnte auch ergehen, ohne dass es überhaupt eine Hauptregelung gibt. Sie ist auch selbständig durchsetzbar. Es handelt sich um eine Auflage i.S.d. § 36 II Nr. 4 VwVfG. Dieser Zusatz ist eine echte Nebenbestimmung und nach dem o.g. damit isoliert anfechtbar.

3. Ergebnis

Die Anfechtungsklage ist statthaft, soweit sich G gegen die Bestimmung in der Gaststättenerlaubnis wendet, dass er drei Toiletten bereitstellen muss. Gegen die Beschränkung der Erlaubnis auf alkoholfreie Getränke ist die Anfechtungsklage nicht statthaft.

IV. Zusammenfassung

- Wird einer Hauptregelung ein Zusatz angefügt und ist das Rechtsschutzziel des Klägers, die Hauptregelung ohne diesen Zusatz zu erhalten, so kommt eine **Verpflichtungsklage** auf den Verwaltungsakt ohne den Zusatz in Betracht, oder eine **isolierte Anfechtungsklage** gegen den Zusatz. Entscheidend ist hierfür die **Teilbarkeit** des Zusatzes.
- Zusätze zu einer Hauptregelung können entweder eine **Inhaltsbestimmung oder -änderung** oder eine **echte Nebenbestimmung** darstellen. Echte Nebenbestimmungen sind solche i.S.v. § 36 II VwVfG.
- Inhaltsbestimmungen und -änderungen sind nicht von der Hauptregelung teilbar, sondern sie bilden erst die Hauptregelung selbst. Statthaft ist hierbei eine Verpflichtungsklage auf unbelastete Genehmigung.
- Echte Nebenbestimmungen sind grds. von der Hauptregelung teilbar, eine isolierte Anfechtungsklage gegen eine echte Nebenbestimmung ist statthaft (h.M., str.).
- Die Frage, ob ausnahmsweise eine echte Nebenbestimmung dann nicht teilbar ist, wenn der **Rest-Verwaltungsakt** (die Hauptregelung ohne die Nebenbestimmung) **rechtswidrig** wäre, oder wenn die Hauptregelung im **Ermessen** der Behörde steht und feststeht, dass die Behörde die Hauptregelung nicht ohne die Nebenbestimmung erlassen hätte, ist nach richtiger Ansicht eine Frage der **Begründetheit** der isolierten Anfechtungsklage (str.).

V. Vertiefung

- Hemmer/Wüst, Basics Öffentliches Recht, Rn. 48 ff.

Fall 9: Statthaftigkeit der Anfechtungsklage

Sachverhalt:

E betreibt einen Kiosk in der Stadt A. Er steht in Verdacht, in seinem Kiosk regelmäßig unversteuerte Zigaretten zu verkaufen. Deshalb beabsichtigt die zuständige Behörde, dem E wegen Unzuverlässigkeit die Ausübung des Gewerbes zu untersagen (§ 35 I GewO). Der Bescheid mit der Untersagungsanordnung wird am 03.07. per Post an die der Behörde bekannte Wohnadresse des E gesandt. E war jedoch zwei Wochen zuvor aus dieser Wohnung ausgezogen und hatte die Wohnung an den Vermieter übergeben. Einige Zeit später trifft E einen Bekannten, der Bediensteter dieser Behörde ist. Dieser berichtet dem völlig überraschten E, dass ihm die Ausübung des Gewerbes untersagt worden sei.

Ist eine Anfechtungsklage des E statthaft?

I. Einordnung

Die Anfechtungsklage ist nur statthaft, wenn ein Verwaltungsakt rechtlich existent ist. Dazu ist erforderlich, dass er wirksam bekannt gegeben wurde.

II. Gliederung

1. Vorliegen eines Verwaltungsakts i.S.v. § 35 VwVfG

2. Wirksame Bekanntgabe

a) Voraussetzungen der wirksamen Bekanntgabe

⇨ Schriftstück gelangt in den Machtbereich des Empfängers mit Wissen und Wollen der Behörde, so dass dieser die zumutbare Möglichkeit der Kenntnisnahme hat.

⇨ Hier (-), da E schon verzogen war.

b) Bekanntgabe durch Bekannten des E? **Mündliche Bekanntgabe** eines **schriftlichen Verwaltungsakts** ist nicht möglich.

3. Mündlicher Verwaltungsakt erlassen durch den Bekannten des E (-)
Merkmale des § 35 VwVfG (-)

4. Ergebnis:
Kein wirksamer Verwaltungsakt.
Die Anfechtungsklage ist nicht statthaft.

III. Lösung

Statthaftigkeit der Anfechtungsklage

1. Vorliegen eines Verwaltungsakts i.S.v. § 35 VwVfG

Die Anfechtungsklage ist statthaft, wenn E die Aufhebung eines Verwaltungsakts begehrt. Die Untersagungsanordnung stellt einen Verwaltungsakt i.S.d. § 35 VwVfG dar, denn es handelt sich um die Maßnahme einer Behörde zur Regelung eines Einzelfalls mit unmittelbarer Rechtswirkung nach außen.

2. Wirksame Bekanntgabe

Fraglich ist jedoch hier, ob der Verwaltungsakt wirksam bekannt gegeben wurde i.S.d. § 41 VwVfG. Die Bekanntgabe nach § 43 I VwVfG ist Voraussetzung für die rechtliche Existenz eines VA. Ein Verwaltungsakt muss bekannt gegeben werden, damit ihm überhaupt rechtliche Wirkungen zukommen können. Solange die Maßnahme der Behörde nicht bekannt gegeben wurde, gibt es keinen VA. Dann ist auch die Anfechtungsklage nicht statthaft.

Die Bekanntgabe des Verwaltungsakts richtet sich nach § 41 VwVfG. Die Voraussetzungen einer wirksamen Bekanntgabe werden nicht definiert.

§ 41 I S. 1 VwVfG schreibt lediglich vor, dass ein Verwaltungsakt bekannt zu geben ist. Gem. § 43 I VwVfG wird ein Verwaltungsakt erst mit Bekanntgabe wirksam, d.h. rechtlich existent.

a) Voraussetzungen der wirksamen Bekanntgabe

Bekanntgabe erfordert bei einem schriftlichen Verwaltungsakt, dass das **Schriftstück mit Wissen und Wollen der Behörde in den Machtbereich des Empfängers gelangt und unter normalen Umständen mit der Kenntnisnahme durch den Empfänger zu rechnen ist**. Es gelten die gleichen Grundsätze wie bei dem Zugang einer Willenserklärung gem. § 130 BGB. Dieser kann analog für die Voraussetzungen der Bekanntgabe angewendet werden.

Bei der Übersendung per Post ist dies anzunehmen, wenn das Schriftstück in den Briefkasten des Empfängers gelangt. Dies muss jedoch der Briefkasten der Wohnung sein, oder eine sonstige Postadresse, welche die Person für den Empfang von Post eingerichtet ist.

hemmer-Methode: Natürlich ist es auch ausreichend, dass dem Empfänger das Schriftstück an irgendeinem Ort persönlich übergeben wird.

Dies ist hier fraglich. Denn E war schon aus der Wohnung ausgezogen, bevor der Bescheid in den Briefkasten gelangte. E hatte die Wohnung schon an den Vermieter übergeben. Damit ist anzunehmen, dass er keinen Zugang mehr zu der Wohnung und damit auch zu dem Briefkasten hatte. Das Schreiben ist daher nicht in den Machtbereich des E gelangt.

Dabei kommt es nicht darauf an, ob noch der Name des E an dem Briefkasten stand. Denn entscheidend ist der tatsächliche Machtbereich der betreffenden Person.

Ebenso ist unerheblich, ob der E sich schon umgemeldet hatte oder dies unter Verstoß gegen die melderechtlichen Vorschriften[12] unterlassen hatte. Diese enthalten Pflichten bei einem Umzug, entfalten aber i.R.d. Bekanntgabe nach § 41 VwVfG keine Wirkung.

Damit ist das Schreiben dem E nicht bekannt gegeben worden. Die Übersendung per Post und der Einwurf in den Briefkasten stellt keine Bekanntgabe gem. § 41 I VwVfG dar. Es liegt kein rechtlich existenter Verwaltungsakt vor.

hemmer-Methode: Erhält E später das Schreiben, z.B. von seinem ehemaligen Vermieter, lägen die Voraussetzungen der Bekanntgabe vor. Denn dann ist das Schreiben noch in den Machtbereich des E gelangt, und er hat die Möglichkeit der Kenntnisnahme.

b) Bekanntgabe durch Bekannten des E?

Eine Bekanntgabe könnte darin zu sehen sein, dass der Bekannte den E über die Untersagung informierte. Jedoch erfolgt die Bekanntgabe eines schriftlichen Verwaltungsakts dadurch, dass das Schriftstück in den Machtbereich des Empfängers gelangt. Die „mündliche Bekanntgabe" eines schriftlichen Verwaltungsakts gibt es nicht. Die Mitteilung an E, dass ihm der Betrieb des Kiosk untersagt wurde, im Gespräch zwischen E und seinem Bekannten kann allenfalls selbst als - mündlicher - Verwaltungsakt angesehen werden (dazu sogleich).

3. Mündlicher Verwaltungsakt erlassen durch den Bekannten des E?

Die Mitteilung an den E durch seinen Bekannten könnte einen Verwaltungsakt gem. § 35 VwVfG darstellen. Fraglich ist jedoch, ob die Maßnahme einer Behörde vorliegt. Dazu müsste der Bekannte in amtlicher Eigenschaft gehandelt haben. Das Gespräch ist rein privater Art.

[12] So z.B. §§ Art. 13 BayMeldeG; § 13 NRWMeldeG; § 10 SaMeldeG.

In der Äußerung des Bekannten kann nicht das Handeln einer Behörde gesehen werden.

hemmer-Methode: Zudem würde es auch an einer „Regelung" i.S.d. § 35 VwVfG fehlen, denn der Bekannte des E wollte damit sicher keine Rechtsfolge setzen. Anders könnte der Fall zu beurteilen sein, wenn dem E in einem Telefongespräch mit der Behörde die Untersagung mitgeteilt worden wäre. Dann könnte darin der Erlass eines mündlichen Verwaltungsakts gesehen werden, je nachdem, ob nach dem objektiven Empfängerhorizont erkennbar eine Rechtsfolge gesetzt werden sollte, oder nur auf den - scheinbar - erlassenen Verwaltungsakt Bezug genommen wurde. Dabei würde es auf die konkreten Umstände des Einzelfalls ankommen.

Die Mitteilung des Bekannten ist kein Verwaltungsakt.

4. Ergebnis

Die Anfechtungsklage ist nicht statthaft. Allerdings ist sie auch noch nicht notwendig, da der VA dem E gegenüber keine Rechtswirkungen entfaltet.

hemmer-Methode: Unterscheiden Sie die Frage, ob überhaupt eine Bekanntgabe vorliegt, von der Frage, zu welchem Zeitpunkt bekannt gegeben wurde. Letzteres ist bei Widerspruchsfrist (§ 70 VwGO) und Klagefrist (§ 74 VwGO) wichtig, dazu Fälle 12 ff.

IV. Zusammenfassung

- Voraussetzung für das Vorliegen eines Verwaltungsakts ist dessen wirksame Bekanntgabe gem. § 41 VwVfG. Fehlt es an einer Bekanntgabe, ist der Verwaltungsakt nicht rechtlich existent (§ 43 I VwVfG).
- Bekanntgabe ist bei schriftlichen Verwaltungsakten das **Gelangen des Bescheids in den Machtbereich des Empfängers mit Wissen und Wollen der Behörde, so dass dieser die zumutbare Möglichkeit der Kenntnisnahme hat** (§ 130 BGB analog).

V. Vertiefung

- Hemmer/Wüst, Basics Öffentliches Recht, Rn. 177 ff.

Fall 10: Zulässigkeit der Anfechtungsklage / Klagebefugnis gem. § 42 II VwGO

Sachverhalt:

A ist Eigentümer eines Grundstücks. Auf diesem Grundstück möchte er ein mehrstöckiges Mietshaus errichten. Ihm wird von der zuständigen Behörde die Baugenehmigung erteilt. Das Bauvorhaben verstößt jedoch gegen die Vorschriften in der Bauordnung des Bundeslandes über den von den Nachbargrundstücken einzuhaltenden Abstand. Zudem ist die Baugenehmigung auch deshalb rechtswidrig, weil sie nicht die Herstellung einer ausreichenden Anzahl von Stellplätzen vorsieht. Als der im Nachbarort wohnende D von dem Vorhaben des A und der erteilten Baugenehmigung erfährt, ist er damit nicht einverstanden. Er legt Widerspruch ein mit der Begründung, dass die Baugenehmigung wegen des Verstoßes gegen die Bauordnung rechtswidrig sei und deshalb aufgehoben werden müsse. Er sei zudem deshalb nachteilig von der Baugenehmigung betroffen, da er häufig in der Nähe des Grundstücks des A zu tun habe. Es sei ohnehin schon schwierig genug, in diesem Gebiet einen Parkplatz zu finden. Wenn dort ein weiteres Haus gebaut werde und Personen einziehen würden, würden in Zukunft sicher überhaupt keine Parkplätze mehr frei sein.

Nach Zurückweisung des Widerspruchs erhebt D Klage. Ist diese zulässig?

I. Einordnung

Die Klagebefugnis gem. § 42 II VwGO erfordert, dass der Kläger durch den Verwaltungsakt in eigenen subjektiv-öffentlichen Rechten betroffen ist.

II. Gliederung

A. Eröffnung des Verwaltungsrechtswegs

B. Zulässigkeit der Klage

1. Statthafte Klageart
⇨ Anfechtungsklage

2. Klagebefugnis

⇨ D müsste **möglicherweise in eigenen, subjektiv-öffentlichen Rechten verletzt** sein:
Subjektiv-öffentliche Rechte bestehen dann, wenn ein Gesetz nicht nur den öffentlichen Interessen, sondern den individuellen Interessen eines abgrenzbaren Personenkreises zu dienen bestimmt ist.

⇨ Bzgl. Parkplätze zwar Interesse des D, dass Haus nicht gebaut wird.
Es gibt aber keine Vorschrift, die dieses Interesse rechtlich schützt.

⇨ Bzgl. Grenzabstand zum Nachbargrundstück: Landesrechtliche Bauordnung enthält subjektiv-öffentliches Recht, aber nur der Nachbarn, nicht des D.
D ist **nicht klagebefugt**.

C. Ergebnis: Die Klage ist unzulässig.

III. Lösung

A. Eröffnung des Verwaltungsrechtswegs

Der Verwaltungsrechtsweg ist gem. § 40 I VwGO eröffnet. Die streitentscheidenden Normen sind hier solche des öffentlichen Baurechts und damit öffentlich-rechtlich. Es liegt daher eine öffentlich-rechtliche Streitigkeit vor. Mangels doppelter Verfassungsunmittelbarkeit ist diese nichtverfassungsrechtlicher Art. Eine abdrängende Sonderzuweisung greift nicht ein.

B. Zulässigkeit der Klage

1. Statthafte Klageart

Die Anfechtungsklage könnte gem. § 42 I VwGO statthaft sein.

Die dem A erteilte Baugenehmigung ist ein Verwaltungsakt i.S.v. § 35 VwVfG. D begehrt dessen Aufhebung. Daher ist statthafte Klageart die Anfechtungsklage.

2. Klagebefugnis

a) Gem. § 42 II VwGO müsste D geltend machen, in eigenen Rechten verletzt zu sein. Dazu müsste die Möglichkeit bestehen, dass D in eigenen, subjektiv-öffentlichen Rechten verletzt ist. Die Klagebefugnis fehlt, wenn es unter jedem denkbaren Gesichtspunkt ausgeschlossen ist, dass der Verwaltungsakt den Kläger in eigenen, subjektiv-öffentlichen[13] Rechten verletzt.

hemmer-Methode: Das subjektiv-öffentliche Recht ist einer der zentralen Begriffe sowohl des Verwaltungsrechts als auch des Verwaltungsprozessrechts. Dem liegt die Unterscheidung zwischen **objektivem** und **subjektivem öffentlichem Recht** zugrunde: Das Verwaltungsrecht wendet sich an die Verwaltung, indem es Verpflichtungen und Befugnisse der Verwaltung bestimmt. Insofern ist es objektives Recht. Das *subjektive* öffentliche Recht ist „die dem Einzelnen auf Grund öffentlichen Rechts verliehene Rechtsmacht, vom Staat oder einem sonstigen Träger öffentlicher Verwaltung ein konkretes Tun, Dulden oder Unterlassen verlangen zu können". Das objektive Recht beinhaltet demnach Bindungen der Verwaltung, die diese *zu beachten* hat. Wenn sie diese Bindungen missachtet, handelt sie *rechtswidrig*. Eine **andere Frage** ist jedoch, ob und inwieweit **der Einzelne durchsetzen kann**, dass die Verwaltung ihre rechtlichen Bindungen beachtet. Letzteres ist die Frage nach dem subjektiv-öffentlichen Recht.

Subjektiv-öffentliche Rechte müssen sich aus Rechtsnormen ergeben. Außer in dem Fall, dass der Kläger Adressat eines belastenden Verwaltungsakts ist und Grundrechte herangezogen werden, sind subjektiv-öffentliche Rechte vorrangig aus dem einfachen Recht zu entnehmen.

[13] Schmitt Glaeser/Horn, Rn. 157.

Eine Rechtsnorm enthält dann ein subjektiv-öffentliches Recht, wenn sie nach dem erkennbaren Willen des Gesetzgebers nicht nur den Interessen der Allgemeinheit, sondern zumindest auch den Individualinteressen des Klägers zu dienen bestimmt ist[14] (sog. Schutznormtheorie).

b) Fraglich ist, ob dem D ein subjektiv-öffentliches Recht zusteht, das hier möglicherweise verletzt sein könnte.

Er macht geltend, dass durch das Bauvorhaben des A die Parkplätze in diesem Gebiet knapper würden. Unbestreitbar ist, dass A dadurch Nachteile entstehen wie Zeitverlust usw. Eine Beeinträchtigung eigener Interessen stellt jedoch noch nicht die Betroffenheit eines subjektiv-öffentlichen Rechts dar. Denn dazu ist nach dem oben Gesagten erforderlich, dass dieses Interesse **durch eine Rechtsnorm als schutzwürdig anerkannt** wird.

Dies ist jedoch nicht der Fall. D hat zwar nach den Straßengesetzen des jeweiligen Bundeslandes das Recht, die öffentlichen Straßen zu benutzen und sein Auto auf diesen zu parken. Damit werden jedoch nicht die Interessen des D geschützt, einen Parkplatz in der Nähe des Grundstück des A zu bekommen. Das Straßengesetz gibt dem Einzelnen das Recht, die öffentlichen Straßen zu benutzen, nicht jedoch will es ihn davor schützen, dass andere Personen ebenfalls die Straßen benutzen.

Auch die Vorschriften in den Bauordnungen, dass bei der Errichtung von Gebäuden eine ausreichende Anzahl von Stellplätzen zu errichten ist, dienen nur dem allgemeinen Interesse, dass insgesamt ausreichend Parkplätze vorhanden sind. Die Vorschrift dient damit nur dem Interesse aller Verkehrsteilnehmer. Dass D einen Vorteil davon hat, wenn A zur Bereitstellung von Parkplätzen verpflichtet wird, ist demgegenüber eine bloße Reflexwirkung.

Die Vorschrift über die Herstellung ausreichender Stellplätze beinhaltet daher kein subjektiv-öffentliches Recht.

[14] Schmitt Glaeser/Horn, Rn. 158.

c) Ein subjektiv-öffentliches Recht könnte jedoch die Vorschrift in der Bauordnung enthalten, dass ein ausreichender Abstand zum Nachbargrundstück einzuhalten ist, z.B. Art. 6 BayBO; § 6 NRWBauO. Dies ist auch tatsächlich so, denn diese schützen gerade die Interessen des Nachbarn, dass Gebäude nicht direkt an der Grundstücksgrenze errichtet werden (vgl. zum Drittschutz im Einzelnen, Fall 11). Hierdurch sollen Belüftung und Lichteinfall begünstigt und Feuergefahr vorgebeugt werden.

Klagebefugt ist jedoch gem. § 42 II VwGO nur, wer geltend machen kann, in **eigenen** subjektiv-öffentlichen Rechten verletzt zu sein. Subjektiv-öffentliche Rechte stehen in einem konkreten Fall stets nur bestimmten Personen zu (dem Adressaten eines Verwaltungsakts, den Nachbarn, den Konkurrenten, usw.). Die Geltendmachung und Durchsetzung subjektiv-öffentlicher Rechte anderer Personen ist nicht möglich. Der Kläger kann keine fremden Rechte geltend machen.

Das subjektiv-öffentliche Recht auf Einhaltung der Abstände zum nächsten Grundstück steht nur den Grundstücksnachbarn zu, denn nur ihre Interessen werden durch diese Norm geschützt. D ist nicht Inhaber dieses Rechts.

d) Eine Verletzung subjektiv-öffentlicher Rechte des D ist daher unter jedem denkbaren Gesichtspunkt ausgeschlossen. Er ist nicht klagebefugt.

hemmer-Methode: Die Klagebefugnis hat den Zweck, eine **Popularklage auszuschließen**. Die für die Klagebefugnis erforderlichen subjektiv-öffentlichen Rechte stehen in einem konkreten Fall (wenn überhaupt) nur einigen wenigen Personen zu. Nur diese sollen klagen können, und dies auch nur zur Durchsetzung ihrer eigenen Rechte. Die Klagebefugnis verhindert daher zum einen, dass eine Person die bloße Rechtmäßigkeit eines Verwaltungshandelns gerichtlich überprüfen lassen kann, obwohl überhaupt keine subjektiv-öffentlichen Rechte durch das Verwaltungshandeln berührt sein können (keine objektive Rechtmäßigkeitskontrolle). Zum anderen wird, indem eigene Rechte betroffen sein müssen, verhindert, dass eine Person die Rechte eines anderen gerichtlich durchsetzt (keine Wahrnehmung fremder Rechte).

C. Ergebnis

Die Klage ist unzulässig.

IV. Zusammenfassung

- Die Zulässigkeitsvoraussetzung der Klagebefugnis gem. § 42 II VwGO dient dem Ausschluss von Popularklagen.
- Der Kläger ist nicht klagebefugt, wenn eine Verletzung eigener subjektiv-öffentlicher Rechte durch den Verwaltungsakt unter jedem denkbaren Gesichtspunkt ausgeschlossen ist.
- Die Klagebefugnis fehlt, wenn entweder überhaupt keine subjektiv-öffentlichen Rechte berührt sein können, oder wenn mögliche subjektiv-öffentliche Rechte nicht dem Kläger als eigene zustehen, d.h. fremde Rechte sind.

V. Vertiefung

- Hemmer/Wüst, Basics Öffentliches Recht, Rn. 60 ff.

Fall 11: Zulässigkeit der Anfechtungsklage / Klagebefugnis: Drittanfechtung

Sachverhalt:

A und D sind Grundstücksnachbarn. A möchte in dem Gebäude auf seinem Grundstück eine Gaststätte einrichten und betreiben. Auf seinen Antrag hin erteilt ihm die zuständige Behörde die Gaststättenerlaubnis nach §§ 2, 4 GastG. D ist damit nicht einverstanden. Er ist der Ansicht, die Gaststättenerlaubnis sei rechtswidrig, da der Betrieb der Gaststätte eine unzumutbare Lärmbelästigung für ihn bedeuten würde.

Ist eine Klage des D gegen die Gaststättenerlaubnis nach ordnungsgemäßer und erfolgloser Durchführung eines Vorverfahrens zulässig?

I. Einordnung

Will eine Person einen Verwaltungsakt angreifen, der an einen anderen gerichtet ist (Adressat), ist fraglich, unter welchen Voraussetzungen der Kläger klagebefugt gem. § 42 II VwGO ist.

II. Gliederung

A. Eröffnung des Verwaltungsrechtswegs
B. Zulässigkeit der Klage
1. Statthafte Klageart
⇨ Anfechtungsklage
2. Klagebefugnis
D ist nicht Adressat des Verwaltungsakts:
„Drittanfechtungsklage"
⇨ Schutznormtheorie
⇨ § 4 I Nr. 3 GastG dient nicht nur den öffentlichen Interessen, sondern nach dem Wortlaut sind insbesondere auch die Interessen der „Nachbarschaft" geschützt.
⇨ § 4 I Nr. 3 GastG enthält ein subjektiv-öffentliches Recht der Nachbarn.
D ist klagebefugt gem. § 42 II VwGO.
3. Vorverfahren
4. Sonstiges
C. Ergebnis: Die Klage ist zulässig.

III. Lösung

A. Eröffnung des Verwaltungsrechtswegs

Der Verwaltungsrechtsweg ist gem. § 40 I VwGO eröffnet, da es sich um eine Streitigkeit auf dem Gebiet des öffentlichen Gewerberechts, zu dem das GastG zählt, handelt. Diese ist nichtverfassungsrechtlicher Art und es ist keine abdrängende Sonderzuweisung ersichtlich.

B. Zulässigkeit der Klage

1. Statthafte Klageart

Die Anfechtungsklage ist gem. § 42 I VwGO statthafte Klageart, wenn das Begehren des Klägers auf die Aufhebung eines Verwaltungsakts gerichtet ist. Die aufgrund §§ 2, 4 GastG erteilte Gaststättenerlaubnis stellt einen VA im Sinne des § 35 VwVfG dar. D begehrt dessen Aufhebung. Daher ist die Anfechtungsklage statthaft.

2. Klagebefugnis

D müsste klagebefugt sein. Dazu ist gem. § 42 II VwGO erforderlich, dass er geltend macht, in seinen Rechten verletzt zu sein.

a) Eine mögliche Rechtsverletzung besteht dann, wenn D Adressat eines belastenden Verwaltungsakts ist. In diesem Fall kann er zumindest in Art. 2 I GG verletzt sein.

Adressat der Gaststättenerlaubnis ist jedoch nur der A. Dieser Verwaltungsakt ist lediglich an ihn gerichtet. Die Klagebefugnis des D kann daher nicht mit der „Adressatentheorie“ begründet werden.

hemmer-Methode: Unerheblich ist dabei, ob der Verwaltungsakt auch dem D gegenüber bekannt gegeben wurde (§ 41 VwVfG). Dass D von der Gaststättenerlaubnis (mittelbar) betroffen wird und die Behörde sogar gem. § 41 I S. 1 VwVfG die Pflicht hatte, sie dem D bekannt zu geben, ändert daran ebenfalls nichts.

b) D als **Dritter**, der nicht Adressat des Verwaltungsakts ist, ist nur klagebefugt, wenn aus anderen Gründen die Möglichkeit der Verletzung eigener subjektiv-öffentlicher Rechte besteht.

Solche subjektiv-öffentlichen Rechte eines Dritten können in den Rechtsnormen liegen, die bei dem Erlass des Verwaltungsakts zu beachten sind. Dies ist hier insbesondere § 4 I Nr. 3 GastG.

hemmer-Methode: Sie befinden sich in der Konstellation der sog. **Drittanfechtungsklage**. Diese ist immer dann gegeben, wenn nicht der Adressat eines Verwaltungsakts, sondern ein Dritter den Verwaltungsakt angreift. Typischerweise ist dann dieser Verwaltungsakt für den Adressaten begünstigend, während er für den Dritten belastend ist (**Verwaltungsakt mit Drittwirkung**). Die Klagebefugnis und das subjektiv-öffentliche Recht muss in diesen Fällen üblicherweise nicht aus Grundrechten des Dritten, sondern vorrangig aus dem einfachen Recht begründet werden. Dabei kommen natürlich nur die Rechtsnormen in Betracht, die bei Erlass des Verwaltungsakts zu beachten waren.

Allerdings beinhalten Rechtsnormen zunächst und vorrangig objektives Recht, d.h. sie sind von der Behörde bei der Entscheidung über die Gaststättenerlaubnis zu beachten. Eine subjektiv-öffentliche Rechtsposition eines Dritten ist nicht ohne weiteres enthalten.

hemmer-Methode: Die Unterscheidung zwischen objektivem und subjektivem Recht ist elementar für das Verständnis nicht nur der Drittanfechtung, sondern für das Verwaltungsrecht überhaupt! Die Problematik der Drittanfechtung (wie auch der sog. Drittverpflichtungsklage, s. Fall 30) ergibt sich überhaupt erst aufgrund dieser Differenzierung. Machen Sie sich klar, dass die öffentlich-rechtlichen Rechtsnormen, die das Verwaltungshandeln steuern, sich primär an die Behörde wenden. Der subjektivrechtliche Charakter muss positiv begründet werden, wenn er sich nicht schon direkt der Norm ergibt! S. dazu schon Fall 10.

c) Nach der **Schutznormtheorie** hat eine öffentlich-rechtliche Vorschrift drittschützenden Charakter, wenn sie **nach dem erkennbaren Willen des Gesetzgebers nicht nur den Interessen der Allgemeinheit, sondern zugleich den individuellen Interessen eines abgrenzbaren Personenkreises zu dienen bestimmt sind**.[15]

Ob und für welchen Personenkreis eine Rechtsnorm ein subjektives Recht vermittelt, muss daher durch *Auslegung* ermittelt werden.

§ 4 I Nr. 3 GastG schützt nach seinem Wortlaut zunächst nur das „öffentliche Interesse“ und die „Allgemeinheit“. Allerdings wird auf den Begriff der „schädlichen Umwelteinwirkungen“ des Bundes-Immissionsschutzgesetzes Bezug genommen. Gem. § 3 I BImSchG ist dabei insbesondere die „Nachbarschaft“ im Rahmen des Begriffs der schädlichen Umwelteinwirkungen zu berücksichtigen.

hemmer-Methode: Auf den Begriff der „schädlichen Umwelteinwirkungen“ wird in verschiedenen Vorschriften des besonderen Verwaltungsrechts verwiesen. Diese haben dann grundsätzlich drittschützenden Charakter. S. z.B. § 35 III Nr. 3 BauGB.

---

[15] Vgl. auch Hemmer/Wüst, Basics Öffentliches Recht, Bd. 2, Rn. 66.

Durch die Bezugnahme auf § 3 I BImSchG verpflichtet § 4 I Nr. 3 GastG die Behörde, bei der Entscheidung über die Gaststättenerlaubnis den Schutz der Nachbarschaft vor schädlichen Umwelteinwirkungen besonders zu beachten. Unter Nachbarschaft ist dabei der Personenkreis zu verstehen, der im näheren räumlichen Umkreis von den Auswirkungen der Gaststätte (v.a. Lärm) betroffen werden kann. Geschützte Personen sind dabei jedenfalls die benachbarten Grundstückseigentümer.

hemmer-Methode: Die Frage des Drittschutzes von Normen wird im Rahmen der Ausbildung v.a. im Baurecht relevant, sofern dies Prüfungsstoff in Ihrem Bundesland ist. Machen Sie sich jedoch klar, dass es sich nicht um ein baurechtliches Problem handelt, sondern um eine allgemeine verwaltungsrechtliche (und verwaltungsprozessrechtliche) Fragestellung. Die Schutznormtheorie kann für alle Gebiete des Verwaltungsrechts angewandt werden. Zudem stellt sich die gleiche Frage des subjektiv-öffentlichen Rechts bei der sog. Drittverpflichtungsklage, dazu Fall 30; außerdem bei §§ 823 II, 839 BGB.

Als Grundstücksnachbar steht D aus § 4 I Nr. 3 GastG ein subjektiv-öffentliches Recht zu, dass die Behörde bei der Gaststättenerlaubnis bei dessen Voraussetzungen zu beachten hat. Es besteht die Möglichkeit, dass D durch die Gaststättenerlaubnis in diesem Recht verletzt ist.

D ist klagebefugt.

3. Vorverfahren

Das gem. § 68 I S. 1 VwGO erforderlicher Vorverfahren wurde ordnungsgemäß und erfolglos durchgeführt.

4. Sonstiges

Die Klagefrist des § 74 I S. 1 VwGO müsste eingehalten werden. Von dem Vorliegen der weiteren Zulässigkeitsvoraussetzungen (wie Zuständigkeit des Gerichts, Beteiligten- und Prozessfähigkeit, ordnungsgemäße Klageerhebung usw.) ist auszugehen.

C. Ergebnis

Die Anfechtungsklage des D ist zulässig.

IV. Zusammenfassung

- Die Situation der sog. **Drittanfechtungsklage** liegt vor, wenn ein Dritter, der **nicht Adressat des Verwaltungsakts** ist, diesen angreifen möchte.
- Problematisch ist in dieser Situation die **Klagebefugnis** des Dritten gem. § 42 II VwGO. Ein **subjektiv-öffentliches Recht des Dritten** ist unter Anwendung der **Schutznormtheorie** aus den Rechtsvorschriften zu begründen, die bei Erlass des Verwaltungsakts zu beachten sind.

V. Vertiefung

- Hemmer/Wüst, Basics Öffentliches Recht, Rn. 62 ff.
- Vgl. dazu Life&Law 2001, 274 ff.; Life&Law 2001, 584 ff.

Fall 12: Zulässigkeit der Anfechtungsklage / Vorverfahren

Sachverhalt:

G wird die Ausübung seines Gewerbes untersagt (§ 35 GewO). Die Behörde gibt den Bescheid am 30.01.2003 zur Post. Er wird am nächsten Tag bei G eingeworfen, und enthält eine ordnungsgemäße Rechtsbehelfsbelehrung. G legt Widerspruch ein. Das Widerspruchsschreiben geht am Montag, den 03.03.2003 bei der Behörde ein. Die Widerspruchsbehörde weist den Widerspruch wegen Fristversäumung zurück. G erhebt fristgerecht Klage.

Ist diese zulässig?

I. Einordnung

Die Anfechtungsklage ist nur zulässig, wenn das nach § 68 I VwGO erforderliche Vorverfahren ordnungsgemäß durchgeführt wurde.

II. Gliederung

A. Eröffnung des Verwaltungsrechtswegs

B. Zulässigkeit der Klage

1. Statthafte Klageart

⇨ Anfechtungsklage

2. Klagebefugnis

3. Vorverfahren

Das Vorverfahren gem. § 68 VwGO muss **ordnungsgemäß und erfolglos** durchgeführt werden.
Ordnungsgemäß erfordert insbesondere die Einhaltung der Widerspruchsfrist gem. § 70 I S. 1 VwGO.

⇨ Beginn der Frist ab Datum der Bekanntgabe. Dies richtet sich nach § 41 VwVfG. Es gilt die Drei-Tages-Fiktion gem. § 41 II VwVfG, wenn nicht die tatsächliche Bekanntgabe gem. § 41 I S. 1 VwVfG erst später erfolgte.

Hier findet § 41 II VwVfG Anwendung, Bekanntgabe am 02.02.2003.

Str. ist, **nach welchen Vorschriften** die **Frist zu berechnen** ist:

§§ 79, 31 VwVfG oder § 57 VwGO, § 222 ZPO.

Aber: Fristbeginn gem. § 187 I BGB am 03.02., Fristende gem. § 188 II Alt. 1 BGB, § 31 III VwVfG aber am 03.03., da der 02.03. ein Sonntag war.

⇨ Widerspruch nicht verfristet, das Vorverfahren wurde ordnungsgemäß durchgeführt.

4. Klagefrist

5. Sonstiges

C. Ergebnis: Die Klage ist zulässig.

III. Lösung

A. Eröffnung des Verwaltungsrechtswegs

Der Verwaltungsrechtsweg ist gem. § 40 I VwGO eröffnet. Die streitentscheidenden Normen sind hier die des GewO und damit öffentlich-rechtlich. Es liegt daher eine öffentlich-rechtliche Streitigkeit vor. Mangels doppelter Verfassungsunmittelbarkeit ist diese nichtverfassungsrechtlicher Art. Eine abdrängende Sonderzuweisung greift nicht ein.

B. Zulässigkeit der Klage

1. Statthafte Klageart

Die Anfechtungsklage ist statthaft, wenn die Aufhebung eines Verwaltungsakts begehrt wird (§ 42 I VwGO).

Die Gewerbeuntersagung ist ein Verwaltungsakt gem. § 35 VwVfG. Da G dessen Aufhebung begehrt, ist die Anfechtungsklage statthaft.

2. Klagebefugnis

G ist als Adressat eines belastenden Verwaltungsakts möglicherweise in seinem Recht aus Art. 12 I GG verletzt und daher gem. § 42 II VwGO klagebefugt.

3. Vorverfahren

Gem. § 68 I S. 1 VwGO ist vor Erhebung der Anfechtungsklage ein Vorverfahren durchzuführen. Dieses muss **ordnungsgemäß** und **erfolglos** durchgeführt worden sein, soweit dieses nicht nach § 68 I S. 2 VwGO entbehrlich ist.

Ordnungsgemäß bedeutet hierbei, dass der Kläger den Widerspruch bei der **richtigen Behörde form- und fristgerecht** eingelegt haben muss.

hemmer-Methode: „Ordnungsgemäß" kann in diesem Zusammenhang nur bedeuten, dass der *Kläger* das Vorverfahren ordnungsgemäß betrieben hat. Möglich ist auch, dass die Behörde das Vorverfahren nicht ordnungsgemäß durchführt, indem z.B. Verfahrensfehler gemacht werden oder die unzuständige Behörde den Widerspruchsbescheid erlässt. Es kann jedoch nicht sein, dass aus diesem Grund die Klage unzulässig wird! Merken Sie sich daher: „Ordnungsgemäß" heißt, dass **keine Fehler aus der Sphäre des Klägers** vorliegen.

a) Der Widerspruch müsste schriftlich oder zur Niederschrift bei der Behörde erhoben worden sein. Diese Voraussetzung ist hier erfüllt.

b) Richtige Behörde für die Einlegung des Widerspruchs ist die Behörde, die den Verwaltungsakt erlassen hat (§ 70 I S. 1 VwGO). G hat den Widerspruch bei der Ausgangsbehörde eingelegt.

c) Fristgerecht bedeutet, dass der Widerspruch in der Monatsfrist des § 70 I S. 1 VwGO eingelegt werden muss.

hemmer-Methode: Diese Frist gilt nur, wenn eine korrekte Rechtsbehelfsbelehrung erfolgte, vgl. § 58 I VwGO. Andernfalls gilt die Jahresfrist gem. § 58 II S. 1 VwGO. Dazu Fall 13.

Fraglich ist, ob G den Widerspruch fristgemäß eingelegt hat. Dazu ist zu bestimmen, ob bei Eingang des Widerspruchs am 03.03.2003 die Frist abgelaufen war.

Der **Beginn** der Monatsfrist ist gem. § 70 I S. 1 VwGO die Bekanntgabe des Verwaltungsakts (§ 41 VwVfG). Es ist demnach zu prüfen, in welchem Zeitpunkt der Verwaltungsakt bekannt gegeben wurde.

aa) Dies richtet sich zunächst nach § 41 I S. 1 VwVfG. Bekanntgabe ist das Gelangen des Schriftstücks in den Machtbereich des Empfängers, so dass unter normalen Umständen mit einer Kenntnisnahme zu rechnen ist (§ 130 BGB analog).

Wird ein Verwaltungsakt per Post versandt, so gelangt er in den Machtbereich des Empfängers, wenn er in den Briefkasten eingeworfen wird. Mit der Kenntnisnahme ist dann unter normalen Umständen am gleichen Tag zu rechnen. Denn es ist davon auszugehen, dass üblicherweise jeden Tag nach neuer Post gesehen wird.

Danach wäre der Bescheid am 31.01.2003 bekannt gegeben.

bb) Für schriftliche Verwaltungsakte, die durch die Post übermittelt werden, gilt jedoch die **3-Tages-Fiktion gem. § 41 II VwVfG**. Danach wird die Bekanntgabe auf den dritten Tag nach der Aufgabe zur Post festgelegt, sofern es nicht überhaupt am Zugang des Verwaltungsakts fehlt oder ein späterer Zugang vorliegt.

Unter Anwendung des § 41 II VwVfG wäre der 02.02.2003 der Tag der Bekanntgabe. Da dieser Zeitpunkt zeitlich nach der tatsächlichen Bekanntgabe nach § 41 I S. 1 VwVfG liegt, findet die 3-Tages-Fiktion des § 41 II VwVfG Anwendung.

hemmer-Methode: Wird der Bescheid später als am 02.02.2003 bei G eingeworfen, findet § 41 II VwVfG keine Anwendung. Dann bleibt es bei dem Zeitpunkt der tatsächlichen Bekanntgabe nach § 41 I S. 1 VwVfG.

Gem. § 41 II VwVfG ist daher von der Bekanntgabe am 02.02.2003 auszugehen.

cc) Für die Fristberechnung kommen unterschiedliche Vorschriften in Betracht. Hierfür können die Vorschriften der VwGO oder die des VwVfG herangezogen werden.

Stellt man das Wesen des Vorverfahrens als *behördliches* Verfahren in den Vordergrund, wird man für die Fristberechnung §§ 79, 31 VwVfG i.V.m. §§ 187 ff. BGB anwenden.

Wird das Vorverfahren primär als verwaltungs*gerichtlicher* Vorschaltrechtsbehelf gesehen, gilt § 57 VwGO, § 222 ZPO i.V.m. §§ 187 ff. BGB.

hemmer-Methode: Letztlich werden die Vorschriften des BGB angewendet. Der Streit führt demnach nicht zu unterschiedlichen Ergebnissen.

Argument für die Anwendung des VwVfG ist, dass der Gesetzgeber in § 70 II VwGO bestimmte Vorschriften der VwGO für die Widerspruchsfrist für anwendbar erklärt, nicht jedoch § 57 VwGO.

Da es sich um eine Ereignisfrist i.S.v. § 187 I BGB handelt, beginnt die Frist gem. §§ 79, 31 VwVfG i.V.m. § 187 I BGB hier am Tag nach der Bekanntgabe, demnach am 03.02.2003.

Ende der Frist wäre gem. § 188 II Alt. 1 BGB am Ende des 02.03.2003. Dieser Tag war jedoch ein Sonntag. Gem. § 31 III VwVfG (a.A.: § 222 II ZPO) bzw. § 193 BGB wird in diesem Fall das Fristende auf den nachfolgenden Werktag verschoben. Dies ist hier Montag, 03.03.2003. Fristende ist daher hier das Ende dieses Tages.

Der Widerspruch des G ist am Ende dieses Tages eingegangen, er somit fristgerecht.

d) Da der Widerspruch zurückgewiesen wurde, ist das Vorverfahren erfolglos durchgeführt worden.

4. Klagefrist

Laut SV hat G die Klage fristgerecht, d.h. innerhalb der Frist des § 74 I S. 1 VwGO, erhoben.

5. Sonstiges

Von dem Vorliegen der weiteren Zulässigkeitsvoraussetzungen (wie Zuständigkeit des Gerichts, Beteiligten- und Prozessfähigkeit, ordnungsgemäße Klageerhebung usw.) ist auszugehen.

C. Ergebnis

Die Klage des G ist zulässig.

IV. Zusammenfassung

- Zulässigkeitsvoraussetzung der Anfechtungsklage ist die ordnungsgemäße und erfolglose Durchführung des Vorverfahrens gem. § 68 I S. 1 VwGO.
- Ordnungsgemäß bedeutet, dass keine Fehler aus der Sphäre des Klägers vorliegen. Der Widerspruch muss bei der richtigen Behörde, schriftlich und innerhalb der Frist des § 70 I S. 1 VwGO eingelegt werden.
- Für die Fristberechnung ist gem. § 70 I S. 1 VwGO die Bekanntgabe des Verwaltungsakts entscheidend. Dazu ist der Zeitpunkt der Bekanntgabe nach § 41 VwVfG zu bestimmen, insbesondere ist die 3-Tages-Fiktion des § 41 II VwVfG zu beachten.

V. Vertiefung

- Hemmer/Wüst, Basics Öffentliches Recht, Rn. 175 ff.
- Hemmer/Wüst, Öffentliches Recht für Anfangssemester, Rn. 443 ff.

Fall 13: Zulässigkeit der Anfechtungsklage / Vorverfahren

Sachverhalt:

Gegen A wird durch die zuständige Stadt S eine Gewerbeuntersagung wegen Unzuverlässigkeit erlassen. Der Bescheid wird am 08.04. zur Post gegeben und geht A am 13.04. zu. Die Rechtsbehelfsbelehrung hat folgenden Wortlaut: „Gegen diesen Bescheid kann innerhalb eines Monats nach Bekanntgabe Widerspruch eingelegt werden." Der Widerspruch des A geht am 05.06. bei der Stadt S ein. Die Widerspruchsbehörde weist den Widerspruch wegen Fristversäumung zurück.

Ist eine Klage des A zulässig?

I. Einordnung

Ist einem Verwaltungsakt keine ordnungsgemäße Rechtsbehelfsbelehrung i.S.v. § 58 I VwGO beigefügt, so gilt statt der Widerspruchsfrist des § 70 I VwGO von einem Monat eine Jahresfrist, § 58 II VwGO.

II. Gliederung

A. Eröffnung des Verwaltungsrechtswegs
B. Zulässigkeit der Klage
1. Statthafte Klageart
2. Klagebefugnis
3. Vorverfahren

Das Vorverfahren muss **ordnungsgemäß** durchgeführt werden. Insbesondere muss der **Widerspruch fristgemäß** eingelegt werden. Die Monatsfrist gem. § 70 I S. 1 VwGO war hier bei Einlegung verstrichen.

Aber die **Monatsfrist** gilt gem. §§ 70 II, 58 I VwGO **nur bei ordnungsgemäßer Rechtsbehelfsbelehrung**.
Hier fehlt die Angabe der Behörde, bei der Widerspruch einzulegen war. § 70 I S. 1 VwGO gilt nicht.

⇨ Es findet die **Jahresfrist gem. § 70 II, 58 II S.1 VwGO** Anwendung.
Diese Frist hat A eingehalten.

4. Klagefrist
5. Sonstiges
C. Ergebnis: Die Klage ist zulässig.

III. Lösung

A Eröffnung des Verwaltungsrechtswegs

Der Verwaltungsrechtsweg ist gem. § 40 I VwGO eröffnet. Die streitentscheidenden Normen sind hier die der GewO und damit öffentlich-rechtlich. Es liegt daher eine öffentlich-rechtliche Streitigkeit vor. Mangels doppelter Verfassungsunmittelbarkeit ist diese nichtverfassungsrechtlicher Art. Eine abdrängende Sonderzuweisung greift nicht ein.

B. Zulässigkeit der Klage

1. Statthafte Klageart

Statthaft könnte die Anfechtungsklage gem. § 42 I 1. Alt. VwGO sein. Die Gewerbeuntersagung ist ein Verwaltungsakt gem. § 35 S. 1 VwVfG. A begehrt dessen Aufhebung. Die Anfechtungsklage ist statthaft.

2. Klagebefugnis

A müsste gem. § 42 II VwGO klagebefugt sein. Er ist Adressat eines belastenden Verwaltungsakts und dadurch möglicherweise in seinem Recht aus Art. 12 I GG verletzt.

3. Vorverfahren

Vor Erhebung der Anfechtungsklage ist gem. § 68 I S. 1 VwGO ordnungsgemäß und erfolglos ein Vorverfahren durchzuführen. Der Kläger müsste insbesondere den Widerspruch fristgemäß eingelegt haben.

a) Dabei gilt grundsätzlich die Monatsfrist gem. § 70 I S. 1 VwGO, die mit Bekanntgabe des Verwaltungsakts beginnt. Dies richtet sich nach § 41 VwVfG. Der Bescheid wurde am 13.04. bei A eingeworfen. Damit ist er in den Machtbereich des Empfängers gelangt. Mit der Kenntnisnahme ist grundsätzlich noch am gleichen Tag zu rechnen. Die Bekanntgabe war daher gem. § 41 I S. 1 VwVfG am 13.04.

Es könnte jedoch die 3-Tages-Fiktion des § 41 II VwVfG Anwendung finden. Da der Bescheid am 08.04. zur Post gegeben wurde, wäre nach § 41 II VwVfG von der Bekanntgabe am 11.04. auszugehen. Da der tatsächliche Zugang jedoch später erfolgte, am 13.04. (s.o.), ist § 41 II VwVfG nicht anzuwenden.

Bekanntgabe war daher gem. § 41 I S. 1 VwVfG am 13.04. Die Frist begann daher gem. §§ 79, 31 VwVfG i.V.m. § 187 I BGB am 14.04. Nach anderer Ansicht finden § 57 VwGO, § 222 ZPO Anwendung, die jedoch auch auf §§ 187 ff. BGB verweisen.

Ende der Frist des § 70 I S. 1 VwGO ist gem. § 188 II Alt. 1 BGB der 13.05. Diese Frist wurde nicht eingehalten.

b) Fraglich ist jedoch, ob die Anwendung des § 70 I S. 1 VwGO nicht gem. §§ 70 II, 58 I VwGO ausgeschlossen ist.

hemmer-Methode: § 58 VwGO gilt an sich nur für das gerichtliche Verfahren. Dementsprechend spricht die Vorschrift von „Rechtsmitteln", d.h. von Rechtsbehelfen gegen gerichtliche Entscheidungen. Der Widerspruch nach § 68 ff. VwGO ist kein Rechtsmittel, sondern ein *außergerichtlicher* förmlicher Rechtsbehelf. § 70 II VwGO bestimmt jedoch, dass § 58 für die Widerspruchsfrist entsprechend gilt.

Gem. §§ 70 II, 58 I VwGO läuft die Widerspruchsfrist des § 70 I S. 1 VwGO nur, wenn eine **ordnungsgemäße Rechtsbehelfsbelehrung** erteilt ist. Dazu muss über den richtigen Rechtsbehelf, die Behörde oder das Gericht, bei dem der Rechtsbehelf einzulegen ist, den Sitz sowie die einzuhaltende Frist belehrt werden.

Fraglich ist, ob die Rechtsbehelfsbelehrung in der Gewerbeuntersagung diesen Anforderungen entspricht. Darin wurde über den richtigen Rechtsbehelf, die Einlegung eines Widerspruchs belehrt. Ebenso ist die einzuhaltende Frist von einem Monat ab Bekanntgabe angegeben.

Jedoch fehlt es an der Angabe der Behörde, bei der der Rechtsbehelf einzulegen ist. Dazu wäre eine Belehrung erforderlich, dass der Widerspruch bei der Stadt S, wahlweise der Widerspruchsbehörde, einzulegen ist. An dieser Voraussetzung fehlt es hier.

hemmer-Methode: Neben der Angabe der Behörde ist nach § 58 I VwGO auch deren Sitz anzugeben. Dies ist der Ort, an dem sich die Behörde befindet. Handelt eine Stadt oder eine Gemeinde, genügt es, wenn dahingehend belehrt wird, dass der Widerspruch „bei der Gemeinde/Stadt XY" einzulegen ist. Denn in diesen Fällen gibt die Bezeichnung der Behörde auch gleichzeitig deren Sitz wieder. Dies kann bei anderen Behörden anders sein. Ist der Widerspruch bei dem „Landratsamt Muldentalkreis" einzulegen, so muss dessen Sitz zusätzlich angegeben werden, d.h. der Ort, in dem sich das Landratsamt befindet. Üblich, aber grundsätzlich nicht zwingend erforderlich ist die Angabe der vollständigen Anschrift der Behörde. Erforderlich ist weiterhin ein Hinweis auf die Form der Widerspruchseinlegung sowie auf die Möglichkeit des § 75 VwGO, wenn auf den Widerspruch keine Reaktion seitens der Behörde erfolgt.

Da hier die Rechtsbehelfsbelehrung nicht ordnungsgemäß ist, gilt gem. §§ 70 II, 58 I VwGO die Widerspruchsfrist des § 70 I S. 1 VwGO nicht.

c) In diesem Fall gilt die **Jahresfrist gem. §§ 70 II, 58 II S. 1 VwGO**. Diese beginnt wiederum ab Bekanntgabe des Verwaltungsakts (14.04.).

hemmer-Methode: Zwar spricht § 58 II VwGO nicht von der „Bekanntgabe". Bei der entsprechenden Anwendung des § 58 VwGO auf den Widerspruch (vgl. § 70 II VwGO) ist daher § 58 II VwGO um das Wort „Bekanntgabe" zu ergänzen.

Die Einlegung des Widerspruchs war demnach gem. §§ 79, 31 VwVfG i.V.m. §§ 187 ff. BGB bis 13.04. des Folgejahres möglich.

A hat den Widerspruch am 05.06. nicht nach Fristablauf eingelegt. Das Vorverfahren wurde ordnungsgemäß durchgeführt.

d) Da der Widerspruch zurückgewiesen wurde, wurde das Vorverfahren erfolglos durchgeführt.

4. Klagefrist

Die Klage des A müsste fristgemäß erhoben werden.

5. Sonstiges

Von dem Vorliegen der weiteren Zulässigkeitsvoraussetzungen (wie Zuständigkeit des Gerichts, Beteiligten- und Prozessfähigkeit, ordnungsgemäße Klageerhebung usw.) ist auszugehen.

C. Ergebnis

Die Klage des A ist zulässig.

IV. Zusammenfassung

1. Die Widerspruchsfrist von einem Monat gem. § 70 I S. 1 VwGO gilt nach §§ 70 II, 58 I VwGO nicht, wenn es an einer korrekten **Rechtsbehelfsbelehrung nach § 58 I VwGO** fehlt.
2. Fehlt eine korrekte Rechtsbehelfsbelehrung, so gilt die Jahresfrist gem. § 58 II S. 1 VwGO.

V. Vertiefung

- Hemmer/Wüst, Basics Öffentliches Recht, Rn. 175 ff.
- Vgl. dazu Life&Law 2007, Hefte 1 und 3

Fall 14: Zulässigkeit der Anfechtungsklage / Vorverfahren

Sachverhalt:

Wiederum wird gegen den ledigen A eine Gewerbeuntersagung ausgesprochen. Der Bescheid, der eine ordnungsgemäße Rechtsbehelfsbelehrung enthält, wird am 01.06. zur Post gegeben und geht ihm am 03.06. zu. Am 01.07. erleidet A einen Verkehrsunfall. A muss in ein Krankenhaus eingeliefert und operiert werden. Er wird am 22.07. aus dem Krankenhaus entlassen. A legt gegen die Gewerbeuntersagung schriftlich Widerspruch ein, der bei der Behörde am 03.08. eingeht. In dem Schreiben teilt A Ursache und Dauer des Krankenhausaufenthalts mit und gibt diesbezüglich auch eine eidesstattliche Versicherung ab. Die Widerspruchsbehörde weist den Widerspruch wegen Fristversäumung zurück.

Wäre eine Anfechtungsklage des A mangels ordnungsgemäßen Vorverfahrens unzulässig?

I. Einordnung

Wenn der Kläger die Widerspruchsfrist versäumt hat, ist eine Anfechtungsklage unzulässig. Eine Fristversäumung liegt nicht vor, wenn Wiedereinsetzung in den vorigen Stand gewährt wird.

II. Gliederung

1. Widerspruchsfrist, § 70 I S. 1 VwGO

Frist war abgelaufen bei Einlegung des Widerspruchs: Fristende war gem. §§ 79, 31 VwVfG i.V.m. §§ 187 ff. BGB der 04.07.

2. Wiedereinsetzung, §§ 70 II, 60 VwGO

- A hat einen Antrag auf Wiedereinsetzung gestellt (Schreiben an Behörde).
- Die Antragsfrist des § 60 II S. 1 VwGO ist gewahrt.
- Die Versäumung der Widerspruchsfrist war ohne Verschulden des A, da dieser im Krankenhaus lag.
- A hat innerhalb der Antragsfrist des § 60 II S. 1 VwGO die versäumte Rechtshandlung nachgeholt, und damit § 60 II S. 3 VwGO erfüllt.

⇨ Die Voraussetzungen der Wiedereinsetzung liegen vor. Die Einlegung des Widerspruchs gilt als nicht verfristet.

3. Ergebnis: Die Klage ist nicht mangels ordnungsgemäßer Durchführung des Vorverfahrens unzulässig.

III. Lösung

Unzulässigkeit einer Anfechtungsklage mangels ordnungsgemäßen Vorverfahrens, § 68 I S. 1 VwGO?

Voraussetzung für die Zulässigkeit der Anfechtungsklage ist die ordnungsgemäße Durchführung eines Vorverfahrens.

1. Widerspruchsfrist, § 70 I S. 1 VwGO

Dazu ist insbesondere erforderlich, dass der Kläger fristgemäß Widerspruch eingelegt hat. Es gilt die Widerspruchsfrist gem. § 70 I S. 1 VwGO.

hemmer-Methode: Die Fragestellung ist hier sehr speziell. Es ist nicht nach der Zulässigkeit der Anfechtungsklage gefragt, sondern nur nach der ordnungsgemäßen Durchführung des Vorverfahrens als Zulässigkeitsvoraussetzung der Anfechtungsklage. Halten Sie sich unbedingt an die Aufgabenstellung und den Bearbeitervermerk!

Dieser muss Ausgangspunkt Ihrer Bearbeitung sein. Entwickeln Sie davon ausgehend den ersten Obersatz!
Völlig verfehlt ist es, wenn Sie die Fragestellung ignorieren und die übliche, aber hier nicht gestellte Frage nach der Zulässigkeit der Klage erörtern. hemmer-Methode heißt, sich in den Ersteller des Falls hineinzuversetzen. Erste und grundlegende Weichenstellung ist dabei die Aufgabenstellung!

a) Beginn der Widerspruchsfrist ist die Bekanntgabe des Verwaltungsakts gem. § 41 VwVfG. Der Zeitpunkt der Bekanntgabe könnte hier nach § 41 II VwVfG zu bestimmen sein. Danach gilt ein schriftlicher Verwaltungsakt, der durch die Post übermittelt wird, mit dem dritten Tag nach Aufgabe zur Post als bekannt gegeben. Hier wurde der Bescheid am 01.06. zur Post gegeben. Bekanntgabe ist gem. § 41 II VwVfG demnach der 04.06.

§ 41 II VwVfG ist anzuwenden, denn der tatsächliche Zugang liegt nicht später. Laut Sachverhalt war der tatsächliche Zugang am 03.06.

b) Die Widerspruchsfrist beträgt gem. § 70 I S. 1 VwGO einen Monat. Beginn der Frist ist gem. §§ 79, 31 VwVfG i.V.m. § 187 I BGB der 05.06. Nach a.A. richtet sich die Fristberechnung nach § 57 VwGO, § 222 ZPO i.V.m. §§ 187 ff. BGB. Dieser Meinungsstreit kann hier offen gelassen werden, da beide Ansichten zu dem gleichen Ergebnis der Fristberechnung nach den §§ 187 ff. BGB gelangen. Fristende ist demnach gem. § 188 II Alt. 1 BGB der 04.07.

Die Anwendung der Widerspruchsfrist gem. § 70 I S. 1 VwGO ist auch nicht gem. §§ 70 II, 58 I VwGO ausgeschlossen. Denn die Rechtsbehelfsbelehrung war lauf SV ordnungsgemäß. Die Einlegung des Widerspruchs am 03.08. ist damit verfristet.

hemmer-Methode: Der Lauf und das Ende der Frist des § 70 I S. 1 VwGO hängt nur von der Bekanntgabe und der ordnungsgemäßen Rechtsbehelfsbelehrung ab. Unter keinen Umständen kommt es zu einer Verlängerung dieser Frist.

Unbilligkeiten, die sich aus diesem **unabänderlichen Fristablauf** ergeben, werden über das Institut der „**Wiedereinsetzung in den vorigen Stand**“ (§ 60 VwGO) ausgeglichen, dazu sogleich.

2. Wiedereinsetzung, §§ 70 II, 60 VwGO

Es kommt jedoch eine Wiedereinsetzung in den vorigen Stand gem. §§ 70 II, 60 I VwGO in Betracht.

hemmer-Methode: Erfolgt die Wiedereinsetzung in den vorigen Stand, hat dies zur Folge, dass die versäumte Frist als nicht verstrichen gilt. Dem Institut der Wiedereinsetzung liegt demnach die Vorstellung zugrunde, dass „die Zeit zurückgedreht wird“.

Voraussetzungen der Wiedereinsetzung sind gem. § 60 I, II VwGO: Ein Antrag auf Wiedereinsetzung, die Einhaltung der Zwei-Wochen-Frist des § 60 II S. 1 VwGO, die Versäumung einer gesetzlichen Frist ohne Verschulden sowie die Nachholung der versäumten Rechtshandlung innerhalb der Zwei-Wochen-Frist.

a) Der Antrag auf Wiedereinsetzung kann auch konkludent gestellt werden. Dieser ist hier darin zu sehen, dass A Widerspruch einlegt und vorträgt, dass er den Widerspruch nicht fristgerecht einlegen konnte. Zudem kann u.U. auch auf das Antragserfordernis verzichtet werden, § 60 II S. 4 VwGO. Da A eine eidesstattliche Versicherung vorgelegt hat, sind die Tatsachen glaubhaft gemacht i.S.d. §§ 60 II S. 2 VwGO, 294 ZPO.

b) Gem. § 60 II S. 1 VwGO ist der Antrag innerhalb von zwei Wochen nach Wegfall des Hindernisses zu stellen. Das Hindernis ist hier der Krankenhausaufenthalt des A. Dieses ist am 22.07. weggefallen. Die Zwei-Wochen-Frist begann daher gem. §§ 79, 31 VwVfG i.V.m. § 187 I BGB am 23.07. und endete gem. § 188 II Alt. 2 BGB am 05.08. Der Antrag am 03.08. war daher innerhalb dieser Frist.

c) A müsste eine gesetzliche Frist ohne Verschulden versäumt haben. Gesetzliche Frist ist hier die Widerspruchsfrist nach § 70 I S. 1 VwGO. Diese hat A versäumt. Ein Verschulden liegt vor, wenn der Betroffene diejenige Sorgfalt außer Acht lässt, die für eine gewissenhafte Privatperson im Verhältnis zur Verwaltung geboten und zumutbar war.

Ursache für den Krankenhausaufenthalt war ein Verkehrsunfall. Dies stellt kein Verschulden im Hinblick auf die Einhaltung von Fristen dar. Unerheblich ist insofern, ob A den Verkehrsunfall verschuldet hatte. Der Krankenhausaufenthalt wurde daher von A nicht verschuldet. A hat auch nicht die Pflicht, für solche Unglücksfälle vorsorglich einen Vertreter zu bestellen, der seine Geschäfte dann wahrnimmt.

Damit erfolgte die Versäumung der Widerspruchsfrist ohne Verschulden des A.

d) Gem. § 60 II S. 3 VwGO ist die versäumte Rechtshandlung innerhalb der Frist des § 60 II S. 1 VwGO nachzuholen. Versäumte Rechtshandlung ist hier die Einlegung des Widerspruchs. Diesen hat A ebenfalls am 03.08. und damit innerhalb dieser Frist eingelegt.

hemmer-Methode: Die Frage der Wiedereinsetzung stellt sich auch hinsichtlich der Klagefrist des § 74 VwGO, ebenso bei der Verpflichtungsklage.

e) Die Voraussetzungen der Wiedereinsetzung liegen vor. A ist Wiedereinsetzung in den vorigen Stand zu gewähren.

Damit gilt der Widerspruch als innerhalb der Widerspruchsfrist des § 70 I S. 1 VwGO eingelegt.

3. Ergebnis

Die Anfechtungsklage ist nicht mangels ordnungsgemäßen Verfahrens unzulässig.

IV. Zusammenfassung

1. Wird die Widerspruchsfrist (oder eine sonstige Frist) versäumt, kommt eine **Wiedereinsetzung** gem. § 60 VwGO i.V.m. § 70 II VwGO in Betracht.
2. Voraussetzung hierfür ist v.a., dass die Fristversäumung ohne Verschulden des Betroffenen war.

V. Vertiefung

- Hemmer/Wüst, Basics Öffentliches Recht, Rn. 181.
- Vgl. dazu Life&Law 2002, 419 ff.

Fall 15: Statthaftigkeit der Anfechtungsklage / Vorverfahren: Verwirkung des Widerspruchs

Sachverhalt:

S wird am 12.02. eine Gaststättenerlaubnis erteilt (§ 2 GastG). D, der auf dem Nachbargrundstück wohnt, hat keine Kenntnis von der Gaststättenerlaubnis. Ihm wird die Erlaubnis auch nicht bekannt gegeben. S beginnt im März, das Gebäude auf seinem Grundstück zu einer Gaststätte umzubauen. Im April wird die Gaststätte eröffnet. D fühlt sich durch den Lärm aus der Gaststätte gestört. Er zögert jedoch zunächst, dagegen vorzugehen. Erst im Juni des Folgejahres wendet er sich an die zuständige Behörde. In dem Schreiben führt er aus, dass er mit dem Betrieb der Gaststätte nicht einverstanden sei und es nicht rechtens sein könne, dass S auf diesem Grundstück eine Gaststätte betreibe. Daraufhin erlässt die zuständige Behörde einen Widerspruchsbescheid, in dem der Widerspruch des D als unzulässig zurückgewiesen wird. Er habe sich zu spät gegen die Gaststättenerlaubnis gewehrt.

D erhebt fristgerecht Anfechtungsklage. Ist diese mangels Durchführung eines Vorverfahrens unzulässig?

I. Einordnung

Welche zeitlichen Grenzen gelten für den Widerspruch, wenn keine Fristen laufen?

II. Gliederung

Ordnungsgemäße Durchführung des Vorverfahrens

1. Einlegung des Widerspruchs

D hat schriftlich Widerspruch eingelegt, denn sein Schreiben ist als Widerspruch zu verstehen (laiengünstige Auslegung).

2. Einhaltung der Widerspruchsfrist

Die Widerspruchsfrist gem. § 70 I VwGO ist nicht gewahrt, auch nicht die Jahresfrist gem. § 58 II S. 1 VwGO.

Diese finden jedoch hier keine Anwendung, da der Verwaltungsakt D nicht bekannt gegeben wurde.

3. Verwirkung

D hat den Widerspruch verwirkt:
S konnte darauf vertrauen, dass D keinen Widerspruch mehr einlegt. Er hat das Vertrauen betätigt, indem er die Gaststätte andauernd betrieben hat.

4. Ergebnis: Unzulässigkeit der Klage mangels ordnungsgemäßer Durchführung des Vorverfahrens.

III. Lösung

Unzulässigkeit der Anfechtungsklage mangels Durchführung eines Vorverfahrens?

Für die Zulässigkeit der Anfechtungsklage ist erforderlich, dass gem. § 68 I S. 1 VwGO ein Vorverfahren durchgeführt wurde. Dieses muss ordnungsgemäß und erfolglos gewesen sein.

Ordnungsgemäße Durchführung bedeutet, dass der Widerspruch schriftlich, bei der richtigen Behörde sowie fristgerecht eingelegt wurde.

1. Einlegung des Widerspruchs

Fraglich ist, ob D überhaupt Widerspruch eingelegt hat. Ausdrücklich hat er dies nicht getan.

Allerdings könnte sein Schreiben, mit dem er sich im Juni des Folgejahres an die Behörde gewandt hat, als Widerspruch zu verstehen sein.

Für die Einlegung eines Widerspruchs ist es ausreichend, dass zum Ausdruck gebracht wird, sich gegen einen Verwaltungsakt wehren zu wollen. Hier hat sich D gegen den Betrieb der Gaststätte gewandt. In dem Schreiben wird deutlich, dass D sich mit rechtlichen Mitteln verteidigen möchte. Im Zweifel ist ein solches „Protestschreiben" als Widerspruch aufzufassen. Es ist **laiengünstig auszulegen**. Daher hat D mit diesem Schreiben Widerspruch eingelegt. Dieser genügt auch dem Schriftlichkeitserfordernis nach § 70 I S. 1 VwGO.

2. Einhaltung der Widerspruchsfrist

Dabei ist grundsätzlich die Widerspruchsfrist gem. § 70 I S. 1 VwGO zu beachten. Die Frist von einem Monat nach Bekanntgabe des Verwaltungsakts ist hier jedoch offensichtlich verstrichen. Fraglich ist jedoch, ob diese Frist hier überhaupt gilt.

Gem. § 70 I S. 1 VwGO beginnt die Frist mit der Bekanntgabe des Verwaltungsakts. Hier wurde der Verwaltungsakt jedoch dem D gar nicht bekannt gegeben. Dass eine Bekanntgabe an S erfolgte, ist insofern unbeachtlich. Denn die Widerspruchsfrist läuft erst ab Bekanntgabe an die jeweilige Person. Die Widerspruchsfrist findet daher hier keine Anwendung.

Es könnte jedoch die Jahresfrist des §§ 70 II, 58 II S. 1 VwGO anzuwenden sein. Dazu müsste eine Rechtsbehelfsbelehrung unterblieben oder unrichtig erteilt worden sein. Dies ist hier der Fall, da natürlich auch keinerlei Rechtsbehelfsbelehrung dem D gegenüber erging. Jedoch beginnt die Frist des § 58 II S. 1 VwGO wiederum ab Bekanntgabe des Verwaltungsakts. Für die Personen, denen ein **Verwaltungsakt nicht bekannt gegeben** wurde, laufen daher **keine Fristen** für einen Widerspruch.

Da der Verwaltungsakt dem D nicht bekannt gegeben wurde, gilt auch die Jahresfrist nach dieser Vorschrift nicht.

3. Verwirkung

Fraglich ist jedoch, ob die Widerspruchseinlegung dann zeitlich unbegrenzt möglich ist.

Rechtsbehelfe, die nicht fristgebunden sind, können verwirkt werden. Dazu ist erforderlich, dass der Kläger trotz Kenntnis oder fahrlässiger Unkenntnis des Sachverhalts über längere Zeit sich so verhalten hat, dass ein anderer nicht mehr mit der Einlegung eines Rechtsbehelfs rechnen musste, tatsächlich darauf vertraute und dieses Vertrauen durch entsprechende Dispositionen betätigt hat.[16]

Zu beachten ist allerdings, dass eine Verwirkung vor Ablauf eines Jahres grundsätzlich nicht anzunehmen ist. Dies ergibt sich aus dem Rechtsgedanken des § 58 II S. 1 VwGO, der sogar bei Bekanntgabe eines Verwaltungsakts eine Frist von einem Jahr vorsieht. Wird ein Verwaltungsakt überhaupt nicht bekannt gegeben, kann die Verwirkung von Rechtsbehelfen gegen den Verwaltungsakt nicht vor Ablauf eines Jahres eintreten.

D musste spätestens nach Eröffnung der Gaststätte im April davon ausgehen, dass S eine Gaststättenerlaubnis erteilt worden war. Er legt jedoch erst nach vierzehn Monaten einen Rechtsbehelf ein. Aufgrund des verstrichenen Zeitraums könnte angenommen werden, dass S berechtigterweise darauf vertraute, dass D keinen Widerspruch mehr einlegen würde.

S müsste jedoch im Vertrauen darauf entsprechende Dispositionen getroffen haben und damit das Vertrauen betätigt haben. S hat das Gebäude umgebaut die Gaststätte eröffnet und andauernd betrieben. Dies hat er im Vertrauen auf die erteilte Gaststättenerlaubnis getan, und jedenfalls den fortdauernden Betrieb der Gaststätte im Vertrauen darauf, dass D keinen Widerspruch einlegen würde.

D hat sein Widerspruchsrecht verwirkt.

[16] Vgl. dazu Kopp/Schenke, § 74 Rn. 18 ff.

4. Ergebnis

Die Anfechtungsklage des D ist mangels ordnungsgemäßer Durchführung eines Vorverfahrens unzulässig.

IV. Zusammenfassung

1. Rechtsbehelfe, die nicht fristgebunden sind, können **verwirkt** werden. Dies gilt für alle Rechtsbehelfe, d.h. für Widersprüche, Anfechtungs- und Verpflichtungsklagen, für die keine Fristen nach §§ 70, 74, 58 VwGO laufen, als auch für alle sonstigen Klagearten.

2. Die Verwirkung erfordert, dass ein Anderer aufgrund des Verhaltens des Klägers **darauf vertrauen durfte**, dass der Kläger keinen Rechtsbehelf einlegt, er darauf **tatsächlich vertraute**, und dieses **Vertrauen** durch entsprechende Dispositionen **betätigt** hat.

In zeitlicher Hinsicht ist aus **§ 58 II S. 1 VwGO** zu schließen, dass eine Verwirkung vor Ablauf eines Jahres ab Kenntnis oder Kennenmüssen des Klägers grundsätzlich ausgeschlossen ist.

V. Vertiefung

- Hemmer/Wüst, Basics Öffentliches Recht, Rn. 79.
- Life&Law 2006, 60 ff.

Fall 16: Zulässigkeit der Anfechtungsklage / Vorverfahren

Sachverhalt:

A legt gegen eine gegen ihn ergangene Gewerbeuntersagung fristgerecht Widerspruch bei der Behörde ein. Acht Monate nach Einlegung des Widerspruchs teilt die Behörde dem A mit, in nächster Zeit sei nicht mit einer Entscheidung über den Widerspruch zu rechnen. Die Behörde sei überlastet, da in den vergangenen Jahren freigewordene Stellen nicht besetzt worden seien und daher das Personal nicht ausreiche. A möchte nicht bis zum „St. Nimmerleinstag" warten und überlegt, ob er gegen die Gewerbeuntersagung klagen kann, ohne dass über seinen Widerspruch entschieden wurde.

Wäre eine Klage des A zulässig?

I. Einordnung

Wenn die Behörde über einen eingelegten Widerspruch in angemessener Frist nicht entscheidet, kann gem. § 75 VwGO Klage erhoben werden, ohne dass das Widerspruchsverfahren mit Erlass des Widerspruchsbescheids abgeschlossen wird.

II. Gliederung

A. Eröffnung des Verwaltungsrechtswegs
B. Zulässigkeit der Klage
1. Statthafte Klageart
⇨ Anfechtungsklage
2. Klagebefugnis § 42 II VwGO
3. Vorverfahren
Das Vorverfahren muss erfolglos und vollständig durchgeführt worden sein. Dazu ist der Erlass eines Widerspruchsbescheids (§ 73 VwGO) erforderlich. Darauf könnte gem. **§ 75 VwGO** verzichtet werden, wenn eine angemessene Frist verstrichen ist. Anhaltspunkt hierfür ist die Untergrenze des § 75 S. 2 VwGO (drei Monate). Da diese hier wesentlich überschritten ist (acht Monate), ist eine angemessene Frist abgelaufen. Die Klage ist ohne Abschluss des Vorverfahrens gem. § 75 VwGO zulässig.
4. Klagefrist
5. Sonstiges
C. Ergebnis: Die Klage ist zulässig.

III. Lösung

A. Eröffnung des Verwaltungsrechtswegs

Der Verwaltungsrechtsweg ist gem. § 40 I VwGO eröffnet. Die streitentscheidenden Normen sind hier die der GewO und damit öffentlich-rechtlich. Es liegt daher eine öffentlich-rechtliche Streitigkeit vor. Mangels doppelter Verfassungsunmittelbarkeit ist diese nichtverfassungsrechtlicher Art. Eine abdrängende Sonderzuweisung greift nicht ein.

B. Zulässigkeit der Klage

1. Statthafte Klageart

Die Anfechtungsklage könnte gem. § 42 I 1. Alt. VwGO statthaft sein. Die Gewerbeuntersagung ist ein Verwaltungsakt gem. § 35 S. 1 VwVfG, dessen Aufhebung A begehrt. Die Anfechtungsklage ist statthaft.

2. Klagebefugnis § 42 II VwGO

A müsste gem. § 42 II VwGO geltend machen, in eigenen Rechten verletzt zu sein. Er ist als Adressat eines belastenden Verwaltungsakts möglicherweise in seinem Recht aus Art. 12 I GG verletzt und damit klagebefugt.

3. Vorverfahren

Vor Erhebung der Anfechtungsklage ist ein Vorverfahren ordnungsgemäß und erfolglos durchzuführen (§ 68 I S. 1 VwGO).

a) An der Ordnungsmäßigkeit besteht hier kein Zweifel, insbesondere hat A den Widerspruch laut Sachverhalt fristgerecht eingelegt.

b) Das Vorverfahren muss jedoch vollständig und **erfolglos** durchgeführt worden sein. **Abgeschlossen** wird das Vorverfahren durch den **Erlass des Widerspruchsbescheids**, § 73 I S. 1 VwGO. Erst mit dessen Erlass ist das Vorverfahren in vollem Umfang durchgeführt und damit die Zulässigkeitsvoraussetzung des § 68 I S. 1 VwGO erfüllt.

Die vollständige Durchführung des Vorverfahrens, d.h. der Erlass des Widerspruchsbescheids, könnte jedoch gem. § 75 S. 1 Alt. 1 VwGO in Ausnahme von § 68 I S. 1 VwGO entbehrlich sein. Dazu ist erforderlich, dass über einen Widerspruch ohne zureichenden Grund in angemessener Frist sachlich nicht entschieden worden ist.

hemmer-Methode: Meist wird im Zusammenhang mit § 75 VwGO davon gesprochen, dass dieser den Fall einer „Untätigkeitsklage" regle. Dies ist zumindest irreführend. § 75 S.1 1. Alt. VwGO stellt eine Ausnahme nur von dem abgeschlossenen Vorverfahren nach § 68 VwGO dar und kann damit auch bei der Anfechtungsklage greifen Die Untätigkeitsklage als ein Unterfall der Verpflichtungsklage, § 42 I 2. Alt. UF 2 VwGO, vgl. dazu Fall 27, ist identisch mit § 75 S. 1 2. Alt. VwGO

c) Hier wurde über den Widerspruch des A in acht Monaten nach dessen Einlegung nicht entschieden. Die „angemessene Frist" ist nach den Umständen des Einzelfalls zu beurteilen. Maßgeblich hierfür ist u.a. der Umfang der Angelegenheit und die Schwierigkeit der Sachaufklärung.

Die Drei-Monats-Regelung des § 75 S. 2 VwGO hat nur als Untergrenze für die „angemessene Frist" i.S.d. S. 1 Bedeutung.

Es kann nicht daraus geschlossen werden, dass die angemessene Frist grundsätzlich drei Monate beträgt und die Behörde daher im Normalfall innerhalb von drei Monaten entscheiden müsste (h.M.[17]).

Jedoch wird man in normalen verwaltungsrechtlichen Angelegenheiten diese Drei-Monats-Regelung als Anhaltspunkt nehmen können. Die „angemessene Frist" gem. § 75 S. 1 VwGO ist daher grundsätzlich nicht wesentlich länger als die Drei-Monats-Grenze des S. 2.

hemmer-Methode: Entscheiden Sie sich an dieser Stelle klausurtaktisch, wenn es auf die genaue Länge der angemessenen Frist ankommen sollte. Machen Sie die Klage zulässig, indem Sie ggf. diese Frist entsprechend kurz bestimmen.

Vorliegend ist nicht ersichtlich, dass die Entscheidung über den Widerspruch des A besondere Schwierigkeiten aufweist. Der Personalmangel in der Behörde ist kein zureichender Grund für die Verlängerung der angemessenen Frist gem. § 75 S. 1 VwGO. Denn dem Einzelnen sollen nicht die Nachteile von Organisationsmängeln oder unsachgemäßen Sparmaßnahmen treffen. Dies würde dem Gebot effektiven Rechtsschutzes (Art. 19 IV GG) widersprechen, der insbesondere beinhaltet, dass Rechtsstreitigkeiten innerhalb eines angemessenen Zeitraums entschieden werden.

hemmer-Methode: Zweck des § 75 VwGO ist der effektive Rechtsschutz des Bürgers (Art. 19 IV GG)! Dieser würde in dem Fall, dass ein Vorverfahren durchzuführen ist, aber über den Widerspruch nicht entschieden wird, vereitelt. Deshalb muss es die Möglichkeit geben, dass ohne Vorverfahren eine gerichtliche Entscheidung herbeigeführt wird.

---

[17] Vgl. einerseits (h.M.) Kopp/Schenke, VwGO, § 75 Rn. 9; Schmitt Glaeser/Horn, Verwaltungsprozessrecht, Rn. 186; andererseits (m.M.) Hufen, Verwaltungsprozessrecht, § 15 Rn. 31.

Andernfalls könnte die Behörde verhindern, dass ein Gericht in der Sache entscheidet, da eine Klage mangels vollständiger Durchführung des Vorverfahrens stets unzulässig wäre!

Die Klage ist abweichend von § 68 I S. 1 VwGO gem. § 75 S. 1 Alt. 1 VwGO auch ohne Erlass eines Widerspruchsbescheids zulässig.

4. Klagefrist

Fraglich ist, ob eine Klagefrist gilt. Die Klage ist hier gem. § 75 VwGO ohne vollständige Durchführung eines Vorverfahrens zulässig und damit ohne Erlass eines Widerspruchsbescheids. Die Frist des § 74 I VwGO, deren Lauf von dem Erlass des Widerspruchsbescheids abhängt, kann daher im Fall des § 75 VwGO keine Anwendung finden.

hemmer-Methode: Zur Verwirkung s. Fall 15.

5. Sonstiges

Von dem Vorliegen der weiteren Zulässigkeitsvoraussetzungen (wie Zuständigkeit des Gerichts, Beteiligten- und Prozessfähigkeit, ordnungsgemäße Klageerhebung usw.) ist auszugehen.

C. Ergebnis

Die Anfechtungsklage ist zulässig.

IV. Zusammenfassung

1. Vor Erhebung der Anfechtungsklage ist gem. § 68 I S. 1 VwGO ein Vorverfahren durchzuführen. Wird über den eingelegten Widerspruch nicht entschieden, so ist die Klage gem. **§ 75 S. 1 1. Alt. VwGO** ohne Erlass eines Widerspruchsbescheids zulässig, wenn eine angemessene Frist verstrichen ist. § 75 S. 1 1. Alt. VwGO verzichtet nur auf den Abschluss des Vorverfahrens, nicht aber auf dessen ordnungsgemäße Einleitung.
2. Die Angemessenheit der Frist ist nach den Umständen des Einzelfalls zu ermitteln. Anhaltspunkt ist hierfür die Untergrenze des § 75 S. 2 VwGO. Kein zureichender Grund für eine Verzögerung sind interne Organisationsschwierigkeiten der Verwaltung.

V. Vertiefung

- Hemmer/Wüst, Basics Öffentliches Recht, Rn. 165 ff.

Fall 17: Zulässigkeit der Anfechtungsklage / Vorverfahren

Sachverhalt:

C wird die Ausübung seines Gewerbes wegen Unzuverlässigkeit untersagt (vgl. § 35 I GewO). Der Bescheid wird am 14.02. zur Post gegeben. C legt am 26.03. schriftlich Widerspruch ein. Der Widerspruch wird als unbegründet zurückgewiesen, denn die Unzuverlässigkeit des C stehe fest, und der Bescheid sei rechtmäßig. Ist eine Klage des C zulässig?

I. Einordnung

Trifft die Widerspruchsbehörde eine Sachentscheidung und weist den Widerspruch als unbegründet zurück, so kann dadurch die Versäumung der Widerspruchsfrist des § 70 I VwGO geheilt werden.

II. Gliederung

A. Verwaltungsrechtsweg

B. Zulässigkeit

1. Statthafte Klageart
⇨ Anfechtungsklage

2. Klagebefugnis

3. Vorverfahren

Der Widerspruch des C erfolgte nach Ablauf der Widerspruchsfrist gem. § 70 I S. 1 VwGO und ist daher verfristet.

Die Widerspruchsbehörde hat den Widerspruch jedoch nicht als unzulässig, sondern als unbegründet zurückgewiesen. Damit ist **nach h.M**. die **Versäumung der Widerspruchsfrist durch die Sachentscheidung der Widerspruchsbehörde geheilt**.

4. Klagefrist

5. Sonstiges

C. Ergebnis: Die Klage ist zulässig.

III. Lösung

A. Verwaltungsrechtsweg

Der Verwaltungsrechtsweg ist gem. § 40 I VwGO eröffnet.

Die streitentscheidenden Normen sind hier die der GewO und damit öffentlich-rechtlich. Es liegt daher eine öffentlich-rechtliche Streitigkeit vor. Mangels doppelter Verfassungsunmittelbarkeit ist diese nichtverfassungsrechtlicher Art. Eine abdrängende Sonderzuweisung greift nicht ein.

B. Zulässigkeit

1. Statthafte Klageart

Statthaft könnte eine Anfechtungsklage gem. § 42 I VwGO sein. Dazu müsste C die Aufhebung eines Verwaltungsakts i.S.v. § 35 VwVfG begehren. Die Gewerbeuntersagung ist ein Verwaltungsakt. C wendet sich gegen diesen, so dass die Anfechtungsklage statthaft ist.

2.Klagebefugnis

C müsste gem. § 42 II VwGO geltend machen, in eigenen Rechten verletzt zu sein. Er ist als Adressat eines belastenden Verwaltungsakts möglicherweise in seinem Grundrecht aus Art. 12 I GG verletzt und damit klagebefugt.

3.Vorverfahren

Vor Erhebung der Anfechtungsklage ist gem. § 68 I S. 1 VwGO ein Vorverfahren ordnungsgemäß und erfolglos durchzuführen. Ordnungsgemäß bedeutet insbesondere, dass der Widerspruch fristgemäß eingelegt werden muss. Dies ist hier fraglich.

a) Die Widerspruchsfrist beginnt gem. § 70 I S. 1 VwGO mit der Bekanntgabe des Verwaltungsakts. Dies war hier gem. § 41 II VwVfG der 17.02. Da mangels Angaben im Sachverhalt nicht von einem tatsächlichen Zugang ausgegangen werden kann, der nach diesem Datum liegt, ist die Anwendung des § 41 II VwVfG auch nicht ausgeschlossen.

Beginn der Widerspruchsfrist war daher gem. §§ 79, 31 VwVfG i.V.m. § 187 I BGB der 18.02. Sie endete gem. § 188 II Alt. 1 BGB am 17.02. Nach anderer Ansicht gelten für die Berechnung der Widerspruchsfrist § 57 VwGO, § 222 ZPO i.V.m. §§ 187 ff. BGB.

Der am 26.03. eingelegte Widerspruch war daher nicht mehr fristgemäß.

b) Die **Verfristung** des Widerspruchs könnte jedoch **durch die Sachentscheidung der Widerspruchsbehörde geheilt** worden sein mit der Folge, dass die Klage nicht aus diesem Grund unzulässig ist.

Wird der Widerspruch nach Ablauf der Frist eingelegt, so ist er unzulässig. Die Widerspruchsbehörde hat den Widerspruch dann wegen Fristversäumung als unzulässig zurückzuweisen. Tut sie dies nicht, sondern prüft sie die Rechtmäßigkeit des angegriffenen Verwaltungsakts und entscheidet damit in der Sache, so ist dies nach h.M. so zu verstehen, dass die Widerspruchsbehörde damit den Widerspruch nicht als verfristet ansieht.

Folge dessen ist, dass der Ablauf der Widerspruchsfrist dann für die Zulässigkeit der Klage unbeachtlich ist. Die h.M. geht davon aus, dass die Widerspruchsbehörde die „Dispositionsbefugnis" über die Frist hat. Die Frist hat vorrangig den Zweck, nach Ablauf eines bestimmten Zeitraums Rechtssicherheit herzustellen und damit die Behörde davor zu schützen, sich danach noch mit der Rechtmäßigkeit des Verwaltungsakts befassen zu müssen.

Als sog. „**Herrin des Vorverfahrens**" kann die Behörde jedoch auf diesen Schutz verzichten, indem sie einen verfristeten Widerspruch nicht als unzulässig zurückweist, sondern trotzdem eine Sachentscheidung trifft. Dann ist eine spätere Klage nicht mangels ordnungsgemäßer Durchführung des Vorverfahrens unzulässig.

hemmer-Methode: Beachten Sie jedoch, dass dies nur im „Normalfall" gilt, wenn es um einen Verwaltungsakt im Verhältnis zwischen dem Einzelnen und der Behörde geht. Handelt es sich um einen **Verwaltungsakt mit Drittwirkung**, d.h. einen Verwaltungsakt, der für eine Person belastend, für eine andere begünstigend ist (wie die Gaststättengenehmigung in Fall 11), dann hat die Widerspruchsfrist nicht nur den Zweck, die Behörde vor zeitlich unbegrenzten Widersprüchen zu schützen. Vielmehr dient die Frist dann vor allem dem Begünstigten (in Fall 11 dem Inhaber der Gaststättenerlaubnis) und seinem Vertrauen in den Bestand des Verwaltungsakts. Denn er muss dann nicht mehr damit rechnen, dass der Verwaltungsakt infolge eines Widerspruchs des Belasteten aufgehoben wird! Zwar kann immer noch die Behörde den (rechtswidrigen) Verwaltungsakt nach § 48 VwVfG aufheben. Aber dann kann der Begünstigte einen Ausgleichsanspruch nach § 48 III VwVfG haben (vgl. dazu Fall 21)!

c) Nach a.A. kann die Behörde nicht durch eine Sachentscheidung die Versäumung der Widerspruchsfrist heilen. Begründet wird dies zum einen damit, dass die Frist in § 70 I S. 1 VwGO gesetzlich vorgesehen sei. Eine Behörde könne gegen das Gesetz verstoßen, sich aber nicht darüber hinwegsetzen. Zudem soll die Widerspruchsfrist zugleich dem Schutz des Gerichts dienen, da die Heilung der Fristversäumung dazu führe, dass eine eigentlich unzulässige Klage (mangels ordnungsgemäßen Verfahren) zulässig werden kann, so dass das *Gericht* in der Sache entscheiden *muss*.

d) Der h.M. folgend ist die Klage nicht aus diesem Grund unzulässig.

4. Klagefrist

Die Klage müsste innerhalb der Frist des § 74 I S. 1 VwGO erhoben werden.

5. Sonstiges

Von dem Vorliegen der weiteren Zulässigkeitsvoraussetzungen (wie Zuständigkeit des Gerichts, Beteiligten- und Prozessfähigkeit, ordnungsgemäße Klageerhebung usw.) ist auszugehen.

C. Ergebnis

Die Klage ist zulässig.

IV. Zusammenfassung

1. Wird der Widerspruch nach Ablauf der Widerspruchsfrist eingelegt, ist er wegen Fristversäumung unzulässig und von der Widerspruchsbehörde als unzulässig zurückzuweisen.
2. Trifft die **Widerspruchsbehörde** trotz Verfristung des Widerspruchs eine **Sachentscheidung**, indem sie den Widerspruch nicht als unzulässig zurückweist, so wird damit nach h.M. die **Fristversäumung geheilt**. Dies hat die Konsequenz, dass die **Klage nicht** wegen Ablaufs der Widerspruchsfrist **unzulässig** ist.
3. Eine Heilung der Fristversäumung durch Sachentscheidung tritt jedoch auch nach h.M. nicht bei **Verwaltungsakten mit Drittwirkung** ein. Denn bei diesen dient die Widerspruchsfrist nicht nur dem Schutz der Behörde, sondern sie schützt das Vertrauen des Begünstigten in den Bestand des Verwaltungsakts.

V. Vertiefung

- Hemmer/Wüst, Basics Öffentliches Recht, Rn. 182.
- Vgl. dazu Life&Law 2002, 419 ff.

Fall 18: Begründetheit der Anfechtungsklage / Rechtsgrundlage

Sachverhalt:

Die Gemeinde G in dem Bundesland L hat eine formell rechtmäßige Satzung über die Benutzung des gemeindlichen Freibads erlassen. In § 2 der Satzung ist u.a. festgelegt, dass in das Bad keine Radiogeräte mitgebracht werden dürfen. § 4 der Satzung bestimmt: „Bei ungebührlichem Verhalten, insbesondere bei Verstoß gegen die Benutzungsvorschriften, kann ein Hausverbot für das Freibad von bis zu einem Jahr verhängt werden.“. Musikliebhaber M nimmt regelmäßig sein Radio in das Freibad mit und lässt es dort laufen. Nachdem er mehrmals dabei erwischt wurde, erteilt ihm die Gemeinde ein Hausverbot für drei Monate.

Nach ordnungsgemäßem und erfolglosem Vorverfahren erhebt M Klage. Er ist der Ansicht, dass § 4 der Satzung zu unbestimmt sei. Zudem sei ein monatelanges Hausverbot wegen des Mitbringens von Radiogeräten unverhältnismäßig. Ausreichend sei es, im jeweiligen Fall eine Person aus dem Bad zu verweisen, oder am Eingang zu kontrollieren.

§ 8 der Gemeindeordnung des Bundeslandes L bestimmt: „Die Gemeinden können die Benutzung ihrer öffentlichen Einrichtungen durch Satzung regeln.“.

Ist das Hausverbot gegen M rechtmäßig?

I. Einordnung

Die Rechtsgrundlage für den Verwaltungsakt muss wirksam sein, d.h. die Rechtmäßigkeit der Rechtsgrundlage ist ggf. inzident zu prüfen.

II. Gliederung

1. Rechtsgrundlage des Hausverbots
- **a)** Ermächtigungsgrundlage für die Satzung
- **b)** Formelle Rechtmäßigkeit der Satzung
- **c)** Materielle Rechtmäßigkeit der Satzung

2. Formelle Rechtmäßigkeit des Hausverbots

3. Materielle Rechtmäßigkeit des Hausverbots
- **a)** Tatbestandliche Voraussetzungen des § 4 der Satzung
- **b)** Rechtsfolge: Ermessen

4. Ergebnis: Das Verbot ist rechtmäßig.

III. Lösung

Rechtmäßigkeit des Hausverbots

1. Rechtsgrundlage des Hausverbots

Rechtsgrundlage für das Hausverbot ist § 4 der Satzung der Gemeinde über die Benutzung des Freibads. Dazu müsste die Satzung aber wirksam sein.

hemmer-Methode: Wird ein Verwaltungsakt aufgrund einer Satzung oder einer Rechtsverordnung erlassen, müssen Sie i.d.R. die Rechtmäßigkeit dieser untergesetzlichen Rechtsnorm überprüfen. Achten Sie dann besonders auf die Hinweise im Sachverhalt! Aufbaumäßig bietet es sich an, die Wirksamkeit der Rechtsgrundlage schon hier und nicht erst im Rahmen der materiellen Rechtmäßigkeit anzusprechen. Denn Rechtsgrundlage kann immer nur eine wirksame Rechtsnorm sein! Sie müssen dann an dieser Stelle die Wirksamkeit der Rechtsgrundlage **inzident** prüfen!

a) Ermächtigungsgrundlage für die Satzung

Ermächtigungsgrundlage ist § 8 der Gemeindeordnung des Bundeslandes L.

hemmer-Methode: Die Gemeindeordnungen einiger Bundesländer haben spezielle Ermächtigungsgrundlagen für solche Benutzungssatzungen, s. z.B. Art 24 I Nr. 1 BayGO. In den anderen Ländern ist die Ermächtigung in der allgemeinen Satzungsermächtigung der Gemeinden zu sehen, s. z.B. § 7 I NRWGO; § 4 I SäGO.

b) Formelle Rechtmäßigkeit der Satzung

Die formelle Rechtmäßigkeit der Satzung ist laut Sachverhalt anzunehmen.

c) Materielle Rechtmäßigkeit der Satzung

Die Satzung müsste materiell rechtmäßig sein. Dazu müsste sie sich (1) im Rahmen der formell-gesetzlichen Ermächtigung halten und (2) mit sonstigem höherrangigem Recht vereinbar sein.

hemmer-Methode: Unterscheiden Sie diese beiden Voraussetzungen. Zum einen darf eine Satzung, die Grundrechtseingriffe ermöglicht, nicht über die gesetzliche Ermächtigung hinausgehen. Überschreitet die Satzung diesen Rahmen, so ist sie wegen Verstoß gegen den **Vorbehalt des Gesetzes** unwirksam: Denn Grundrechtseingriffe durch VA müssen ebenso wie untergesetzliche Rechtsnormen, die Grundrechtseingriffe ermöglichen, wenigstens aufgrund eines Gesetzes erfolgen. Unterscheiden Sie darüber hinaus zwischen der Wirksamkeit der Satzung und der Wirksamkeit der (formellgesetzlichen) Rechtsgrundlage (hier § 8 der Gemeindeordnung): Letztere ist unwirksam, wenn sie pauschal zu Satzungen ermächtigt, die Rechtsgrundlage für eine Vielzahl unterschiedlicher Grundrechtseingriffe sind. Denn insbesondere im grundrechtsrelevanten Bereich gilt die **Wesentlichkeitstheorie**. Diese sieht vor, dass die grundrechtswesentlichen Fragen durch den Parlamentsgesetzgeber selbst geregelt werden müssen, also in der Satzungsermächtigung selbst vorgesehen und eingegrenzt sein müssen. Damit nähert man sich den Voraussetzungen des Art. 80 I S. 2 GG, der jedoch nicht für Satzungsermächtigungen gilt.

aa) Die Ermächtigungsgrundlage des § 8 der Gemeindeordnung sieht vor, dass die Gemeinden die Benutzung ihrer Einrichtungen regeln können. Dazu gehören nicht nur Ge- und Verbote, sondern herkömmlicherweise auch ein Hausverbot. Damit geht die Satzung nicht über den Bereich hinaus, den die Ermächtigung vorsieht.

bb) Die Satzung dürfte nicht gegen höherrangiges Recht verstoßen.

(1) § 4 der Satzung könnte gegen das **rechtsstaatliche Bestimmtheitsgebot** (Art. 20 III, 103 II GG) verstoßen, indem ein Hausverbot bei „ungebührlichem Verhalten“ ermöglicht wird. § 4 der Satzung verwendet hier einen unbestimmten Rechtsbegriff.

Das Bestimmtheitsgebot erfordert, dass staatliche Regelungen für die Betroffenen so klar und eindeutig sind, dass sie erkennen können, welche Rechte und Pflichten sie treffen und ihr Verhalten danach ausrichten können.[18]

hemmer-Methode: Das Bestimmtheitsgebot gilt für **alle** staatlichen Regelungen (formelle und materielle Gesetze, Einzelmaßnahmen wie Verwaltungsakte, usw.). Für Verwaltungsakte ist dies in § 37 I VwVfG nochmals ausdrücklich normiert (zu § 37 I VwVfG vgl. Fall 43).

Hier könnte für die Betroffenen der Satzung, d.h. für die Benutzer des Bads, zweifelhaft sein, was „ungebührliches Verhalten“ bedeutet.

---

18 Vgl. auch Hemmer/Wüst, Öffentliches Recht für Anfangssemester, Rn. 258 f.

Die Vorstellungen, welches Verhalten in einem Freibad diese Voraussetzungen erfüllt und was mit diesem Begriff gemeint ist, werden unter den Badbenutzern sicher auseinandergehen.

Allerdings verstößt die Verwendung unbestimmter Rechtsbegriffe grundsätzlich nicht gegen das rechtsstaatliche Bestimmtheitsgebot. Denn Zweifel an deren Inhalt können durch **Auslegung** beseitigt werden. Diese wird letztverbindlich durch die Gerichte vorgenommen. Der Begriff des „ungebührlichen Verhaltens" in § 4 der Satzung ist auch auslegungsfähig. Denn die Vorschrift nennt selbst ein Beispiel hierfür, nämlich den Verstoß gegen ausdrückliche Benutzungsregelungen. An diesem Beispiel kann man sich orientieren: „Ungebührlich" ist demnach ein Verhalten, das den Aufenthalt anderer Personen oder die Ordnung in einem ebensolchen Maße stört wie ein Verstoß gegen die ausdrücklich vorgesehenen Benutzungsregelungen.

hemmer-Methode: A.A. hier vertretbar. Die Argumentation ist hier ähnlich wie bei der Frage der „öffentlichen Ordnung" in den Polizeigesetzen einiger Länder.[19] Letztlich kann die ausreichende Bestimmtheit jedes unbestimmten Rechtsbegriffs mit dem Argument gehalten werden, dass sein Inhalt durch Auslegung konkretisiert werden kann.

(2) § 4 der Satzung wäre rechtswidrig, wenn ein Hausverbot wegen der Mitnahme von Radiogeräten **unverhältnismäßig** ist. Das Verhältnismäßigkeitsgebot folgt aus dem Rechtsstaatsprinzip (Art. 20 III GG) sowie aus den Grundrechten und gilt für alle staatlichen Maßnahmen.

Ziel ist, Besucher von der Mitnahme von Radiogeräten abzuhalten. Das Verbot ist hierzu geeignet. Fraglich ist jedoch, ob es erforderlich ist. Ausreichend für die Erreichung des Ziels könnte sein, am Eingang zu kontrollieren. Dies wäre sicher ein mindestens genauso effektives Mittel.

Allerdings würde dies einen erheblich größeren Aufwand für die Gemeinde bedeuten. Auch dies ist i.R.d. „Effektivität" des alternativen Mittels zu berücksichtigen. Der Gemeinde steht ein Satzungsermessen zu: Sie hat dabei grundsätzlich einen Spielraum bei der Auswahl der Mittel. Sie kann insbesondere auch den behördlichen Aufwand für die Erreichung eines bestimmten Ziels berücksichtigen. Daher ist das Mittel der Eingangskontrolle nicht gleich effektiv.

Fraglich ist, ob der bloße einmalige Verweis aus dem Bad bei Mitnahme eines Radios ein ebenso effektives Mittel darstellt und daher die Regelung in der Satzung nicht erforderlich ist. Damit wird zwar für den Moment die Störung beseitigt, aber nicht ausgeschlossen, dass es in nächster Zukunft wieder zu der unerlaubten Mitnahme von Radiogeräten kommt.

Insbesondere bei mehrmaligen Verstößen gegen Benutzungsvorschriften kann angenommen werden, dass Verbote auch in Zukunft nicht beachtet werden. Sollte man ein Hausverbot bei einmaligem Verstoß als unverhältnismäßig ansehen, kann dies im Rahmen der fehlerfreien Ermessensausübung beachtet werden.

hemmer-Methode: Indem der Gesetzgeber der Behörde ein Ermessen einräumt, gibt er den „Schwarzen Peter" der Unverhältnismäßigkeit gleichsam an die Behörde weiter. Diese darf aufgrund des Gesetzes nur verhältnismäßige Maßnahmen ergreifen. Sollte sich eine Maßnahme als unverhältnismäßig erweisen, muss die Behörde bei fehlerfreier Ermessensausübung diese Maßnahme unterlassen.

cc) Zwischenergebnis

Die Satzung ist rechtmäßig und wirksam. Sie kann Rechtsgrundlage für das Hausverbot sein.

2. Formelle Rechtmäßigkeit des Hausverbots

Die Gemeinde ist für den Vollzug ihrer eigenen Satzung zuständig.

[19] So z.B. Art. 11 I BayPAG; § 3 I SäPolG.

Die nach § 28 I VwVfG erforderliche Anhörung ist jedenfalls mit der Durchführung des Widerspruchsverfahren nach § 45 I Nr. 3 VwVfG geheilt worden. Im Übrigen sind keine Anhaltspunkte für formelle Fehler ersichtlich.

3. Materielle Rechtmäßigkeit des Hausverbots

a) Tatbestandliche Voraussetzungen des § 4 der Satzung

Gem. § 4 der Satzung ist ein ungebührliches Verhalten erforderlich. Dies ist insbesondere bei dem Verstoß gegen Benutzungsregelungen anzunehmen. Indem M ein Radiogerät in das Bad mitnahm, hat er gegen § 2 der Satzung verstoßen. Dies ist ein Verstoß gegen Benutzungsvorschriften. § 4 der Satzung ist erfüllt.

hemmer-Methode: Bei entsprechenden Hinweisen im Sachverhalt wäre hier noch zu erörtern gewesen, ob § 2 der Satzung wirksam ist. Denn an der Rechtmäßigkeit eines generellen Verbots der Mitnahme von Radiogeräten könnte gezweifelt werden.

b) Rechtsfolge: Ermessen

Das Hausverbot müsste ermessensfehlerfrei sein. Angesichts mehrmaliger Verstöße des M gegen die Benutzungsregelungen ist es nicht unverhältnismäßig, gegen ihn ein Hausverbot in dieser Länge zu verhängen (vgl. hierzu auch Fall 19).

4. Ergebnis

Das Hausverbot ist rechtmäßig.

IV. Zusammenfassung

1. Rechtsgrundlage für einen Verwaltungsakt kann eine <u>untergesetzliche Rechtsnorm</u> (Rechtsverordnung, Satzung) sein. Deren Rechtmäßigkeit ist i.d.R. **inzident** zu prüfen, denn nur eine rechtmäßige und wirksame Rechtsnorm kann Rechtsgrundlage sein.
2. Materiell rechtmäßig ist die untergesetzliche Rechtsnorm, wenn sie sich **im Rahmen der formell-gesetzlichen Ermächtigung** hält und kein **Verstoß gegen sonstiges höherrangiges Recht** vorliegt.

V. Vertiefung

- Hemmer/Wüst, Basics Öffentliches Recht, Rn. 111.

Fall 19: Begründetheit der Anfechtungsklage / Ermessen

Sachverhalt:

Der politisch radikale V meldet bei der zuständigen Stadt X eine Versammlung auf dem Rathausplatz im Stadtzentrum an (vgl. § 14 I Versammlungsgesetz - VersG). In der Vergangenheit ist es bei den von V veranstalteten Versammlungen regelmäßig zu Gewalttätigkeiten der Teilnehmer gegen die Polizei und Dritte gekommen. Dies ist auch von V so gewollt, um die Aufmerksamkeit der Medien zu erlangen. Nach Anhörung des A erlässt die Stadt ein Verbot der Versammlung (§ 15 I VersG). Begründet wird dies damit, dass erneute Straftaten gegen unbeteiligte Dritte verhindert werden müssten. Zudem seien die politischen Ansichten des V in X unerwünscht. Schließlich wird angeführt, dass bei der Versammlung Polizeikräfte zur Verhinderung von Ausschreitungen und zur Verkehrsregelung eingesetzt werden müssten. Dies sei aber wegen der allgemein knappen Finanzen der öffentlichen Haushalte zu teuer. Aus diesen Gründen habe sich die Stadt zu dem Verbot entschlossen.

Ist das Versammlungsverbot rechtmäßig?

I. Einordnung

Sieht eine Rechtsnorm Ermessen vor, so ist die Entscheidung der Behörde auf Ermessensfehler zu prüfen (§ 40 VwVfG, § 114 S. 1 VwGO).

II. Gliederung

1. Rechtsgrundlage

Rechtsgrundlage ist § 15 I VersG.

2. Formelle Rechtmäßigkeit

3. Materielle Rechtmäßigkeit

a) Tatbestandliche Voraussetzungen des § 15 I VersG
Eine unmittelbare Gefährdung der öffentlichen Sicherheit besteht, denn es muss mit Straftaten gerechnet werden.

b) Rechtsfolge: **Ermessen**
§ 15 I VersG räumt der Behörde Ermessen ein. Dieses muss pflichtgemäß ausgeübt werden. Das Gericht prüft gem. § 40 VwVfG, § 114 S. 1 VwGO nur die **Ermessensfehler:**

Ermessensnichtgebrauch, -überschreitung, -fehlgebrauch

⇨ Hier liegt ein Ermessensfehlgebrauch vor, denn die Behörde hat Gesichtspunkte berücksichtigt, die nicht mit dem Zweck der gesetzlichen Ermächtigung übereinstimmen (politische Ansichten des V, Kosten eines Polizeieinsatzes).

Daher ist das Verbot ermessensfehlerhaft und rechtswidrig.

4. Ergebnis: Das Verbot ist rechtswidrig.

III. Lösung

Rechtmäßigkeit des Versammlungsverbots

1. Rechtsgrundlage

Rechtsgrundlage für das Verbot einer Versammlung ist § 15 I VersG.[20]

[20] Das VersG kann nach Art. 125a I GG durch ein Landesgesetz ersetzt werden, da der Bund im Rahmen der Föderalismusreform seine Kompetenz verloren hat.

2. Formelle Rechtmäßigkeit

Die Stadt ist nach dem Sachverhalt für die Maßnahme zuständig. Die nach § 28 I VwVfG erforderliche Anhörung wurde durchgeführt.

3. Materielle Rechtmäßigkeit

a) Tatbestandliche Voraussetzungen des § 15 I VersG

Die bevorstehende Versammlung müsste die öffentliche Sicherheit oder Ordnung unmittelbar gefährden (§ 15 I VersG). Die öffentliche Sicherheit umfasst die Unversehrtheit der Rechtsordnung, insbesondere die Vorschriften des StGB. Eine Gefahr ist eine Sachlage, die in absehbarer Zeit mit ausreichender Wahrscheinlichkeit zu einem Schaden für die öffentliche Sicherheit oder Ordnung führen wird. In der Vergangenheit wurden auf den Versammlungen des V regelmäßig Straftaten begangen, die auch der Versammlung zuzurechnen waren. Es ist daher mit ausreichender Wahrscheinlichkeit damit zu rechnen, dass es auf der bevorstehenden Versammlung erneut zu Straftaten kommen wird. Eine unmittelbare Gefährdung der öffentlichen Sicherheit ist daher gegeben.

b) Rechtsfolge: Ermessen

hemmer-Methode: Jede Rechtsnorm besteht aus **zwei Teilen**: Dem Tatbestand (Voraussetzungen) und der Rechtsfolge. Bsp.: Ist der Antragsteller unzuverlässig gem. § 4 I Nr. 1 GastG (= Tatbestand), so ist die Erlaubnis zu versagen (= Rechtsfolge). Besteht kein Ermessen, d.h. bei sog. *gebundener Verwaltung*, so ist es nicht notwendig, dass Sie die Frage der Rechtsfolge ausdrücklich erörtern. Anders ist dies bei Ermessensvorschriften.

Besteht eine unmittelbare Gefährdung der öffentlichen Sicherheit oder Ordnung und ist damit der Tatbestand des § 15 I VersG erfüllt, so kann die Behörde eine Versammlung verbieten.

Der Behörde wird in § 15 I VersG Ermessen eingeräumt.

hemmer-Methode: Ob der Verwaltung Ermessen eingeräumt ist, ist dem Wortlaut der Rechtsnorm zu entnehmen, oder aufgrund Auslegung zu ermitteln. Ermessen wird durch die Formulierung „kann“, „darf“ oder „ist befugt“ eingeräumt.

aa) Sind die tatbestandl. Voraussetzungen erfüllt, so hat die Behörde die Wahl, ob sie die Versammlung verbietet, Auflagen erlässt oder überhaupt keine Maßnahmen trifft. Jede dieser Alternativen ist von § 15 I VersG vorgesehen und daher grds. rechtmäßig.

Die Behörde entscheidet selbständig, welche Rechtsfolge gesetzt wird. Die Behörde trifft eine sog. <u>Zweckmäßigkeitsentscheidung</u>. Dem Gericht ist es im Fall des Ermessens verwehrt zu überprüfen, welche der rechtlich möglichen Maßnahmen die „richtige“ gewesen wäre. **Die Auswahl unter den rechtlich zulässigen Verhaltensalternativen ist alleinige Entscheidung der Behörde.**

hemmer-Methode: Das Ermessen ist der Verwaltung eingeräumt, nicht dem Gericht. Soweit das Ermessen reicht, d.h. soweit es rechtlich zulässige Alternativen gibt, entscheidet die Behörde. Die Zweckmäßigkeitsentscheidung obliegt der Behörde. Das Gericht darf nicht eigene Zweckmäßigkeitserwägungen treffen, sondern die Entscheidung der Behörde nur auf Rechtsfehler prüfen. Zum Umfang dieser Prüfung sogleich.

Gem. **§ 40 VwVfG** sind jedoch die gesetzlichen Grenzen des Ermessens, dass das Ermessen dem Zweck der Ermächtigung entsprechend auszuüben ist, und die gesetzlichen Grenzen der Ermächtigung einzuhalten sind. Dieser Maßstab gilt gem. **§ 114 S. 1 VwGO** auch für die Überprüfung der behördlichen Entscheidung durch das Gericht.

Die gerichtliche Überprüfung beschränkt sich auf die sog. Ermessensfehler.

Diese werden üblicherweise folgendermaßen unterschieden:

- Ermessensnichtgebrauch: Die Behörde übt überhaupt kein Ermessen aus. D.h. ihr ist nicht bewusst, dass die Entscheidung über eine Maßnahme eine Ermessensentscheidung ist.
- Ermessensüberschreitung: Die Behörde wählt eine Rechtsfolge, die nicht mehr im Rahmen der gesetzlichen Vorschrift liegt.
- Ermessensfehlgebrauch: Die Behörde lässt sich von Erwägungen leiten, die nicht dem Zweck der gesetzlichen Ermächtigung entsprechen (vgl. Wortlaut § 40 VwVfG, § 114 S. 1 VwGO).

hemmer-Methode: Beachten Sie auch die Fälle, in denen die Behörde eine Rechtsfolge wählt, die zwar nach dem Wortlaut der Ermessensvorschrift im gesetzlichen Rahmen liegt. **Im konkreten Fall** kann jedoch diese Rechtsfolge rechtswidrig sein, weil sie gegen Grundrechte des Betroffenen verstößt, oder weil aufgrund sonstiger besonderer Umstände (z.B. die persönlichen Verhältnisse des Betroffenen) die gewählte Rechtsfolge unzulässig ist. Bsp.: Eine Vorschrift sieht ein Bußgeld in Höhe von 10 bis 5000 € vor. Ist der Verstoß gegen die verletzte Vorschrift gering oder der Betroffene arm, so ist es *im konkreten Fall* ermessensfehlerhaft, ein Bußgeld in Höhe von 5000 € zu verhängen.

bb) Da § 15 I VersG ein Verbot der Versammlung in das Ermessen der Behörde stellt, ist hier zu prüfen, ob Ermessensfehler vorliegen (§ 40 VwVfG, § 114 S. 1 VwGO).

hemmer-Methode: Die Ermessensausübung ist insbesondere aufgrund der Begründung des Verwaltungsakts zu überprüfen. Zusätzlich kann die Behörde nach Erlass des Verwaltungsakts ihre Ermessenserwägungen ergänzen, § 114 S. 2 VwGO.

Ein Ermessensnichtgebrauch liegt nicht vor, denn die Behörde hat ihr Ermessen betätigt, wie sich aus der Begründung des Verbots ergibt.

Da ein Verbot eine Rechtsfolge ist, die § 15 I VersG vorsieht, ist eine Ermessensüberschreitung ebenfalls ausgeschlossen. Zu prüfen bleibt ein Ermessensfehlgebrauch. Fehlerfrei ist das Ermessen, wenn sich die Behörde von Erwägungen leiten lässt, die dem Zweck der gesetzlichen Ermessenserwägungen entsprechen. Hier hat die Behörde drei Gründe für ihre Ermessensbetätigung angeführt.

(1) Zum einen das Interesse daran, dass keine Straftaten begangen werden. Da § 15 I VersG die „öffentliche Sicherheit" schützt und daher gerade auch der Verhinderung von Straftaten dient, entspricht diese Erwägung dem Zweck der gesetzlichen Ermächtigung.

(2) Weiter wird angeführt, dass die politischen Ansichten des V unerwünscht seien. Fraglich ist, ob dies mit dem Zweck der Ermächtigung des § 15 I VersG vereinbar ist. Wie oben angeführt, dient dieser dem Schutz der öffentlichen Sicherheit und Ordnung. Davon ist jedoch nicht der Schutz bestimmter politischer Ansichten oder von „Mehrheitsansichten" umfasst.

Die Vertretung und Äußerung politischer Ansichten stellt erst dann eine Gefahr für die öffentliche Sicherheit dar, wenn dies eine Straftat darstellt (z.B. eine Beleidigung gem. § 185 StGB, eine Volksverhetzung nach § 130 StGB, usw.). Dass die Ansichten des V „radikal" sind, genügt dafür nicht.

Es ist im Sachverhalt nicht ersichtlich, dass dies in die Nähe von Straftaten führt. Diese Ermessenserwägung entspricht nicht dem gesetzlichen Zweck der Ermächtigung. Zudem stellt es eine Verletzung der Art. 8 I, 5 I GG dar, wenn eine bestimmte politische Ansicht zum Anknüpfungspunkt belastender Verwaltungsmaßnahmen gemacht wird.

hemmer-Methode: Ein absoluter Klassiker ist der verwandte Fall, dass die Versammlung durch eine politische Partei angemeldet und deshalb verboten wird, weil die Behörde die Partei für „verfassungswidrig" hält. Dies ist immer rechtswidrig, denn über die Verfassungswidrigkeit von Parteien befindet gem. Art. 21 II GG ausschließlich das Bundesverfassungsgericht (**Entscheidungsmonopol des BVerfG**).

Solange eine Partei nicht durch das BVerfG verboten ist, darf sie nicht als verfassungswidrig behandelt werden (sog. **Parteienprivileg**).

Diese Erwägung ist daher ermessensfehlerhaft. Aufgrund dieses Ermessensfehlers ist das Verbot rechtswidrig.

(3) Das Verbot könnte zudem rechtswidrig sein, wenn der angeführte Grund der Kosten eines Polizeieinsatzes ermessensfehlerhaft wäre. Die Ermächtigung nach § 15 I VersG dient der Abwehr von Gefahren für die öffentliche Sicherheit und Ordnung (s.o.). Diese ist nicht deshalb in Gefahr, weil der Verwaltung bei der Durchführung und dem Schutz von Versammlungen Kosten entstehen. Daher entspricht auch dieser angeführte Aspekt nicht dem Zweck der gesetzlichen Ermächtigung und ist daher ermessensfehlerhaft. Das Verbot ist daher auch aus diesem Grund rechtswidrig.

hemmer-Methode: Bei diesem Argument der Kosten, häufig umschrieben als die sog. „fiskalischen Interessen“ der Verwaltung, ist allerdings Vorsicht geboten. Denn nicht immer ist diese Erwägung fehlerhaft, sondern es kommt vielmehr auf die einzelne Rechtsgrundlage an. So ist z.B. bei der Rücknahme von Verwaltungsakten nach § 48 II VwVfG der Schutz der fiskalischen Interessen zulässige Erwägung, da die Rücknahme rechtswidriger Geld- und teilbarer Sachleistungen gerade diesen Interessen dient (dazu s. Fall 21).
Ein Sonderproblem des Falles ist, dass von drei Ermessenserwägungen sich zwei als unzulässig erwiesen. Die Behörde hätte aber gestützt auf die eine zulässige Erwägung den gleichen VA rechtmäßig erlassen können. Fraglich ist, ob in solchen Fällen die Klage wirklich Erfolg haben kann. Dies wird bejaht, wenn die Behörde alle Gründe kumulativ herangezogen hat, da dann nicht ausgeschlossen werden kann, dass die Entscheidung anders ausgefallen wäre, wenn der Behörde die teilweise Unzulässigkeit ihrer Erwägungen bekannt gewesen wäre. Hat die Behörde die Erwägungen nur alternativ angeführt, also klargemacht, dass jeder Grund für sich allein aus ihrer Sicht schon ausgereicht hätte, verneint die h.M. den Erfolg der Klage. Dies ist allerdings ein Detailproblem, das man von Ihnen in den ersten Semestern keineswegs erwarten kann.

4. Ergebnis

Das Verbot der Versammlung ist rechtswidrig.

IV. Zusammenfassung

1. Ermessen bedeutet, dass die Verwaltung bei Vorliegen der tatbestandlichen Voraussetzungen unter **mehreren zulässigen Rechtsfolgen** die Wahl hat.
2. Entschließungsermessen betrifft die Frage, ob die Behörde überhaupt handelt. Das Auswahlermessen beinhaltet die Entscheidung zwischen mehreren zulässigen Maßnahmen.
3. Sieht eine Rechtsgrundlage Ermessen der Behörde vor, so hat die Behörde eine pflichtgemäße Ermessensentscheidung zwischen den gesetzlichen zulässigen Verhaltensmöglichkeiten zu treffen.
4. Die Ermessensausübung wird durch ein Gericht nur eingeschränkt auf **Ermessensfehler** überprüft (§ 40 VwVfG, § 114 S. 1 VwGO). Diese werden in die Fallgruppen unterteilt: **Ermessensnichtgebrauch**, **-überschreitung und -fehlgebrauch**.
5. Aufbau: Das Ermessen ist am Ende der materiellen Rechtmäßigkeit zu prüfen.

V. Vertiefung

- Hemmer/Wüst, Basics Öffentliches Recht, Rn. 135 ff.
- Vgl. dazu Life&Law 2001, 589 ff, 2005, 340.

Fall 20: Begründetheit der Anfechtungsklage / Aufhebung von Verwaltungsakten

Sachverhalt:

S möchte in der Stadt W eine „Spielhölle“ betreiben, in der er gewerbsmäßig Spielgeräte i.S.d. § 33c I S. 1 Gewerbeordnung (GewO) aufstellt. Auf seinen Antrag erteilt ihm die zuständige Stadt am 14.01. die Erlaubnis. Danach erfährt die Stadt, dass S in den vergangenen drei Jahren vor Erteilung der Erlaubnis in zwei Fällen wegen Straftaten nach § 242 StGB rechtskräftig verurteilt worden ist. Mit Bescheid v. 05.05. des gleichen Jahres hebt sie die dem S erteilte Erlaubnis mit dem Hinweis auf § 33c II GewO auf. In der Begründung wird u.a. ausgeführt, dass das Interesse des S an dem Fortbestand der Erlaubnis zu berücksichtigen gewesen sei. Zudem sei man sich bewusst gewesen, dass dem S dadurch finanzielle Nachteile entstehen könnten, da er die angeschafften Spielgeräte bezahlen müsse und diese nunmehr nicht weiter wirtschaftlich nutzen könne. Dies stehe jedoch der Aufhebung nicht entgegen, da dem öffentlichen Interesse, dass Spielgeräte mit Gewinnmöglichkeit nur von zuverlässigen Personen aufgestellt werden dürften, Vorrang gegeben werden müsse. Insbesondere sei zu berücksichtigen, dass S sogar zweimal straffällig geworden sei.

S ist nicht damit einverstanden, dass er seine Spielhölle nicht weiter betreiben kann. Er ist der Ansicht, dass er ein Recht auf die Erlaubnis habe. Ist nach erfolglosem Vorverfahren eine Klage des S erfolgreich?

I. Einordnung

Greift der Kläger die Aufhebung eines Verwaltungsakts an, so ist i.R.d. Begründetheit die Rechtsgrundlage § 48 oder § 49 VwVfG zu prüfen.

II. Gliederung

A. Eröffnung des Verwaltungsrechtswegs
B. Zulässigkeit der Klage
1. Statthafte Klageart:
⇨ Anfechtungsklage
2. Klagebefugnis § 42 II VwGO
3. Vorverfahren, § 68 I S. 1 VwGO
4. Sonstige Zulässigkeitsvoraussetzungen
C. Begründetheit der Klage
Rechtmäßigkeit der Aufhebung:
1. Rechtsgrundlage der Aufhebung § 48 oder § 49 VwVfG: Ist die Erlaubnis rechtmäßig oder rechtswidrig?
a) Rechtsgrundlage der Erlaubnis: § 33c I S.1 GewO.
b) Formelle Rechtmäßigkeit der Erlaubnis
c) Materielle Rechtmäßigkeit der Erlaubnis
Die Erlaubnis ist rechtswidrig, denn sie verstößt gegen § 33c II GewO. S war schon im Zeitpunkt der Erlaubniserteilung unzuverlässig.
⇨ Rechtsgrundlage für die Aufhebung der Erlaubnis ist § 48 VwVfG.
2. Formelle Rechtmäßigkeit der Aufhebung
3. Materielle Rechtmäßigkeit der Aufhebung
a) Tatbestandliche Voraussetzungen des § 48 VwVfG
b) Rechtsfolge: Ermessen
D. Ergebnis: Die Klage ist nicht erfolgreich.

III. Lösung

A. Eröffnung des Verwaltungsrechtswegs

Gem. § 40 I VwGO könnte der Verwaltungsrechtsweg eröffnet sein. Da die streitentscheidenden Normen solche der GewO und des VwVfG sind und diese dem öffentlichen Recht angehören, handelt es sich um eine öffentlich-rechtliche Streitigkeit.

Diese ist nichtverfassungsrechtlicher Art, und es greift keine abdrängende Sonderzuweisung ein. Der Verwaltungsrechtsweg ist eröffnet.

B. Zulässigkeit der Klage

1. Statthafte Klageart

Eine Verpflichtungsklage ist gem. § 42 I VwGO statthaft, wenn der Erlass eines Verwaltungsakts begehrt wird. Das Begehren des S könnte darauf gerichtet sein, eine neue gewerberechtlichen Erlaubnis zu erhalten.

In Betracht kommt jedoch auch eine Anfechtungsklage. Dazu müsste die Aufhebung eines Verwaltungsakts i.S.d. § 35 VwVfG begehrt werden. Die Aufhebung der gewerberechtlichen Erlaubnis ist ein Verwaltungsakt. Die Aufhebung der Aufhebung würde auch dazu führen, dass die dem S erteilte Erlaubnis „wiederauflebt" (§ 43 II VwVfG).

Entsprechen beide Klagearten dem Begehren des Klägers, so ist diejenige statthaft, die den **einfacheren Weg** zur Erreichung des Rechtsschutzziels darstellt. Die Anfechtungsklage hat schon Erfolg, wenn die Aufhebung rechtswidrig ist, während für die Verpflichtungsklage die Voraussetzungen für einen Anspruch auf den begehrten Verwaltungsakt vorliegen müssen.

Daher ist die Anfechtungsklage gegen die Aufhebung der Erlaubnis der einfachere Weg und damit die statthafte Klageart (vgl. oben Fall 8).

2. Klagebefugnis § 42 II VwGO

S müsste gem. § 42 II VwGO geltend machen, in eigenen Rechten verletzt zu sein. Der Adressat eines belastenden Verwaltungsakts ist jedenfalls möglicherweise in seinem Grundrecht aus Art. 2 I GG verletzt. Die dem S erteilte gewerberechtliche Erlaubnis ist ein begünstigender Verwaltungsakt. Die Aufhebung dieses begünstigenden Verwaltungsakts ist demgemäß ein belastender Verwaltungsakt. Da S dessen Adressat ist, ist die Klagebefugnis gegeben.

3. Vorverfahren, § 68 I S. 1 VwGO

Das erforderliche Vorverfahren wurde ordnungsgemäß und erfolglos durchgeführt.

4. Sonstige Zulässigkeitsvoraussetzungen

Die Klagefrist des § 74 I S. 1 VwGO müsste eingehalten werden. Von dem Vorliegen der weiteren Zulässigkeitsvoraussetzungen (wie Zuständigkeit des Gerichts, Beteiligten- und Prozessfähigkeit, ordnungsgemäße Klageerhebung usw.) ist auszugehen.

C. Begründetheit der Klage

Die Klage ist begründet, wenn sie sich gegen den richtigen Beklagten richtet (§ 78 VwGO), der angegriffene Verwaltungsakt rechtswidrig ist und den Kläger in seinen Rechten verletzt (§ 113 I S.1 VwGO).

Richtiger Beklagter ist gem. § 78 I Nr.1 VwGO die Stadt.

hemmer-Methode: Beachten Sie, dass Sie diesen Prüfungspunkt in einigen Bundesländern bereits in der Zulässigkeit ansprechen.

Rechtmäßigkeit der Aufhebung

1. Rechtsgrundlage der Aufhebung

Rechtsgrundlage für die Aufhebung der Erlaubnis könnte **§ 48 oder § 49 VwVfG** sein. Spezialgesetzliche Vorschriften über die Aufhebung der gewerberechtlichen Erlaubnisse bestehen nicht. Dies richtet sich danach, ob der aufgehobene Verwaltungsakt rechtmäßig oder rechtswidrig ist. Es ist daher zu prüfen, ob die Erlaubnis rechtmäßig oder rechtswidrig ist.

hemmer-Methode: Wenn Sie eine Klage gegen die Aufhebung eines Verwaltungsakts prüfen, müssen Sie an dieser Stelle ***inzident*** die gesamte Rechtmäßigkeit des aufgehobenen Verwaltungsakts prüfen!

a) Rechtsgrundlage der Erlaubnis ist § 33c I S. 1 GewO.

b) Formelle Rechtmäßigkeit der Erlaubnis

Die Stadt W war laut Sachverhalt für die Erteilung der Erlaubnis zuständig. Formelle Fehler sind auch im Übrigen nicht ersichtlich.

c) Materielle Rechtmäßigkeit der Erlaubnis

Gem. § 33c II S. 1 GewO ist die Erlaubnis zu versagen, wenn der Antragsteller nicht die erforderliche Zuverlässigkeit besitzt. Gem. S. 2 fehlt die Zuverlässigkeit in der Regel, wenn er in den letzten drei Jahren u.a. wegen eines Diebstahls rechtskräftig verurteilt wurde.

S wurde in diesem Zeitraum sogar in zwei Fällen wegen eines Diebstahls (§ 242 StGB) verurteilt. Zwar ist § 33c II S. 2 GewO nur ein Regelbeispiel für die Unzuverlässigkeit. In besonderen Fällen kann daher trotz Vorliegen dieser Voraussetzungen die Zuverlässigkeit vorliegen. Dafür liegen jedoch im Fall des S keine Anhaltspunkte vor.

Daher besaß S nicht die erforderliche Zuverlässigkeit für die Aufstellung von Spielgeräten. Die Erlaubnis hätte gem. § 33c II S. 1 GewO nicht erteilt werden dürfen. Die dennoch erteilte Erlaubnis ist rechtswidrig wegen Verstoß gegen § 33c II S. 1 GewO.

Zwischenergebnis: Rechtsgrundlage für die Aufhebung ist § 48 VwVfG.

hemmer-Methode: Nach § 48 VwVfG ist die Aufhebung eines rechtswidrigen Verwaltungsakts eine „Rücknahme“, während § 49 VwVfG bei rechtmäßigen Verwaltungsakten die Aufhebung als „Widerruf“ bezeichnet. „Aufhebung“ ist der Oberbegriff zu Rücknahme und Widerruf. Da der aufgehobene Verwaltungsakt rechtswidrig ist, kann im Folgenden statt von „Aufhebung“ entsprechend den gesetzlichen Begrifflichkeiten auch von einer „Rücknahme“ gesprochen werden.

2. Formelle Rechtmäßigkeit der Aufhebung

Zuständig für die Aufhebung eines Verwaltungsakts ist grundsätzlich die Behörde, die den Verwaltungsakt erlassen hat. Dies ist hier die Stadt W.

hemmer-Methode: Eine Ausnahme hiervon ist der seltene Fall des § 48 V Hs. 2 VwVfG.

Sollte vor der Aufhebung die gem. § 28 I VwVfG erforderliche Anhörung unterblieben sein, so ist dieser Fehler jedenfalls nach § 45 I Nr. 3 VwVfG durch die Durchführung des Widerspruchsverfahrens geheilt worden.

Formelle Fehler sind auch ansonsten nicht ersichtlich.

3. Materielle Rechtmäßigkeit der Aufhebung

Dies richtet sich nach § 48 VwVfG. Grundsatz ist dabei, dass gem. § 48 I S. 1 VwVfG rechtswidrige Verwaltungsakte aufgehoben werden können. Bei der Aufhebung begünstigender Verwaltungsakte sind gem. § 48 I S. 2 VwVfG zusätzlich die Absätze 2 bis 4 zu beachten.

a) Tatbestandliche Voraussetzungen des § 48 VwVfG

hemmer-Methode: Wie bei allen Ermessensvorschriften ist auch bei der Aufhebung von Verwaltungsakten nach §§ 48, 49 VwVfG zwischen den tatbestandlichen Voraussetzungen und der Rechtsfolge Ermessen zu unterscheiden. Prägen Sie sich diese Unterscheidung ein!
Insbesondere bei §§ 48, 49 VwVfG wird häufig die Prüfung des Ermessens übersehen!

Dabei unterscheidet § 48 VwVfG wiederum zwischen begünstigenden Verwaltungsakten, die eine einmalige oder laufende Geldleistung oder eine teilbare Sachleistung gewähren (§ 48 II VwVfG), und sonstigen Verwaltungsakten (§ 48 III VwVfG).

Die gewerberechtliche Erlaubnis an S ist ein begünstigender Verwaltungsakt. Die Erlaubnis stellt weder eine Geldleistung noch eine teilbare Sachleistung dar. Die Rücknahme richtet sich daher nach § 48 III VwVfG.

§ 48 III VwVfG legt jedoch nur fest, dass bei erfolgter Rücknahme u.U. der Vermögensnachteil des Betroffenen auszugleichen ist. § 48 III VwVfG schränkt daher die Möglichkeit der grundsätzlichen Rücknahme nach § 48 I S. 1 VwVfG nicht ein.

hemmer-Methode: Nur in den Fällen des § 48 II VwVfG, also bei VA über Geld- oder teilbare Sachleistungen, kann die Rücknahme ganz oder teilweise ausgeschlossen sein.

Da auch die Rücknahmefrist des § 48 IV VwVfG (ein Jahr) nicht überschritten war, liegen die tatbestandlichen Voraussetzungen der Rücknahme vor.

b) Rechtsfolge: Ermessen

Sind demnach die tatbestandlichen Voraussetzungen des § 48 I S. 1 VwVfG erfüllt, so besteht **Ermessen** der Behörde, sog. **Rücknahmeermessen**.

hemmer-Methode: Im Folgenden werden die speziellen Probleme des Rücknahmeermessens behandelt. Allgemein zum Ermessen vgl. Fall 19.

Dabei hat die Behörde gem. § 40 VwVfG, § 114 S. 1 VwGO das Ermessen entsprechend dem Zweck der Ermächtigung auszuüben. Dabei sind alle ermessensrelevanten Aspekte zu berücksichtigen.

Bei der Aufhebung von Verwaltungsakten ist insbesondere das Vertrauen des Betroffenen in den Bestand des Verwaltungsakts zu berücksichtigen.

Im Fall des § 48 III VwVfG ist jedoch ebenfalls zu beachten, dass das Vertrauen des Betroffenen v.a. dadurch geschützt wird, dass finanzielle Nachteile durch den dort vorgesehenen Anspruch ausgeglichen werden können.

Hier hat die Behörde das ihr zustehende Ermessen ausgeübt. Sie hat auch den Vertrauensschutz zugunsten des S berücksichtigt. Insbesondere ist es nicht ermessensfehlerhaft, dass sie trotz wirtschaftlicher Nachteile des S aufgehoben hat. Denn diese sind ggf. i.R.d. § 48 III VwVfG auszugleichen. Es sind auch keine Nachteile ersichtlich, die nicht durch eine Vermögensentschädigung auszugleichen sind und die deshalb bei einer fehlerfreien Ermessensausübung zu einem Absehen von der Rücknahme führen müssten.

Die Rücknahme der Erlaubnis ist rechtmäßig. Die Klage ist nicht begründet.

hemmer-Methode: Eine Prüfung, ob S in seinen Rechten verletzt ist, erübrigt sich daher.

D. Ergebnis

Die Klage des S ist nicht erfolgreich.

IV. Zusammenfassung

- Bei der Aufhebung von Verwaltungsakten ist die Anfechtungsklage die statthafte Klageart. Die Verpflichtungsklage auf erneute Erteilung des aufgehobenen Verwaltungsakts ist nicht statthaft.
- Die Rechtsgrundlage für die Aufhebung richtet sich danach, ob der aufgehobene Verwaltungsakt rechtmäßig oder rechtswidrig ist (§ 48 oder § 49 VwVfG). Dessen Rechtmäßigkeit ist inzident zu prüfen.

- Gem. § 48 I S. 1 VwVfG können rechtswidrige Verwaltungsakte grundsätzlich zurückgenommen werden.
- § 48 VwVfG unterscheidet zwischen bei der Rücknahme begünstigender Verwaltungsakte zwischen Verwaltungsakten bzgl. einer Geldleistung oder teilbaren Sachleistung, und sonstigen begünstigenden Verwaltungsakten. Für die sonstigen Verwaltungsakte bleibt es bei dem Grundsatz der Rücknehmbarkeit gem. § 48 I S. 1 VwVfG.
- Die Aufhebung von Verwaltungsakten nach den §§ 48, 49 VwVfG steht im Ermessen der Behörde. Dieses muss fehlerfrei ausgeübt werden. Bei Verwaltungsakten i.S.d. § 48 III VwVfG ist die Möglichkeit des Ausgleichs von Vermögensnachteilen i.R.d. Ermessens zu berücksichtigen. Wenn der Vertrauensschutz nicht durch eine Entschädigungszahlung ausgeglichen werden kann (immaterielle Schäden), muss die Behörde von einer Rücknahme absehen.

V. Vertiefung

- Hemmer/Wüst, Öffentliches Recht für Anfangssemester, Rn. 507 ff.
- Basics Öffentliches Recht, Rn. 120 ff.

Fall 21: Begründetheit der Anfechtungsklage / Aufhebung von Verwaltungsakten

Sachverhalt:

T betreibt ein kleines Theater in dem Bundesland L. In einem Gesetz des Landes L ist vorgesehen, dass bestimmte Kultureinrichtungen gefördert werden können. Voraussetzung ist jedoch, dass die Angestellten dieser Einrichtungen mindestens nach den für diese Branche geltenden Tarifverträgen bezahlt werden. Die Gehälter der Angestellten des T liegen jedoch deutlich darunter. Das Ministerium sendet ihm dazu Antragsunterlagen zu. In diesen werden keine Angaben darüber verlangt, ob die Angestellten nach Tarif bezahlt werden. T beantragt bei dem zuständigen Ministerium eine Förderung für sein Theater. Daraufhin erlässt das Ministerium einen Bescheid, in dem ihm eine Förderung von 25.000 € bewilligt wird. Nachdem das Ministerium die wahren Verhältnisse erfährt, wird im gleichen Jahr der Bewilligungsbescheid aufgehoben. Begründet wird dies damit, dass auch unter Abwägung mit den Interessen des T eine vollständige Rücknahme möglich sei. T erhebt nach ordnungsgemäßer Durchführung des Widerspruchsverfahrens fristgemäß Klage und führt wahrheitsgemäß an, dass er 15.000 € des Zuschusses dazu verwendet habe, um bestimmte Ausstattungsgegenstände zu erwerben. Diese würden für ein aufwändiges Theaterstück benötigt, das ein „Verlustbringer" sei und das er ohne die Förderung nicht in den Spielplan aufgenommen hätte. Die Gegenstände seien praktisch nicht wiederverkäuflich.

Ist die Aufhebung rechtmäßig?

I. Einordnung

Bei der Aufhebung rechtswidriger Verwaltungsakte ist zwischen Verwaltungsakten, die eine Geldleistung oder teilbare Sachleistung enthalten, und sonstigen Verwaltungsakten zu unterscheiden.

II. Gliederung

1. Rechtsgrundlage der Aufhebung § 48 oder § 49 VwVfG:

Ist der Bewilligungsbescheid rechtmäßig?

a) Rechtsgrundlage des Bewilligungsbescheids

⇨ Landesgesetz über die Förderung der Kultureinrichtungen.

b) Formelle Rechtmäßigkeit des Bewilligungsbescheids

c) Materielle Rechtmäßigkeit des Bewilligungsbescheids

⇨ Da dies bei T nicht der Fall ist, liegen die Voraussetzungen für die Förderung nicht vor.

Der Bewilligungsbescheid ist rechtswidrig.

⇨ § 48 VwVfG ist die Rechtsgrundlage für die Aufhebung.

2. Formelle Rechtmäßigkeit der Aufhebung

3. Materielle Rechtmäßigkeit der Aufhebung

a) Tatbestandliche Voraussetzungen des § 48 VwVfG:
§ 48 II VwVfG:

aa) Vertrauen des Begünstigten in den Bestand des Verwaltungsakts, S. 1 (+)

bb) Schutzwürdigkeit des Vertrauens: Ausschluss nach S. 3 (-), da T keine unrichtigen oder unvollständigen Angaben gemacht hat. Nach der Tariftreue wurde in dem Antrag nicht gefragt.

cc) T hat i. H. v. 15.000 € entsprechende Vermögensdispositionen getroffen (S. 2).

dd) Abwägung des Vertrauensinteresses des Begünstigten mit dem Rücknahmeinteresse der Behörde, S. 1 a.E.:

Hinsichtlich der 15.000 € überwiegt das Vertrauensinteresse des T, nicht jedoch hinsichtlich der restlichen 10.000 €.

⇨ Hinsichtlich 15.000 € liegen die tatbestandlichen Voraussetzungen für eine Rücknahme nach § 48 II VwVfG nicht vor. Insoweit ist die Rücknahme rechtswidrig.
Weitere Prüfung der Rücknahme in Höhe von 10.000 €:

ee) Rücknahmefrist § 48 IV VwVfG (+)

b) Rücknahmeermessen (+)

4. Ergebnis: Die Rücknahme ist in Höhe von 10.000 € rechtmäßig. In Höhe von 15.000 € ist sie rechtswidrig.

III. Lösung

Rechtmäßigkeit der Aufhebung:

1. Rechtsgrundlage der Aufhebung

Rechtsgrundlage für die Aufhebung ist **§ 48 oder § 49 VwVfG**. Dies richtet sich danach, ob der aufgehobene Verwaltungsakt rechtmäßig oder rechtswidrig ist. Es ist daher zu prüfen, ob der **Bewilligungsbescheid rechtmäßig** ist.

a) Rechtsgrundlage des Bewilligungsbescheids

Rechtsgrundlage für den Bewilligungsbescheid ist das Landesgesetz über die Förderung der Kultureinrichtungen.

b) Formelle Rechtmäßigkeit des Bewilligungsbescheids

Gegen die formelle Rechtmäßigkeit bestehen keine Bedenken, insbesondere war das handelnde Ministerium laut SV zuständig.

c) Materielle Rechtmäßigkeit des Bewilligungsbescheids

Der Bewilligungsbescheid ist materiell rechtmäßig, wenn die Voraussetzungen der Rechtsgrundlage vorliegen.

Das Landesgesetz bestimmt, dass nur diejenigen Betreiber von Kultureinrichtungen gefördert werden, die ihre Angestellten nach Tarif bezahlen. Da dies bei T nicht der Fall ist, liegen die Voraussetzungen für die Förderung nicht vor. Der Bewilligungsbescheid ist rechtswidrig.

Da der aufgehobene Verwaltungsakt rechtswidrig ist, stellt **§ 48 VwVfG die Rechtsgrundlage für die Aufhebung** dar.

2. Formelle Rechtmäßigkeit der Aufhebung

Das Ministerium ist für die Rücknahme des Bewilligungsbescheids zuständig, da es auch für den Bescheid selbst zuständig war. Sonstige formelle Fehler sind nicht ersichtlich.

3. Materielle Rechtmäßigkeit der Aufhebung

a) Tatbestandliche Voraussetzungen des § 48 VwVfG

Bei dem Bewilligungsbescheid handelt es sich um einen begünstigenden Verwaltungsakt. Daher gelten gem. § 48 I S. 2 VwVfG für dessen Rücknahme die Einschränkungen gem. § 48 II-IV VwVfG.

Der Bescheid ist zudem ein Verwaltungsakt, der eine einmalige Geldleistung gewährt. Demnach findet § 48 II VwVfG Anwendung, nicht § 48 III VwVfG.

hemmer-Methode: Im Gegensatz zu Abs. 3 beinhaltet § 48 II VwVfG eine Einschränkung des Grundsatzes aus § 48 I S. 1 VwVfG, dass rechtswidrige Verwaltungsakte grundsätzlich uneingeschränkt zurückgenommen werden können.

Machen Sie sich die Wirkungsweise des § 48 VwVfG klar: Zweck der Vorschrift ist, den schutzwürdigen Begünstigten vor wirtschaftlichen Nachteilen der Rücknahme zu schützen. Deshalb ist ein Vermögensnachteil gem. § 48 III VwVfG nach erfolgter Rücknahme auszugleichen.
Der gleiche Weg könnte auch bei den Verwaltungsakten für Geldleistungen und teilbare Sachleistungen gegangen werden. Das *gleiche* Ziel wird jedoch erreicht, indem der VA dem Begünstigten in der Höhe belassen wird, in der ihm bei der Rücknahme Vermögensnachteile entstehen würden. Es ist einfacher, bei diesen Verwaltungsakten gleich die (teilweise) Rücknahme auszuschließen, anstatt erst die Rücknahme zuzulassen und dann einen Ausgleich zu gewähren.

Gem. § 48 II S. 1 VwVfG ist die Rücknahme ausgeschlossen, soweit der Begünstigte auf den Bestand des Verwaltungsakts vertraut hat und sein Vertrauen schutzwürdig ist.

hemmer-Methode: Prüfen Sie § 48 II VwVfG in folgender Reihenfolge:

1) Vertrauen des Begünstigten in den Bestand des Verwaltungsakts (S. 1).
2) Schutzwürdigkeit des Vertrauens?
a) Ausschluss nach S. 3?
b) Hat der Begünstigte gewährte Leistungen verbraucht oder entsprechende Vermögensdispositionen getroffen, S. 2?
c) Abwägung des Vertrauensinteresses des Begünstigten mit dem Rücknahmeinteresse der Behörde, S. 1 a.E.

aa) T müsste in den Bestand des Verwaltungsakts vertraut haben. Er hat aufgrund der Förderung ein neues Stück in den Spielplan aufgenommen und bestimmte Gegenstände angeschafft. Das tatsächliche Vertrauen in den Bestand des Verwaltungsakts ist gegeben.

hemmer-Methode: Das Vertrauen in den Bestand des Verwaltungsakts fehlt nur in seltenen Fällen. Z.B. wenn der Betroffene von dem Verwaltungsakt überhaupt keine Kenntnis hatte.[21] Tatsächliches Vertrauen liegt sogar dann vor, wenn ein Fall des § 48 II S. 3 VwVfG vorliegt![22]

bb) Das Vertrauen müsste schutzwürdig sein. Dies ist grundsätzlich dann ausgeschlossen, wenn ein Fall des § 48 II S. 3 VwVfG vorliegt.

Gem. Nr. 1 müsste T den Verwaltungsakt durch arglistige Täuschung, Drohung oder Bestechung erwirkt haben. T könnte arglistig getäuscht haben. Täuschung ist eine falsche Erklärung über Tatsachen. T hat keine Angaben über die Bezahlung seiner Angestellten gemacht. Darin liegt jedoch keine Erklärung, sondern ein bloßes Unterlassen.[23]

Zudem würde es an der „Arglist" fehlen. T war überhaupt nicht bewusst, dass die Bezahlung seiner Angestellten irgendeine Relevanz für die Förderung hatte.

Es könnte aber der Fall des Nr. 2 vorliegen. Dazu müsste der Verwaltungsakt durch Angaben erwirkt worden sein, die in wesentlicher Beziehung unrichtig oder unvollständig waren. T hat keine Angaben über die Bezahlung der Angestellten gemacht, und damit auch insoweit keine „unrichtigen Angaben".

Fraglich ist jedoch, ob er unvollständige Angaben gemacht hat. Bezogen auf die gesetzlichen Voraussetzungen des Bewilligungsbescheids nach dem Landesgesetz über die Förderung sind die Angaben unvollständig. Denn dieses setzte gerade voraus, dass die Bezahlung nach Tarif erfolgt.

Zweifelhaft ist jedoch, ob dies für die Unvollständigkeit der Angaben i.R.d. § 48 II VwVfG entscheidend sein kann.

---

21 Maurer, Allg. Verwaltungsrecht, § 11 Rn. 30.

22 Hemmer/Wüst, Verwaltungsrecht I, Rn. 469.

23 Auch über die Anwendung zivil- und strafrechtlicher Grundsätze über die Täuschung (z.B. in § 123 I BGB, § 263 StGB) durch Unterlassen ergäbe sich hier nichts anderes. Denn dazu ist eine Aufklärungspflicht erforderlich. Diese kann man hier nicht annehmen. Denn bei Übersendung eines Formulars hat T lediglich die Pflicht, dieses ordnungsgemäß und wahrheitsgemäß auszufüllen. Zu darüber hinaus gehenden Angaben ist er nicht verpflichtet.

Vielmehr muss es für die Unvollständigkeit darauf ankommen, welche Angaben aus der Sicht des Betroffenen erforderlich waren und daher vollständig gemacht werden mussten.

Verwendet die Behörde ein Antragsformular, so besteht für den Betroffenen kein Anlass, an der Vollständigkeit der hierin verlangten Angaben zu zweifeln. Ist das Antragsformular fehlerhaft, weil bestimmte Informationen nicht verlangt werden, die die Behörde für die Entscheidung benötigt, so geht das nicht zu Lasten des Antragstellers.[24]

Daher liegt auch Nr. 2 nicht vor.

Das Vertrauen ist zudem gem. § 48 II S. 3 Nr. 3 VwVfG i.d.R. nicht schutzwürdig, wenn der Begünstigte die Rechtswidrigkeit des Verwaltungsakts kannte oder infolge grober Fahrlässigkeit nicht kannte. Eine Kenntnis des T über die Rechtslage ist nicht anzunehmen. Grob fahrlässige Unkenntnis erfordert, dass der Begünstigte ohne größere Schwierigkeiten die Rechtswidrigkeit hätte erkennen können.

Der Bewilligungsbescheid ist rechtswidrig, weil T die Voraussetzung für die Förderung, die tarifliche Bezahlung seiner Angestellten, nicht erfüllt. Es kann nicht verlangt werden, dass T rechtskundig ist oder sich selbständig über die rechtlichen Voraussetzungen dieser Förderung informiert.

Grobe Fahrlässigkeit läge nur dann vor, wenn für jeden Betroffenen klar erkennbar war, dass der Verwaltungsakt „nicht richtig“ sein kann.[25] Dazu müsste es allgemeine Kenntnis sein, dass Förderungen für kulturelle Betriebe nur gewährt werden dürfen, wenn die Angestellten dieses Betriebs nach Tarif bezahlt werden. Eine solche allgemeine Kenntnis gibt es aber nicht, so dass auch T über die gesetzliche Voraussetzung der Förderung nicht aufgrund grober Fahrlässigkeit in Unkenntnis war.

hemmer-Methode: Dies können Sie bei großen Unternehmen sicherlich anders beurteilen. Ein anderes Ergebnis wäre hier allerdings klausurtaktisch ungeschickt, da Sie dann nicht mehr zu der Prüfung des § 48 II S. 2 VwVfG gelangen würden.

[24] Kopp/Ramsauer, VwVfG, § 48 Rn. 103.

[25] Kopp/Ramsauer, VwVfG, § 48 Rn. 107.

Die Schutzwürdigkeit des Vertrauens ist daher nicht gem. § 48 II S. 3 VwVfG grundsätzlich ausgeschlossen.

cc) Dagegen könnte sich die grundsätzliche Schutzwürdigkeit des Vertrauens aus § 48 II S. 2 VwVfG ergeben. Dazu müsste T gewährte Leistungen verbraucht oder Vermögensdispositionen getroffen haben, die er nicht mehr oder nur unter unzumutbaren Nachteilen wieder rückgängig machen kann.

Ein Verbrauch liegt dann nicht vor, wenn mit einem Geldbetrag andere Güter angeschafft wurden und das Vermögen des Begünstigten andauernd gemehrt ist.[26] Hier hat T in Höhe von 15.000 € Ausstattungsgegenstände erworben, die noch in seinem Vermögen vorhanden sind. Ein Verbrauch liegt nicht vor.

hemmer-Methode: Ein Verwaltungsakt kann **teilbar** sein mit der Folge, dass der eine Teil rechtmäßig, der andere rechtswidrig ist. Ob ein Verwaltungsakt teilbar ist, hängt von dem jeweiligen Regelungsinhalt des Verwaltungsakts ab. Bei den Verwaltungsakten, die eine Geldleistung oder eine teilbare Sachleistung gewähren, ist dies stets der Fall. Dann ist **auch deren Aufhebung teilbar**. Deren Teilbarkeit wird auch in § 48 II VwVfG vorausgesetzt, indem die Rücknahme „soweit“ ausgeschlossen wird, als das Vertrauen schutzwürdig ist.

T hat damit jedoch eine Vermögensdisposition getroffen. Da die Gegenstände nicht wiederverkäuflich sind, kann er diese Vermögensdisposition auch nicht mehr rückgängig machen. Die Voraussetzungen des § 48 II S. 2 VwVfG liegen damit in Höhe von 15.000 € vor.

dd) Das Vertrauen des T in den Bestand des Verwaltungsakts müsste auch unter Abwägung mit dem öffentlichen Interesse schutzwürdig sein.

Das öffentliche Interesse i.d.S. ist insbesondere das Interesse der Behörde an der Wiederherstellung rechtmäßiger Zustände (**Grundsatz des Vorrangs des Gesetzes**, Art. 20 III GG).

[26] Kopp/Ramsauer, VwVfG, § 48 Rn. 96.

Zudem sprechen in diesem Fall die **fiskalischen Interessen** für eine Rücknahme. Denn die rechtswidrige Gewährung von Leistungen bedeutet staatliche Ausgaben, die nicht gerechtfertigt sind.[27]

Das öffentliche Interesse an der Rücknahme wird allerdings in den Fällen des § 48 II S. 2 VwVfG nur in Ausnahmefällen die Schutzwürdigkeit des Vertrauens entfallen lassen. Hat der Begünstigte Leistungen verbraucht oder Dispositionen getroffen, so überwiegt sein Interesse an dem Bestand des Verwaltungsakts gegenüber den öffentlichen Interessen.

Anders ist dies jedoch hinsichtlich der restlichen 10.000 € Förderung. Insoweit liegen die Voraussetzungen des § 48 II S. 2 VwVfG nicht vor. In diesem Fall überwiegt grundsätzlich das öffentliche Interesse an der Wiederherstellung rechtmäßiger Zustände sowie an der Rückgewähr ungerechtfertigter Ausgaben die Interessen des Betroffenen. An das Überwiegen der öffentlichen Interessen sind keine hohen Anforderungen zu stellen. Da hier keine weiteren besonderen Aspekte ersichtlich sind, die für eine Schutzwürdigkeit des T sprechen, überwiegt hinsichtlich dieses Restbetrags das öffentliche Interesse an der Rücknahme.

Zwischenergebnis: In Höhe der restlichen 10.000 € greift § 48 II VwVfG nicht ein. Dagegen liegen für die 15.000 € die Voraussetzungen des § 48 II VwVfG vor. Insoweit ist demnach eine Rücknahme nach § 48 II VwVfG ausgeschlossen. Die Rücknahme ist insoweit rechtswidrig.

hemmer-Methode: Hinsichtlich der Rücknahme bzgl. der 15.000 € ist damit die Prüfung der Rechtmäßigkeit beendet, da fest steht, dass die Rücknahme daher insoweit rechtswidrig ist.

ee) Da die Rücknahme noch im gleichen Jahr erfolgte, verstößt sie nicht gegen die Frist des § 48 IV VwVfG. In Höhe von 10.000 € erfüllt daher die Rücknahme die tatbestandlichen Voraussetzungen des § 48 VwVfG.

b) Rücknahmeermessen hinsichtlich der 10.000 €

Die Rücknahme erfüllt die tatbestandlichen Voraussetzungen des § 48 VwVfG in Höhe von 10.000 €. Zu prüfen ist daher, ob die Rücknahme insoweit auch ermessensfehlerfrei ist. Gem. § 40 VwVfG, § 114 S. 1 VwGO müssten die Grenzen des Ermessens eingehalten und das Ermessen dem Gesetzeszweck entsprechend ausgeübt worden sein. I.R.d. § 48 VwVfG sind dabei die Aspekte zu berücksichtigen, die für und gegen eine Rücknahme sprechen, insbesondere auch das Interesse des Begünstigten an dem Fortbestand des Verwaltungsakts.

hemmer-Methode: Natürlich läuft das inhaltlich auf eine ähnliche Prüfung hinaus wie die Frage, ob gem. § 48 II S. 1 VwVfG die öffentlichen Interessen oder die des Begünstigten überwiegen. Dennoch müssen Sie das Ermessen in jedem Fall kurz ansprechen.

Hier hat die Behörde das Interesse des T berücksichtigt und damit ihr Ermessen ausgeübt. Eine Rücknahme ist jedoch in diesem Fall nicht ermessensfehlerhaft.

4. Ergebnis

Die Aufhebung ist in Höhe von 10.000 € rechtmäßig. In Höhe von 15.000 € ist sie rechtswidrig.

---

[27] Kopp/Ramsauer, VwVfG, § 48 Rn. 87.

IV. Zusammenfassung

1. Bei Verwaltungsakten, die eine Geldleistung oder teilbare Sachleistung gewähren, ist die Rücknahme gem. § 48 II VwVfG insoweit rechtswidrig, als das Vertrauen des Begünstigten schutzwürdig ist.

2. § 48 II ist eine Ausnahme von dem Grundsatz des § 48 I S. 1 VwVfG, dass rechtswidrige Verwaltungsakte zurückgenommen werden können.

V. Vertiefung

- Hemmer/Wüst, Basics Öffentliches Recht, Rn. 120 ff.
- Vgl. dazu Life&Law 2000, 580 ff.

Fall 22: Begründetheit der Anfechtungsklage / Aufhebung

Sachverhalt:

B betreibt ein Gewerbe mit Spielgeräten i.S.d. § 33c GewO. Ihm wurde dafür formell rechtmäßig die erforderliche Erlaubnis erteilt. Danach wird er am 24.07.2000 wegen einer Straftat nach § 242 StGB rechtskräftig verurteilt. Am 03.12.2001 wird er erneut wegen Diebstahls rechtskräftig verurteilt. Die erste Verurteilung wird der Behörde am 05.09.2000, die zweite am 28.12.2001 mitgeteilt. Der mit den Erlaubnissen nach § 33c GewO befasste Sachbearbeiter in der Behörde erlangt am 14.01.2002 Kenntnis von der zweiten Verurteilung. Er wendet sich am 03.02.2002 in einem Schreiben an B und bittet diesen im Hinblick auf eine mögliche Aufhebung der Erlaubnis um Auskunft, ob er seinen Lebensunterhalt mit der Ausübung dieses Gewerbes bestreite, und ob er die Räumlichkeiten, in denen die Spielgeräte aufgestellt wurden, auf seine Kosten ausgestattet habe. B verneint beides in seiner Antwort, die den zuständigen Sachbearbeiter am 25.03.2002 erreicht. Daraufhin hebt die zuständige Behörde die Erlaubnis auf. Der Bescheid geht dem B am 12.02.2003 zu. Begründet wird dies damit, dass aufgrund der erneuten Verurteilung die Unzuverlässigkeit des B erwiesen und es nicht hinnehmbar sei, dass er weiterhin dieses Gewerbe ausübe. Das Interesse des B an der Fortführung des Gewerbes müsse deshalb zurückstehen.

Ist die Aufhebung der Erlaubnis rechtmäßig?
(Es bestehen keine speziellen Aufhebungstatbestände)

I. Einordnung

Die Aufhebung eines rechtmäßigen begünstigenden Verwaltungsakts erfordert insbesondere, dass ein Widerrufsgrund nach § 49 II, III VwVfG vorliegt.

II. Gliederung

1. Rechtsgrundlage der Aufhebung

§ 48 oder § 49 VwVfG. Ist die Erlaubnis rechtmäßig oder rechtswidrig?

a) Rechtsgrundlage der Erlaubnis ist § 33c GewO.

b) Formelle Rechtmäßigkeit der Erlaubnis (+)

c) Materielle Rechtmäßigkeit der Erlaubnis (+)
Die nachträgliche Unzuverlässigkeit des B ändert daran nichts. I.R.d. §§ 48, 49 VwVfG kommt es auf den Zeitpunkt des Erlasses des aufgehobenen Verwaltungsakts an.

⇨ Rechtsgrundlage der Aufhebung ist § 49 VwVfG.

2. Formelle Rechtmäßigkeit des Widerrufs

3. Materielle Rechtmäßigkeit des Widerrufs

a) Tatbestandliche Voraussetzungen des Widerrufs:

aa) Widerrufsgrund § 49 II Nr. 3 (+)

bb) Widerrufsfrist, § 49 II S. 2 i.V.m. § 48 IV VwVfG ist eine Entscheidungsfrist: Sie beginnt erst mit Kenntnis des zuständigen Sachbearbeiters, und erst wenn dieser auch die für das Ermessen maßgeblichen Tatsachen kennt.
Hier erst am 25.02.2002. Fristende ist daher am 25.02.2003. Der Widerruf am 12.02.2003 war noch vor dem Ende der Frist des § 48 IV VwVfG.

b) Ermessen (+)

4. Ergebnis: Die Aufhebung ist rechtmäßig.

III. Lösung

Rechtmäßigkeit der Aufhebung

1. Rechtsgrundlage der Aufhebung

Rechtsgrundlage für die Aufhebung eines Verwaltungsakts ist § 48 oder § 49 VwVfG. Dies richtet sich danach, ob der aufgehobene Verwaltungsakt rechtmäßig oder rechtswidrig ist. Es ist daher zu prüfen, ob die Erlaubnis rechtmäßig ist.

a) Rechtsgrundlage der Erlaubnis ist § 33c GewO.

b) Formelle Rechtmäßigkeit der Erlaubnis

Die formelle Rechtmäßigkeit der Erlaubnis liegt laut Sachverhalt vor.

c) Materielle Rechtmäßigkeit der Erlaubnis

Die Erlaubnis müsste auch materiell rechtmäßig sein. Voraussetzung für die Erteilung der Erlaubnis ist gem. § 33c II GewO, dass der Antragsteller zuverlässig ist. Mangels gegenteiliger Angaben ist davon für den B auszugehen.

Die nach Erteilung der Erlaubnis ergangenen Verurteilungen und eine daraus folgende Unzuverlässigkeit des B haben auf die Rechtmäßigkeit der erteilten Erlaubnis keine Auswirkung. Denn die Rechtmäßigkeit der Erlaubnis ist im Zeitpunkt ihres Erlasses zu beurteilen.

hemmer-Methode: Dass nachträglich eingetretene Umstände grundsätzlich die Rechtmäßigkeit eines Verwaltungsakts nicht berühren, ist auch aus § 49 II Nr. 3 und Nr. 4 VwVfG zu schließen. Würden die dort genannten nachträglichen Veränderungen zur Rechtswidrigkeit führen, hätte § 49 II Nr. 3 und 4 VwVfG keinen Anwendungsbereich, da § 49 VwVfG nur für rechtmäßige Verwaltungsakte gilt.

Die Erlaubnis ist daher rechtmäßig. Rechtsgrundlage für die Aufhebung ist § 49 VwVfG.

2. Formelle Rechtmäßigkeit des Widerrufs

Die Behörde war für den Widerruf des von ihr erlassenen Verwaltungsakts zuständig. Sonstige formelle Fehler sind nicht ersichtlich. Die nach § 28 I VwVfG erforderlich Anhörung hat durch das Schreiben vom 03.02.2002 stattgefunden.

3. Materielle Rechtmäßigkeit des Widerrufs

Da es sich um einen begünstigenden Verwaltungsakt handelt, richtet sich der Widerruf nach § 49 II, III, VI VwVfG.

hemmer-Methode: § 49 VwVfG unterscheidet wie § 48 VwVfG zwischen belastenden (nicht begünstigenden) und begünstigenden Verwaltungsakten. Aber Vorsicht: Beachten Sie, dass § 49 I VwVfG nur für die belastenden Verwaltungsakte gilt (anders als § 48 I VwVfG). Noch wichtiger ist, dass § 49 II VwVfG für den Widerruf *aller* rechtmäßigen begünstigenden Verwaltungsakte gilt, während § 49 III VwVfG nur den Widerruf von Subventionsverwaltungsakten regelt.

a) Tatbestandliche Voraussetzungen des Widerrufs

aa) Widerrufsgrund

Der Widerruf rechtmäßiger begünstigender Verwaltungsakte ist nur möglich, wenn ein Widerrufsgrund vorliegt. Hier könnte der Widerrufsgrund nach § 49 II Nr. 3 VwVfG vorliegen. Dazu müsste die Behörde aufgrund nachträglich eingetretener Tatsachen berechtigt sein, den Verwaltungsakt nicht zu erlassen, und es müsste ohne den Widerruf das öffentliche Interesse gefährdet sein.

Die nachträglich eingetretene Tatsache liegt hier in den Verurteilungen des B.

Hätte die Behörde nach dem Eintritt dieses Umstandes über die Erlaubnis entschieden, so hätte sie die Erlaubnis rechtmäßigerweise ablehnen können (§ 33c II GewO).

hemmer-Methode: Im Rahmen des § 49 II Nr. 3 VwVfG müssen Sie eine Prüfung aufgrund einer hypothetischen Sachlage durchführen. Sie müssen prüfen, ob die Behörde den Erlass des Verwaltungsakts hätte ablehnen dürfen, wenn sie erst nach dem Eintritt des Umstands entschieden hätte.

Zudem müsste das öffentliche Interesse ohne den Widerruf gefährdet sein. Das öffentliche Interesse besteht hier darin, dass das Gewerbe nach § 33c GewO nur von zuverlässigen Personen ausgeübt wird. Dieses ist gefährdet, wenn B weiterhin eine Erlaubnis zur Ausübung dieses Gewerbes innehat.

bb) Widerrufsfrist

Gem. § 49 II S. 2 VwVfG müsste die Frist des § 48 IV VwVfG eingehalten worden sein.

Nach § 48 IV S. 1 VwVfG beginnt die Jahresfrist mit dem Zeitpunkt der Kenntnisnahme der für die Aufhebung relevanten Tatsachen. Fraglich ist, wann dies hier gegeben war.

Für die Tatsachenkenntnis kommt es jedenfalls auf die zweite Verurteilung an. Denn der Widerruf erfolgte aufgrund beider Verurteilungen, nicht nur wegen der ersten Verurteilung im Jahr 2000.

Fristbeginn könnte daher der 28.12.2001 sein. Allerdings erhielt der **zuständige Sachbearbeiter** erst am 14.01.2002 Kenntnis von der zweiten Verurteilung. Dies ist für die Frist des § 48 IV VwVfG nach h.M. maßgeblich.[28] Grund hierfür ist, dass § 48 IV VwVfG als **Entscheidungsfrist** angesehen wird, nicht als Bearbeitungsfrist. Die Entscheidungsfrist kann aber erst dann beginnen, wenn der für die Entscheidung zuständige Bedienstete überhaupt von den Tatsachen Kenntnis erlangt hat.

Daher ist der 28.12.2001 nicht der Fristbeginn.

Fraglich ist, ob der 14.01.2002 der Fristbeginn ist. Zwar hatte der zuständige Bedienstete Kenntnis von der Verurteilung. Die Kenntnis der Tatsachen i.S.d. § 48 IV VwVfG bezieht sich jedoch nicht nur auf die Tatsachen, die einen Widerrufsgrund nach § 49 II, III VwVfG darstellen können. Vielmehr sind damit alle für die Aufhebung des Verwaltungsakts relevanten Tatsachen gemeint.

Dies umfasst nach h.M. auch die für die Ausübung des Widerrufsermessens relevanten Tatsachen.[29] Die Behörde muss ggf. sogar noch Ermittlungen anstellen, um ihr Ermessen fehlerfrei ausüben zu können, da sie ja alle ermessensrelevanten Aspekte zu berücksichtigten hat. Soll die Frist eine Entscheidungsfrist sein, so müssen alle für die Entscheidung relevanten Tatsachen der Behörde bekannt sein, bevor die Frist beginnt.

Aus diesem Grund richtete auch der hier zuständige Bedienstete der Behörde das Schreiben an B. Dies diente dem Zweck zu beurteilen, in welchem Ausmaß B von der Aufhebung der gewerberechtlichen Erlaubnis persönlich und wirtschaftlich betroffen ist. Bei entsprechenden Verhältnissen des B hätte die Behörde u.U. auf einen Widerruf verzichtet, oder den Zeitpunkt des Wirksamwerdens des Widerrufs noch einige Zeit hinausgeschoben (vgl. § 49 IV VwVfG).

Sieht man mit der h.M. § 48 IV VwVfG als Entscheidungsfrist an, so zählt auch die vollständige Kenntnis der für die Ermessensausübung relevanten Umstände zu den Tatsachen i.S. d. Vorschrift. Daher ist hier der maßgebliche Zeitpunkt die Antwort des B am 25.02.2002.

Gem. § 31 VwVfG i.V.m. § 187 I BGB begann die Frist demnach am 26.02.2002 und endete gem. § 188 II Alt. 1 BGB am 25.02.2003. Der Widerruf der Erlaubnis am 12.02.2003 erfolgte daher noch vor Ende der Frist des § 48 IV VwVfG.

28 Hemmer/Wüst, Öffentliches Recht für Anfangssemester, Rn. 527.

29 Hemmer/Wüst, a.a.O., Rn. 525; Maurer, § 11 Rn. 35a.

b) Ermessen

Liegen die tatbestandlichen Voraussetzungen des § 49 VwVfG vor, so besteht Ermessen der Behörde (Widerrufsermessen).

Es könnten hier Ermessensfehler vorliegen (§ 40 VwVfG, § 114 S. 1 VwGO). Die von der Behörde angeführten Aspekte sind jedoch sachgerecht und stellten keinen Ermessensfehlgebrauch dar. Insbesondere wird auch das Interesse des B an der Erlaubnis berücksichtigt. Der Widerruf ist ermessensfehlerfrei.

4. Ergebnis

Die Aufhebung ist rechtmäßig.

IV. Zusammenfassung

1. Die Aufhebung rechtmäßiger begünstigender Verwaltungsakte erfordert gem. § 49 II, III VwVfG einen Widerrufsgrund.
2. Die **Frist des § 48 IV VwVfG** gilt gem. § 49 II S. 2 VwVfG auch für den Widerruf von Verwaltungsakten. Sie ist nach h.M. eine Entscheidungsfrist und beginnt daher erst mit Kenntnis des zuständigen Sachbearbeiters von allen für die Aufhebung relevanten Tatsachen.

V. Vertiefung

- Hemmer/Wüst, Basics Öffentliches Recht, Rn. 120 ff.
- Vgl. dazu Life&Law 2000, 580 ff.; 2001, 793 ff.; 2001, 877 ff.

Fall 23: Nebenbestimmungen zum Verwaltungsakt

Sachverhalt (vgl. auch Fall 8):

G, der eine Gaststätte eröffnen möchte, erhält auf seinen Antrag eine Gaststättenerlaubnis. In einer Nebenbestimmung zu der Erlaubnis wird bestimmt, dass er drei Gästetoiletten bereitstellen muss. Die zuständige Stadt S führt an, dies sei bei 70 Sitzplätzen in der Gaststätte erforderlich. In einer aufgrund § 4 III GastG erlassenen Rechtsverordnung der Landesregierung ist für Gaststätten bei einer Sitzplatzzahl von 40 bis 75 die Bereitstellung von zwei Toiletten vorgesehen.

G hält eine Toilette für völlig ausreichend.

Ist die Anfechtungsklage begründet? (Zur Zulässigkeit vgl. Fall 8.)

I. Einordnung

Enthält ein begünstigender Verwaltungsakt eine belastende Nebenbestimmung, so ergeben sich spezifische Fragen i.R.d. Begründetheit der Anfechtungsklage.

II. Gliederung

§ 113 I S. 1 VwGO

A. Rechtmäßigkeit der Nebenbestimmung

1. Rechtsgrundlage der Nebenbestimmung ist § 36 I VwVfG
2. Formelle Rechtmäßigkeit der Nebenbestimmung
3. Materielle Rechtmäßigkeit der Nebenbestimmung
   Die Nebenbestimmung verstößt gegen § 4 GastG i.V.m. der Rechtsverordnung der Landesregierung, welche die Anforderungen an Gaststätten insoweit abschließend festlegt.

B. Rechtsverletzung des Klägers

C. Ausschluss der isolierten Aufhebbarkeit der Nebenbestimmung?

Str., ob isolierte Aufhebung der Nebenbestimmung ausgeschlossen, wenn es sich entweder um einen **Ermessensverwaltungsakt** handelt und fest steht, dass die Behörde diesen nicht ohne die rechtswidrige Nebenbestimmung erlassen hätte, oder aber der restliche Verwaltungsakt ohne die Nebenbestimmung rechtswidrig wäre.

Dies kann hier offen bleiben, da beides hier nicht gegeben.

D. Ergebnis: Die Anfechtungsklage ist begründet.

III. Lösung

Begründetheit der Anfechtungsklage

Die Anfechtungsklage ist begründet, wenn sie sich gegen den richtigen Beklagten richtet (§ 78 VwGO), der Verwaltungsakt rechtswidrig ist und der Kläger dadurch in seinen Rechten verletzt ist (§ 113 I S. 1 VwGO).

Passivlegitimiert ist gem. § 78 I Nr. 1 VwGO die Stadt S.

A. Rechtmäßigkeit der Nebenbestimmung

Fraglich ist, ob die Nebenbestimmung, dass G zur Herstellung von drei Gästetoiletten verpflichtet ist, rechtmäßig ist.

1. Rechtsgrundlage der Nebenbestimmung

Da im GastG keine Sondervorschriften enthalten sind, ist Rechtsgrundlage für die Nebenbestimmung § 36 VwVfG.[30]

---

[30] Hemmer/Wüst, Verwaltungsrecht I, Rn. 447; str., vgl. Kopp/Ramsauer, § 36 Rn. 39, 43, der § 36 VwVfG nicht als Rechtsgrundlage für Nebenbestimmungen ansieht.

Dieser enthält in Abs. 1 eine Rechtsgrundlage für Nebenbestimmungen zu einem Verwaltungsakt, „auf den ein Anspruch besteht". Abs. 2 gilt für Ermessensverwaltungsakte und sieht vor, dass Nebenbestimmungen zu diesen ebenfalls im Ermessen der Behörde stehen.

hemmer-Methode: § 36 II VwVfG enthält demnach nicht nur eine Aufzählung der (echten) Nebenbestimmungen, sondern ist darüber hinaus Rechtsgrundlage für Nebenbestimmungen in Verwaltungsakten, die im Ermessen der Behörde stehen.[31]

§ 36 I VwVfG gilt demgegenüber stets bei sog. gebundener Verwaltung, d.h. dann, wenn der Verwaltungsakt nicht im Ermessen der Behörde steht. Für die Anwendbarkeit des § 36 I VwVfG kommt es daher nicht darauf an, ob im konkreten Fall ein Anspruch auf den Verwaltungsakt besteht, sondern allein darauf, ob es sich um eine Ermessensverwaltung oder gebundene Verwaltung handelt.[32]

Es ist daher zu prüfen, ob die Entscheidung über die Gaststättenerlaubnis ein Fall gebundener Verwaltung ist, oder Ermessen besteht. § 4 I S. 1 GastG sieht vor, dass die Erlaubnis zu erteilen ist, wenn keine Versagungsgründe vorliegen. Ein Ermessen ist nicht vorgesehen, und wäre auch nicht mit der in Art. 12 I GG verfassungsrechtlich garantierten Berufsfreiheit vereinbar. Es liegt daher gebundene Verwaltung vor. Rechtsgrundlage für Nebenbestimmungen ist hier § 36 I VwVfG.

2. Formelle Rechtmäßigkeit der Nebenbestimmung

Die Stadt ist laut Sachverhalt zuständig.

[31] Hemmer/Wüst, Verwaltungsrecht I, Rn. 447.

[32] Hemmer/Wüst a.a.O., bei einer Ermessensreduktion auf Null ist auch eine analoge Anwendung des § 36 I VwVfG vertretbar. Über eine Reduktion des Ermessens im Rahmen des § 36 II VwVfG wird man aber regelmäßig zu den gleichen Ergebnissen gelangen.

Eine Anhörung konnte nach § 28 II Nr. 3 VwVfG unterbleiben, da anzunehmen ist, dass keine anderen Tatsachen zugrundegelegt wurden, als die von G in seinem Antrag vorgetragen.

3. Materielle Rechtmäßigkeit

§ 36 I VwVfG enthält zwei Alternativen, in denen Nebenbestimmungen bei gebundener Verwaltung rechtmäßig sein können. Zum einen, dass sie durch Rechtsvorschrift zugelassen ist. Dies ist hier nicht der Fall, denn das GastG enthält keine besonderen Regelungen über Nebenbestimmungen (s.o.).

Zum anderen ist eine Nebenbestimmung gem. § 36 I VwVfG zulässig zur Sicherstellung der gesetzlichen Voraussetzungen des Verwaltungsakts.

hemmer-Methode: § 36 I Alt. 2 VwVfG gibt der Behörde insbesondere die Möglichkeit, einen Verwaltungsakt ausnahmsweise schon dann zu erlassen, wenn noch nicht alle Voraussetzungen vorliegen.[33]

Die gesetzlichen Voraussetzungen eines Verwaltungsakts ergeben sich aus dem jeweiligen Fachgesetz, hier aus dem GastG. Die Voraussetzungen für die Erteilung der Gaststättenerlaubnis sind insbesondere in § 4 GastG normiert. Dabei ist gem. § 4 I Nr. 2 GastG Voraussetzung, dass die zum Betrieb des Gewerbes bestimmten Räume hinsichtlich ihrer Ausstattung geeignet sind. Dazu zählen sicher auch Gästetoiletten.

Fraglich ist, wie viele Toiletten erforderlich sind, damit die Ausstattung der Räume geeignet ist. Diese Frage ist in der Rechtsverordnung der Landesregierung aufgrund § 4 III GastG geregelt.

Diese Rechtsverordnung müsste wirksam sein.

Ermächtigungsgrundlage ist § 4 III GastG. Gegen die formelle Rechtmäßigkeit bestehen keine Bedenken.

[33] Kopp/Ramsauer, VwVfG, § 36 Rn. 42.

Ebenso ist die Rechtsverordnung auch materiell rechtmäßig, denn gegen die hier relevante Bestimmung von zwei Toiletten bei 40 bis 75 Sitzplätzen ist nichts einzuwenden.

hemmer-Methode: Die Prüfung dieser Rechtsverordnung konnte hier kurz erfolgen, denn deren hier maßgeblicher Inhalt ist offensichtlich rechtmäßig.

Sind demnach die Voraussetzungen für die Erteilung der Gaststättenerlaubnis wirksam geregelt, so ist es der Behörde verwehrt, darüber hinausgehende Anforderungen zu stellen. Die Anforderungen sind in § 4 GastG und der Rechtsverordnung abschließend geregelt.

Die Nebenbestimmung über die bereitzustellenden Toiletten ist daher nicht zur Sicherung der gesetzlichen Voraussetzungen des Verwaltungsakts ergangen, soweit die Bereitstellung von mehr als 2 Toiletten verlangt wird. Insoweit erfüllt die Nebenbestimmung nicht § 36 I Alt. 2 VwVfG. Sie ist insoweit rechtswidrig. Soweit die Bereitstellung von zwei Toiletten verlangt wird, ist die Nebenbestimmung rechtmäßig.

hemmer-Methode: Das Besondere ist hier, dass die Auflage selbst wiederum eine teilbare Regelung beinhaltet. Dies hat jedoch nichts mit der Frage der Teilbarkeit von Hauptregelung und Zusatz zu tun. Die Auflage kann hier mit einem „normalen" teilbaren Verwaltungsakt verglichen werden, z.B. einem Verwaltungsakt, der zur Zahlung von 200 € verpflichtet, wobei jedoch nur 100 € gesetzlich geschuldet sind. Dann ist der Verwaltungsakt auch nur rechtswidrig, soweit er den Betrag von 100 € übersteigt.

B. Rechtsverletzung des Klägers

Durch die rechtswidrige Nebenbestimmung ist G auch in seinem Recht aus Art. 2 I GG verletzt.

C. Ausschluss der isolierten Aufhebbarkeit der Nebenbestimmung?

Fraglich ist jedoch, ob in allen Fällen rechtswidriger echter Nebenbestimmungen die isolierte Anfechtungsklage begründet ist. Hierbei werden zwei Ausnahmen vertreten.[34]

1. Zum einen wird vertreten, dass die Anfechtungsklage keinen Erfolg haben darf, wenn die Hauptregelung eine Ermessensentscheidung ist und fest steht, dass die Behörde die Hauptregelung nicht ohne die Nebenbestimmung erlassen hätte. Denn bei Ermessensverwaltung dürfe keine Regelung bestehen bleiben, die nicht von der Behörde gewollt sei. In diesem Fall sei dann die Anfechtungsklage unbegründet, und es müsse eine Verpflichtungsklage in Form der Bescheidungsklage auf ermessensfehlerfreie Entscheidung[35] erhoben werden.

Dies kann hier jedoch offen bleiben, denn die Gaststättenerlaubnis stellt keinen Fall der Ermessensverwaltung dar (s.o.).

hemmer-Methode: Diese Ansicht kann mit der Begründung abgelehnt werden, dass in diesem Fall die Behörde die Möglichkeit hat, den Verwaltungsakt analog § 49 II Nr. 2 VwVfG aufzuheben.[36]

2. Zum anderen wird vertreten, dass eine isolierte Anfechtungsklage nicht begründet ist, wenn nach Aufhebung der rechtswidrigen Nebenbestimmung der restliche Verwaltungsakt rechtswidrig ist.

Eine Entscheidung könnte jedoch hier offen bleiben, wenn der Rest-Verwaltungsakt nicht rechtswidrig ist. Zu beachten ist hierbei, dass die Nebenbestimmung nur zum Teil rechtswidrig ist und auch nur insoweit aufgehoben wird.

Aufgehoben wird nur die Regelung, dass G zur Bereitstellung einer dritten Gästetoilette verpflichtet ist. Im übrigen bleibt die Auflage bestehen.

---

34 Vgl. auch schon Fall 8.
35 Vgl. im Einzelnen zur Bescheidungsklage Fall 29.
36 Hemmer/Wüst, Verwaltungsrecht I, Rn. 444.

Rest-Verwaltungsakt ist daher hier die Gaststättenerlaubnis mit der Auflage, dass G zwei Toiletten bereitstellen muss.

Diese ist rechtmäßig, denn sie entspricht gerade den gesetzlichen Voraussetzungen des GastG, insbesondere § 4 I Nr. 2 GastG i.V.m. der Rechtsverordnung der Landesregierung. Daher ist hier der Rest-Verwaltungsakt rechtmäßig, so dass eine Streitentscheidung nicht erforderlich ist.

hemmer-Methode: Die wohl h.M. schließt die Begründetheit der Anfechtungsklage bei rechtswidrigem Rest-Verwaltungsakt aus. Dies kann jedoch auch anders gesehen werden, wie z.B. von MAURER, Allg. Verwaltungsrecht, § 12, Rn. 27, der anführt, dass die Behörde wiederum den Rest-Verwaltungsakt nach §§ 48, 49 VwVfG aufheben kann, oder auch eine neue Nebenbestimmung erlassen kann.

Danach ist die Anfechtungsklage des G hier, soweit die Nebenbestimmung rechtswidrig ist, auch begründet.

D. Ergebnis

Die Anfechtungsklage des G ist teilweise begründet.

IV. Zusammenfassung

1. Die Zulässigkeit von Nebenbestimmungen richtet sich nach **§ 36 VwVfG**. Dieser regelt in Abs. 1 den Fall, dass die Hauptregelung eine **gebundene Entscheidung** der Behörde ist, während Abs. 2 die **Ermessensverwaltung** betrifft.
2. Str. ist, ob bei den echten Nebenbestimmungen die **Begründetheit der isolierten Anfechtungsklage** in zwei Ausnahmefällen ausgeschlossen ist. Dies betrifft den Fall, dass die Hauptregelung eine **Ermessensentscheidung** ist und fest steht, dass die Behörde die Hauptregelung nicht ohne die rechtswidrige Nebenbestimmung erlassen hätte. Zum anderen wird dies z.T. dann ausgeschlossen, wenn der **Rest-Verwaltungsakt** nach Aufhebung der Nebenbestimmung **rechtswidrig** ist.

V. Vertiefung

- Hemmer/Wüst, Basics Öffentliches Recht, Rn. 48 ff.

Kapitel II: Verpflichtungsklage

Fall 24: Eröffnung des Verwaltungsrechtswegs

Sachverhalt:

Das Bundesland L fördert Existenzgründungen im Handwerk, indem durch das Wirtschaftsministerium Darlehen mit einem Zinssatz vergeben werden, der weit unter dem der Banken liegt. Dabei schließt das Ministerium einen Kreditvertrag mit dem jeweiligen Antragssteller ab. Anschließend wird das Darlehen ausbezahlt. Handwerksmeister H beantragt ein solches Darlehen, da er sich selbständig machen möchte. Das Ministerium lehnt seinen Antrag ab. H möchte nun gerichtlich vorgehen.

Ist der Verwaltungsrechtsweg eröffnet?

I. Einordnung

Wird um die Bewilligung von Subventionen gestritten, so ist i.R.d. der Eröffnung des Verwaltungsrechtswegs die Zwei-Stufen-Theorie anzuwenden.

II. Gliederung

§ 40 I VwGO

1. Öffentlich-rechtliche Streitigkeit

Streitgegenstand ist ein Anspruch des H auf Gewährung des Darlehens.

(P): Welches sind die streitentscheidenden Normen?

Es gibt kein (öffentlich-rechtliches) Gesetz, das die Gewährung von Darlehen oder sonstigen Subventionen regelt.

Der Anspruch betrifft eine Geldleistung: Geldleistungspflichten sind rechtlich neutral.

Privatrechtlich, da ein Vertrag i.S.v. § 488 BGB geschlossen wird?

Bei Subventionen gilt:

Zwei-Stufen-Theorie:

Die erste Stufe ist die Entscheidung darüber, ob die Subvention gewährt wird. Diese ist stets öffentlich-rechtlich.

2. Nichtverfassungsrechtlicher Art (+), da keine doppelte Verfassungsunmittelbarkeit.

3. Keine abdrängende Sonderzuweisung.

4. Ergebnis: Der Verwaltungsrechtsweg ist eröffnet.

III. Lösung

Eröffnung des Verwaltungsrechtswegs?

hemmer-Methode: Eine aufdrängende Sonderzuweisung müssen Sie nur gedanklich prüfen.

Der Verwaltungsrechtsweg ist nach **§ 40 I VwGO** eröffnet, wenn eine öffentlich-rechtliche Streitigkeit nichtverfassungsrechtlicher Art vorliegt und keine abdrängende Sonderzuweisung eingreift.

1. Öffentlich-rechtliche Streitigkeit

Streitgegenstand ist der geltend gemachte Anspruch des H auf Gewährung des Darlehens. Eine öffentlich-rechtliche Streitigkeit liegt vor, wenn die streitentscheidenden Normen solche des öffentlichen Rechts sind.

Fraglich ist jedoch hier, welches die streitentscheidenden Normen sind. Es gibt kein (öffentlich-rechtliches) Gesetz, das die Gewährung von Darlehen durch die Verwaltung regelt.

Das Kriterium der streitentscheidenden Normen führt nicht zum Ziel.

Der öffentlich-rechtliche Charakter einer Streitigkeit kann sich jedoch daraus ergeben, dass ein **enger Sachzusammenhang** mit einem öffentlich-rechtlichen Rechtsverhältnis besteht.

Hier dient die Gewährung der Darlehen der Wirtschaftsförderung. Diese kann als öffentliche Aufgabe angesehen werden. Öffentliche Aufgaben können jedoch auch durch privatrechtliches Handeln der Verwaltung wahrgenommen werden. Daher kann aus der Tatsache, dass die Verwaltung öffentliche Aufgaben wahrnimmt, nicht geschlossen werden, dass öffentlich-rechtliches Handeln vorliegt.

hemmer-Methode: Beispiel hierfür ist, dass die Stadt die Wasserversorgung aus dem städtischen Wasserwerk dergestalt organisiert, dass sie mit den Einwohnern privatrechtliche Verträge abschließt.

a) Für Subventionen gilt jedoch die **Zwei-Stufen-Theorie**. Diese trennt die Gewährung von Subventionen in zwei Stufen. Die erste Stufe ist die Frage, ob überhaupt die Subvention gewährt wird. Die zweite Stufe betrifft die Ausgestaltung und Abwicklung des Subventionsverhältnisses.

Dabei unterliegt die erste Stufe stets dem öffentlichen Recht. Die Frage, ob eine Subvention gewährt wird, ist demnach eine öffentlich-rechtliche Streitigkeit.

Hinsichtlich der zweiten Stufe bleibt es bei einem Wahlrecht der Verwaltung, ob das Subventionsverhältnis öffentlich-rechtlich oder privatrechtlich ausgestaltet ist.

hemmer-Methode: Die eigentliche Aussage der Zwei-Stufen-Theorie betrifft nur die erste Stufe. Die Entscheidung über das „Ob" der Subvention den Bindungen des öffentlichen Rechts zu unterwerfen, ist gerade Sinn und Zweck der Zwei-Stufen-Theorie.

Da eine Durchsetzung eines Anspruchs auf Vertragsschluss vor den Zivilgerichten sehr schwierig wäre, könnte die öffentliche Hand durch eine zivilrechtliche Ausgestaltung der Subvention, den Anspruch des Bürgers weitgehend entwerten (sog. Flucht ins Privatrecht).

Ein möglicher Anspruch des H auf Gewährung des Darlehens ist öffentlich-rechtlich, wenn es sich bei diesem Darlehen um eine Subvention handelt, und es dabei um die erste Stufe i.S.d. Zwei-Stufen-Theorie handelt.

b) Subventionen sind vermögenswerte Zuwendungen des Staats an Privatpersonen, die zumindest zum Teil ohne marktmäßige Gegenleistung zur Förderung eines öffentlichen Zwecks gewährt werden.

Denkbare Arten der Subventionen sind das Darlehen, die Stellung von Sicherheiten für Darlehen von Dritten (z.B. Bürgschaft des Staats), die sog. Realförderung und der verlorene Zuschuss.

Mit Ausnahme des verlorenen Zuschusses gilt die Zwei-Stufen-Theorie für alle Arten von Subventionen.

hemmer-Methode: Der verlorene Zuschuss, d.h. die bloße Auszahlung eines Geldbetrags an den Subventionsempfänger, kann nicht in zwei Stufen unterteilt werden. Hier liegt nur ein - unteilbares - Rechtsverhältnis vor, das nach allgemeiner Meinung dem öffentlichen Recht unterliegt.

c) Im vorliegenden Fall steht die Gewährung eines Darlehens in Streit, das aufgrund des günstigen Zinssatzes unter marktüblichen Konditionen vergeben wird. Es handelt sich um eine Subvention.

Bei der Frage, ob H einen Anspruch auf Gewährung des Darlehens hat, geht es um die Entscheidung, ob er die Subvention überhaupt erhält. Es ist die erste Stufe betroffen. Daher ist die Streitigkeit öffentlich-rechtlich.

2. Nichtverfassungsrechtlicher Art

Eine Streitigkeit ist nur dann eine verfassungsrechtliche, wenn zwei am Verfassungsleben unmittelbar Beteiligte um ihre Rechte und Pflichten aus der Verfassung streiten, sog. doppelte Verfassungsunmittelbarkeit. Dies ist hier offensichtlich nicht der Fall.

3. Keine abdrängende Sonderzuweisung

Eine abdrängende Sonderzuweisung ist nicht ersichtlich.

4. Ergebnis

Der Verwaltungsrechtsweg ist nach § 40 I VwGO eröffnet.

IV. Zusammenfassung

Für **Subventionen** gilt die **Zwei-Stufen-Theorie**. Danach ist die erste Stufe, die Entscheidung über das „Ob" der Gewährung der Subvention, stets eine öffentlich-rechtliche Streitigkeit im Sinne von § 40 I VwGO.

V. Vertiefung

- Hemmer/Wüst, Basics Öffentliches Recht, Rn. 14 ff.

Fall 25: Statthaftigkeit der Verpflichtungsklage

Sachverhalt:

B ist Beamter im Bundesministerium für Finanzen. Da er sich im Beamtendienst nicht ausgelastet fühlt, möchte er zusätzlich Vorträge im Auftrag eines Unternehmens über Möglichkeiten zur Steuervermeidung halten. Er beantragt deshalb eine Nebentätigkeitsgenehmigung (§ 65 Bundesbeamtengesetz - BBG). Diese wird abgelehnt. Sein Widerspruch wird zurückgewiesen. Ist eine Verpflichtungsklage statthaft?

I. Einordnung

Bei Maßnahmen im Beamtenverhältnis und in anderen Sonderstatusverhältnissen ist häufig die intendierte Außenwirkung i.S.v. § 35 VwVfG zweifelhaft.

II. Gliederung

1. Begehren des B

B begehrt die Erteilung der Nebentätigkeitsgenehmigung.

Ein Vorgehen gegen deren Ablehnung erfüllt nicht sein Rechtsschutzziel.

2. VA-Qualität der Nebentätigkeitsgenehmigung

⇨ Fraglich ist, ob die begehrte Maßnahme **„auf Außenwirkung gerichtet"** ist i.S.v. § 35 VwVfG.
Maßnahmen im Beamtenverhältnis sind nur dann auf Außenwirkung gerichtet, wenn sie den Beamten in seiner **persönlichen Rechtsstellung** betreffen, und **nicht lediglich in seiner Amtsstellung**.

⇨ Bei Nebentätigkeitsgenehmigung ist die persönliche Rechtsstellung betroffen, weil dies für die Möglichkeiten des B außerhalb des Diensts von erheblicher Bedeutung ist.

⇨ Die Nebentätigkeitsgenehmigung wäre ein Verwaltungsakt.

3. Ergebnis: Die Verpflichtungsklage ist statthaft.

III. Lösung

Statthaftigkeit der Verpflichtungsklage

1. Begehren des B

Die statthafte Klageart richtet sich nach dem Klagebegehren. Fraglich ist, wie das Begehren des B hier zu verstehen ist. B könnte eine Nebentätigkeitsgenehmigung begehren. Möglicherweise wendet er sich jedoch auch gegen die erfolgte Ablehnung der Genehmigung.

Maßgeblich ist das **Rechtsschutzziel** des B. Ihm geht es darum, die angestrebte Nebentätigkeit ausüben zu können. Dazu bedarf er gem. § 65 I BBG einer Nebentätigkeitsgenehmigung. Würde er sich nur gegen die Ablehnung der Genehmigung wenden, so könnte er damit sein Rechtsschutzziel nicht erreichen. Denn auch bei Aufhebung der Ablehnung - die Zulässigkeit und Begründetheit einer Anfechtungsklage unterstellt - hätte er immer noch nicht die erforderliche Nebentätigkeitsgenehmigung. Diese benötigt er jedoch gerade.

2. VA-Qualität der Nebentätigkeitsgenehmigung

Er begehrt daher die Erteilung der Nebentätigkeitsgenehmigung. Statthaft könnte daher eine Verpflichtungsklage sein. Dazu müsste B den Erlass eines Verwaltungsakts gem. § 35 VwVfG begehren.

Fraglich ist, ob die Nebentätigkeitsgenehmigung ein Verwaltungsakt ist.

hemmer-Methode: Wie bei einer Anfechtungsklage, so können auch bei einer Verpflichtungsklage die Merkmale des § 35 VwVfG problematisch sein.

Dazu müsste die Nebentätigkeitsgenehmigung auf unmittelbare Außenwirkung gerichtet sein. Außenwirkung hat eine Regelung, die **über den verwaltungsinternen Bereich hinausgeht**. Ein sog. *Verwaltungsinternum* hat keine Außenwirkung.[37]

a) Erteilt würde die Nebentätigkeitsgenehmigung dem B. B ist Beamter. Er ist damit Bediensteter des Ministeriums (sog. Organwalter oder Amtsträger) und damit Teil des verwaltungsinternen Bereichs. Bei Maßnahmen im Beamtenverhältnis ist daher die Außenwirkung fraglich.

hemmer-Methode: Das Beamtenverhältnis ist ein sog. **Sonderstatusverhältnis**. Um ein solches handelt es sich, wenn der Einzelne freiwillig oder unfreiwillig in einer **besonderen Nähebeziehung zum „Staat"** steht. Das Beamtenverhältnis ist nur ein Beispiel hierfür. Weitere Sonderstatusverhältnisse bestehen bei Soldaten, Zivildienstleistenden, Schülern, Studenten und Strafgefangenen. In diesen besondere Nähebeziehungen steht der Einzelne nicht nur dem Staat *gegenüber*, sondern ist teilweise in ihn „eingeordnet".[38]

Festzuhalten ist zunächst, dass der Beamte nicht nur Organwalter ist, sondern zugleich, wie jeder andere Mensch auch, eine außerhalb der Verwaltung stehende Privatperson bleibt. Dies gilt auch im Rahmen seiner dienstlichen Tätigkeit als Beamter.

b) Demnach können auch Maßnahmen im Beamtenverhältnis den Beamten als Privatperson betreffen und damit über den verwaltungsinternen Bereich hinausgehen. Dann sind diese Maßnahmen auf die für Verwaltungsakte erforderliche Außenwirkung gerichtet.

Dies gilt z.B. für die Ernennung zum Beamten, die Entlassung oder die Beförderung.

c) Demgegenüber betreffen bestimmte Maßnahmen im Beamtenverhältnis den Beamten nur in seiner Eigenschaft als Beamter. So z.B. bei der Anweisung des Vorgesetzten, Akten in einer bestimmten Reihenfolge zu bearbeiten, oder sonstige Weisungen, die den Dienstbetrieb und die -organisation betreffen, oder bei Weisung, eine Sache in der einen oder anderen Weise zu entscheiden.

d) Fraglich ist daher, wie diese beiden Bereiche, innerdienstlicher Bereich und „persönlicher Bereich" des Beamten als Privatperson, abzugrenzen sind. Dies wird nach h.M. dahingehend unterschieden, ob eine Maßnahme im Beamtenverhältnis den Beamten lediglich in seiner **Amtsstellung** betrifft, oder ihn in seiner **persönlichen Rechtsstellung** berührt.

Dem entspricht auch die Unterscheidung von **Grund- und Betriebsverhältnis**. Das Grundverhältnis ist betroffen, wenn eine Maßnahme den Bestand des Beamtenverhältnisses betrifft, während das Betriebsverhältnis nur den inneren Dienstbetrieb umfasst.[39]

hemmer-Methode: Dies sind nur begriffliche Unterscheidungen, die in aller Regel zum gleichen Ergebnis kommen. Letztlich kommt es darauf an, wie weit man die „persönliche Rechtsstellung" des Beamten zieht, d.h. von welcher persönlichen Bedeutung eine Maßnahme für den Beamten ist. Die Begriffe müssen Sie allerdings kennen! Merken Sie sich aber nicht nur die Begriffe, sondern lernen Sie intelligent, indem Sie die dahinterstehende Wertung verstehen!

e) Die hier begehrte Genehmigung ermöglicht dem Beamten eine Nebentätigkeit außerhalb des Dienstes und damit auch außerhalb seiner reinen Amtsstellung.

---

[37] Hemmer/Wüst, VerwaltungsrR I, Rn. 86; Maurer, § 9 Rn. 26.

[38] Maurer, § 8 Rn. 27.

[39] Vgl. Hemmer/Wüst, Verwaltungsrecht I, Rn. 97.

Für die persönliche Rechtsstellung ist es von nicht unerheblicher Bedeutung, ob der Beamte einer Nebentätigkeit nachgehen darf oder nicht.

Schließlich ist auch das Grundverhältnis i.S.d. zweitgenannten Ansicht betroffen. Zwar wird damit nicht der Bestand des gesamten Beamtenverhältnisses betroffen, aber doch ein wesentlicher Aspekt. Daher ist die Nebentätigkeitsgenehmigung auf Außenwirkung gerichtet.

Diese stellt daher einen Verwaltungsakt dar.

hemmer-Methode: Neben der auch heute noch problematischen Frage, ob Maßnahmen auf Außenwirkung gerichtet sind i.S.v. § 35 VwVfG, stellen sich in den Sonderstatusverhältnissen mittlerweile keine spezifischen rechtlichen Probleme mehr. Weitgehend geklärt ist, dass die Grundrechte des Einzelnen auch im Sonderstatusverhältnis gegenüber dem Staat gelten wie der Grundsatz des Vorbehalts des Gesetzes. Bei den sonstigen Sonderstatusverhältnissen kann auf die Unterscheidung zwischen Grund- und Betriebsverhältnis zurückgegriffen werden (KOPP/SCHENKE, Anh. § 42 Rn. 71 zu Schülern und Studenten).

3. Ergebnis

Die Verpflichtungsklage ist statthaft.

IV. Zusammenfassung

1. Die Verpflichtungsklage ist statthaft, wenn eine Maßnahme begehrt wird, welche die Merkmale des § 35 VwVfG erfüllen und damit einen Verwaltungsakt darstellen würde.
2. Bei einer Maßnahme im Beamtenverhältnis wie auch in anderen **Sonderstatusverhältnissen** ist zu erörtern, ob sie auf **Außenwirkung** i.S.v. § 35 VwVfG gerichtet ist.
3. Im Beamtenverhältnis ist eine Maßnahme auf Außenwirkung gerichtet, wenn sie den Beamten in seiner **persönlichen Rechtsstellung** betrifft, und nicht nur in seiner **Amtsstellung**.

V. Vertiefung

- Hemmer/Wüst, Basics Öffentliches Recht, Rn. 36 ff.

Fall 26: Zulässigkeit der Verpflichtungsklage/ Statthaftigkeit

Sachverhalt:

Dem A wird eine rechtswidrige Baugenehmigung erteilt. Diese wird später durch Bescheid aufgehoben. A macht geltend, er habe bereits einen Architekten mit der Planung beauftragt. Dafür seien ihm Kosten in Höhe von 12.000 € entstanden. Die will er nun von der Behörde ersetzt haben. Sein Antrag wird jedoch abgelehnt. Ist eine Klage des A nach ordnungsgemäßem und erfolglosem Widerspruchsverfahren zulässig?

I. Einordnung

Wird eine Geldleistung von der Verwaltung begehrt, so kann die Verpflichtungsklage oder die allgemeine Leistungsklage die statthafte Klageart sein.

II. Gliederung

A. Verwaltungsrechtsweg, § 40 I VwGO

- Öffentlich-rechtliche Streitigkeit (+), denn streitentscheidende Normen sind §§ 48, 49 VwVfG.
- Die abdrängende Sonderzuweisung gem. § 49 VI S.3 VwVfG greift nicht ein, denn der aufgehobene Verwaltungsakt war rechtswidrig. Die Aufhebung richtet sich daher nach § 48 VwVfG.

B. Zulässigkeit der Klage

1. Statthafte Klageart

A begehrt eine Geldleistung. Diese ist ein reales Handeln, kein Verwaltungsakt. Statthaft könnte eine allgemeine Leistungsklage sein.

Aber § 48 III S. 4 VwVfG: Ausgleichsanspruch muss durch Verwaltungsakt festgesetzt werden. Daher ist das Begehren des A so auszulegen, dass er diesen Verwaltungsakt begehrt.

2. Klagebefugnis gem. § 42 II VwGO

A hat einen möglichen Anspruch auf diesen Verwaltungsakt gem. § 48 III S. 4 VwVfG.

3. Vorverfahren, § 68 II, I S. 2 VwGO

Das nach § 68 II, I S. 2 VwGO erforderliche Vorverfahren wurde durchgeführt.

4. Klagefrist, § 74 I S. 2 VwGO

5. Sonstiges

C. Ergebnis: Die Klage ist zulässig.

III. Lösung

A. Verwaltungsrechtsweg

Der Verwaltungsrechtsweg könnte gem. § 40 I VwGO eröffnet sein. Dazu müsste es sich um eine öffentlich-rechtliche Streitigkeit nichtverfassungsrechtlicher Art handeln, für die keine abdrängende Sonderzuweisung besteht.

a) Es müsste sich um eine öffentlich-rechtliche Streitigkeit handeln. A macht einen Geldleistungsanspruch geltend. Fraglich ist, welches hier die streitentscheidenden Normen sind. **Geldleistungspflichten** sind grundsätzlich **rechtlich neutral**. Hier wurde mit der Baugenehmigung ein Verwaltungsakt aufgehoben. Die Aufhebung von Verwaltungsakten richtet sich nach §§ 48, 49 VwVfG. Entschädigungsansprüche, die in Folge der Aufhebung eines Verwaltungsakts entstehen, sind in § 48 III und § 49 V VwVfG geregelt. Die streitentscheidenden Normen sind daher öffentlich-rechtlich. Es handelt sich um eine öffentlich-rechtliche Streitigkeit.

b) Diese ist mangels doppelter Verfassungsunmittelbarkeit nichtverfassungsrechtlicher Art.

c) Weiter dürfte keine abdrängende Sonderzuweisung eingreifen.

Hier kommt **§ 49 VI S.3 VwVfG** in Betracht, der Streitigkeiten über Entschädigungen den ordentlichen Gerichten zuweist.

Allerdings gilt dies lediglich bei möglichen Entschädigungen in Folge der Aufhebung rechtmäßiger Verwaltungsakte, demnach bei einem Widerruf. Hier war jedoch der aufgehobene Verwaltungsakt, die Baugenehmigung, nach dem Sachverhalt rechtswidrig. Ihre Aufhebung richtet sich daher nach § 48 VwVfG. Mögliche Entschädigungsansprüche wegen der Aufhebung sind in § 48 III VwVfG geregelt, für den es keine abdrängende Sonderzuweisung gibt.

B. Zulässigkeit der Klage

1. Statthafte Klageart

Fraglich ist, welche Klageart statthaft ist. Dies richtet sich nach dem Begehren des Klägers. In Betracht kommt hier eine Verpflichtungsklage. Dazu müsste A den Erlass eines abgelehnten oder unterlassenen Verwaltungsakts begehren, § 42 I VwGO.

A begehrt hier die Zahlung einer Entschädigung in Höhe von 12.000 €. Fraglich ist, ob er hiermit den Erlass eines Verwaltungsakts begehrt. Dazu müsste die Zahlung die Merkmale des § 35 VwVfG erfüllen. Dies erscheint jedoch zweifelhaft, insbesondere hinsichtlich der „Regelung" i.S.d. Vorschrift.

Statthaft könnte daher eine allgemeine Leistungsklage sein. Diese ist zwar nicht näher im Gesetz geregelt. Sie wird jedoch in §§ 43 II, 111, 113 IV sowie § 169 II VwGO vorausgesetzt.[40] Statthaft ist die allgemeine Leistungsklage, wenn eine Leistung oder ein sonstiges Handeln verlangt wird, das nicht im Erlass eines Verwaltungsakts besteht.[41]

Hier ist jedoch § 48 III S. 4 VwVfG zu beachten. Danach wird die Entschädigung bei der Rücknahme rechtswidriger Verwaltungsakte durch die Behörde festgesetzt.

Nach § 48 III S. 4 VwVfG muss daher die Entschädigung durch Verwaltungsakt festgesetzt werden.

Fehlt dieser Verwaltungsakt, so hat der Betroffene keinen Anspruch auf die Zahlung einer Entschädigung. § 48 III S. 4 VwVfG hat daher die Wirkung, dass vor Erlass dieses Bescheids **kein Anspruch auf Zahlung** besteht, sondern ein **Anspruch auf Festsetzung der Entschädigung durch Verwaltungsakt.**[42]

hemmer-Methode: Der Grund für diese etwas komplizierte Vorgehensweise ist, dass dadurch die Entschädigungsfrage schneller geregelt wird. Denn der erlassene Festsetzungsbescheid regelt die Entschädigungsfrage abschließend. Wird dieser mit Ablauf der Rechtsbehelfsfristen nach §§ 70, 74, 58 VwGO unanfechtbar, so kann der Betroffene keinen höheren Betrag als festgesetzt verlangen. Der Festsetzungsbescheid enthält nicht nur die Regelung, dass die Entschädigung in Höhe des festgesetzten Betrags besteht, sondern zugleich auch, dass kein höherer Entschädigungsanspruch besteht. Hat der Betroffene eine höhere Entschädigung als festgesetzt beantragt, so muss er Widerspruch einlegen, denn die Festsetzung einer niedrigeren Entschädigung ist zugleich als Ablehnung des darüber hinausgehenden Antrags zu verstehen. Wird diese Ablehnung unanfechtbar, so kann die Behörde einen späteren Antrag mit Hinweis auf diese Unanfechtbarkeit ablehnen. Würde kein Festsetzungsbescheid ergehen, so könnte auch nach Zahlung einer Entschädigungssumme der Betroffene bis zum Ablauf der entsprechend anwendbaren regelmäßigen Verjährungsfrist des § 195 BGB (3 Jahre) noch weitere Entschädigungen verlangen, soweit ein Anspruch besteht.

Eine allg. Leistungsklage ist daher mangels Statthaftigkeit unzulässig.[43] Statthafte Klageart ist daher die Verpflichtungsklage in Form der Versagungsgegenklage.[44]

---

[40] Hemmer/Wüst, Verwaltungsrecht II, Rn. 163.

[41] Näher zur allgemeinen Leistungsklage Fälle 40 und 41.

[42] Hemmer/Wüst, Verwaltungsrecht II, Rn. 18; Kopp/Ramsauer, § 48 Rn. 129.

[43] Nach a.A. unbegründet, dazu Kopp/Ramsauer, § 48 Rn. 129.

[44] Vgl. Fall 27 zur Versagungsgegenklage und Untätigkeitsklage.

hemmer-Methode: Bei Geldleistungsansprüchen ist grds. die allgemeine Leistungsklage statthaft. Ausnahmsweise ist jedoch gesetzlich vorgesehen, dass der Anspruch durch Verwaltungsakt festzusetzen ist (in § 48 III S. 4 VwVfG, ebenso in § 49a I S. 2 VwVfG). Dann ist die Verpflichtungsklage auf Erlass des Festsetzungsbescheids statthaft.
Im vorliegenden Fall hätte man auch schon aufgrund der äußeren Form und des Vorverfahrens, in dem der Widerspruch nicht als unzulässig, sondern als unbegründet abgewiesen wurde, einen VA bejahen können.

2. Klagebefugnis gem. § 42 II VwGO

Gem. § 42 II VwGO müsste A geltend machen, durch die Ablehnung des Verwaltungsakts in seinen Rechten verletzt zu sein. Wird der Erlass eines Verwaltungsakts begehrt, genügt dazu nicht schon die Stellung eines Antrags und dessen Ablehnung (Hemmer/Wüst, Öffentliches Recht für Anfangssemester, Rn. 560.) Vielmehr ist erforderlich, dass ein möglicher **Anspruch** des Klägers auf Erlass des Verwaltungsakts besteht.

hemmer-Methode: Die Ablehnung des Antrags genügt nicht für die Klagebefugnis bei der Verpflichtungsklage. Denn die Verpflichtungsklage ist nicht nur gegen die Ablehnung des begehrten Verwaltungsakts gerichtet, sondern geht darüber hinaus und hat den Erlass des begehrten Verwaltungsakts zum Ziel. Dafür ist ein Anspruch des Klägers auf diesen Verwaltungsakt erforderlich. Sie müssen daher in der Klausur die **Anspruchsgrundlage** des Klägers an dieser Stelle nennen.

Ein Anspruch auf Erlass des Festsetzungsbescheids ergibt sich möglicherweise aus § 48 III S. 4 VwVfG.

3. Vorverfahren, § 68 II, I S. 2 VwGO

Das für die Verpflichtungsklage in Form der Versagungsgegenklage nach § 68 II, I S. 2 VwGO erforderliche Vorverfahren wurde hier ordnungsgemäß und erfolglos durchgeführt.

4. Klagefrist, § 74 I S. 2 VwGO

Die Klagefrist nach § 74 I S. 2 VwGO müsste eingehalten werden.

5. Sonstiges

Von dem Vorliegen der weiteren Zulässigkeitsvoraussetzungen (wie Zuständigkeit des Gerichts, Beteiligten- und Prozessfähigkeit, ordnungsgemäße Klageerhebung usw.) ist auszugehen.

C. Ergebnis

Die Klage ist zulässig.

IV. Zusammenfassung

1. Die Verpflichtungsklage ist statthaft, wenn der Erlass eines Verwaltungsakts begehrt wird. Wird kein Verwaltungsakt, sondern ein sonstiges Verwaltungshandeln begehrt, so ist die allgemeine Leistungsklage statthaft.
2. Bei **Geldleistungsansprüchen** des Einzelnen gegen die Verwaltung ist grds. die allgemeine Leistungsklage statthaft. Denn die Zahlung stellt mangels Regelung i.S.v. § 35 VwVfG keinen Verwaltungsakt dar. Sofern jedoch gesetzlich vorgesehen ist, dass die **Geldleistung durch Verwaltungsakt festzusetzen** ist, ist die Verpflichtungsklage statthaft.
3. I.R.d. Klagebefugnis ist bei der Verpflichtungsklage stets nach einem möglichen **Anspruch** zu fragen. An dieser Stelle ist die in Betracht kommende Anspruchsgrundlage anzuführen.

V. Vertiefung

- Hemmer/Wüst, Basics Öffentliches Recht, Rn. 149.

Fall 27: Zulässigkeit der Verpflichtungsklage / Untätigkeitsklage

Sachverhalt:

B beantragt bei der zuständigen Behörde eine Gaststättenerlaubnis. Als nach sieben Monaten über seinen Antrag nicht entschieden ist, überlegt er sich, wie er nun weiter vorgehen sollte. Wäre eine Klage des B auf Erteilung der Gaststättenerlaubnis zulässig?

I. Einordnung

Wird über den Antrag auf Erlass eines Verwaltungsakts in angemessener Frist nicht entschieden, so ist die Verpflichtungsklage ohne Durchführung eines Vorverfahrens zulässig.

II. Gliederung

A. Eröffnung des Verwaltungsrechtswegs
B. Zulässigkeit der Klage
1. Statthafte Klageart
Verpflichtungsklage in Form der Untätigkeitsklage, § 42 I VwGO.
2. Klagebefugnis gem. § 42 II VwGO
Möglicher Anspruch des B aus § 3 I S. 1 GastG.
3. Vorverfahren
Nicht nach **§ 68 II, I S. 1 VwGO** erforderlich. Wegen Nichtentscheidung in angemessener Frist ist die Klage gem. **§ 75 VwGO** zulässig.
4. Klagefrist
Für die Verpflichtungsklage in Form der Untätigkeitsklage gilt keine Frist.
5. Sonstiges
C. Ergebnis: Die Klage ist zulässig.

III. Lösung

A. Eröffnung des Verwaltungsrechtswegs

Der Verwaltungsrechtsweg ist gem. § 40 I VwGO eröffnet.

Die streitentscheidenden Normen sind hier die des GastG und damit öffentlich-rechtlich. Es liegt daher eine öffentlich-rechtliche Streitigkeit vor. Mangels doppelter Verfassungsunmittelbarkeit ist diese nichtverfassungsrechtlicher Art. Eine abdrängende Sonderzuweisung greift nicht ein.

B. Zulässigkeit der Klage

1. Statthafte Klageart

Die statthafte Klageart richtet sich nach dem Begehren des Klägers. Die Verpflichtungsklage ist statthaft, wenn der Erlass eines abgelehnten oder unterlassenen Verwaltungsakts begehrt wird (§ 42 I VwGO).

hemmer-Methode: § 42 I VwGO sieht für die Verpflichtungsklage damit zwei Unterfälle vor. Wurde der begehrte Verwaltungsakt *abgelehnt*, so wird üblicherweise von einer *Versagungsgegen*klage gesprochen (Ablehnung = Versagung). Wurde der begehrte Verwaltungsakts nicht abgelehnt, sondern schlicht *unterlassen*, wird dies als *Untätigkeits*klage bezeichnet (Untätigkeit, da die Behörde nicht einmal abgelehnt hat). Die Unterscheidung zwischen diesen beiden Unterfällen der Verpflichtungsklage wirkt sich nur an einigen Stellen in der Zulässigkeit aus (v.a. Vorverfahren, auch Klagefrist), dazu sogleich. Handelt es sich um eine Versagungsgegenklage, so brauchen Sie diese Unterscheidung nicht erwähnen. Es genügt dann, wenn Sie die Statthaftigkeit der Verpflichtungsklage feststellen.

Lediglich wenn keine Ablehnung ausgesprochen wurde, und damit der Fall der Untätigkeitsklage vorliegt, sollten Sie dies schon in der Statthaftigkeit festhalten.

B begehrt eine Gaststättenerlaubnis. Diese stellt einen Verwaltungsakt i.S.v. § 35 VwVfG dar. Sein Antrag wurde bisher nicht von der Behörde abgelehnt, so dass B den Erlass eines *unterlassenen* Verwaltungsakts begehrt. Die **Verpflichtungsklage in Form der Untätigkeitsklage** ist statthaft.

2. Klagebefugnis gem. § 42 II VwGO

B müsste gem. § 42 II VwGO geltend machen, in seinen Rechten verletzt zu sein. I.R.d. Verpflichtungsklage ist dafür erforderlich, dass er einen **Anspruch** auf den begehrten Verwaltungsakt hat.

hemmer-Methode: Unterschiede in der Prüfung von Versagungsgegenklage und Untätigkeitsklage ergeben sich nur an einigen Stellen in der Zulässigkeit. Dennoch sei an dieser Stelle darauf hingewiesen, dass sich bei der Untätigkeitsklage besonders deutlich zeigt, dass es für die Klagebefugnis bei der Verpflichtungsklage nicht auf die Ablehnung des begehrten Verwaltungsakts ankommen kann: Denn im Fall der Untätigkeitsklage gibt es gar keine Ablehnung!

Der mögliche Anspruch des B auf die Gaststättenerlaubnis ergibt sich aus § 4 I S. 1 GastG.

3. Vorverfahren

Fraglich ist, ob gem. § 68 VwGO ein Vorverfahren erforderlich ist. § 68 II VwGO gilt jedoch nur für den Fall, dass der Antrag auf den begehrten Verwaltungsakt abgelehnt worden ist, demnach für den Fall der Verpflichtungsklage in Form *Versagungsgegenklage*.

Für die Untätigkeitsklage, d.h. wenn keine Ablehnung erging, ist kein Vorverfahren durchzuführen.[45]

Dies ergibt sich v.a. aus § 75 S. 1 Alt. 2 VwGO.

hemmer-Methode: Dass in dem Fall der völligen Untätigkeit der Verwaltung kein Vorverfahren erforderlich ist und damit der Betroffene keinen Widerspruch einlegen muss, ist nicht zwingend. Möglich wäre auch, dass der Gesetzgeber trotz Untätigkeit der Verwaltung ein Vorverfahren vorschreibt. Dies wird jedoch in §§ 68, 75 VwGO gerade anders geregelt: Ist die Verwaltung auf den Antrag hin untätig, wird dem Einzelnen nicht zugemutet, sich nochmals an die untätige Behörde zu wenden.

Gem. § 75 S. 2 VwGO kann die Verpflichtungsklage in Form der Untätigkeitsklage grds. erst zulässig sein, wenn drei Monate nach Antragstellung nicht über den Antrag entschieden wurde. Diese Frist ist hier verstrichen. Nach § 75 S. 1 VwGO kann die Untätigkeitsklage jedoch erst erhoben werden, wenn die Behörde über den Antrag ohne zureichenden Grund in angemessener Frist nicht entschieden hat. Dabei kann die Drei-Monats-Frist des § 75 S. 2 VwGO zumindest als Anhaltspunkt gewählt werden.[46]

Danach ist die Klage bei wesentlicher Überschreitung zulässig, sofern eben kein zureichender Grund vorliegt. Die angemessene Frist wird man jedenfalls nicht länger als das doppelte der Untergrenze von drei Monaten bemessen.

Da hier zudem kein zureichender Grund für die Nichtentscheidung ersichtlich ist, ist die Klage zulässig.

---

[45] Schmitt Glaeser/Horn, Verwaltungsprozessrecht, Rn. 308.

[46] Z.T. wird auch vertreten, dass die Klage grundsätzlich nach drei Monaten zulässig ist, wenn es sich nicht um einen Sonderfall handelt, vgl. Fall 16.

hemmer-Methode: § 75 VwGO erfasst insgesamt drei verschiedene Situationen. § 75 S. 1 Alt. 1 VwGO („über einen Widerspruch .. nicht entschieden") betrifft zum einen den Fall der Anfechtungsklage, dass über den Widerspruch gegen einen erlassenen Verwaltungsakt nicht entschieden wird (s. Fall 16). Zum anderen erfasst diese Alternative den Fall der Verpflichtungsklage in Form der Versagungsgegenklage, dass über den Widerspruch nicht entschieden wird. Darüber hinaus betrifft § 75 S. 1 Alt. 2 VwGO („über einen Antrag auf Vornahme eines Verwaltungsakts...") die Untätigkeitsklage. Machen Sie sich den Unterschied zwischen den Fällen des § 75 S. 1 Alt. 1 VwGO und der Untätigkeitsklage klar: Während bei ersteren *nur* auf den *Abschluss des Vorverfahrens* durch Erlass des Widerspruchsbescheids *verzichtet* wird (s. Fall 16), ist bei der Untätigkeitsklage *überhaupt kein Vorverfahren erforderlich* (§ 68 II VwGO).

4. Klagefrist

Eine Klagefrist nach § 74 VwGO ist nicht einzuhalten, denn § 74 II VwGO gilt ebenso wie § 68 II VwGO nur für die Verpflichtungsklage in Form der Versagungsgegenklage.

hemmer-Methode: In allen Fällen des § 75 VwGO ist demnach eine Klagefrist nicht Zulässigkeitsvoraussetzung (vgl. auch Fall 16).

5. Sonstiges

Von dem Vorliegen der weiteren Zulässigkeitsvoraussetzungen (wie Zuständigkeit des Gerichts, Beteiligten- und Prozessfähigkeit, ordnungsgemäße Klageerhebung usw.) ist auszugehen.

C. Ergebnis

Die Klage des B ist zulässig.

IV. Zusammenfassung

1. In § 42 I VwGO sind für die Verpflichtungsklage die Unterfälle der Versagungsgegenklage und der Untätigkeitsklage vorgesehen. Die Unterscheidung ist nur i.R.d. Zulässigkeit von Belang.
2. Bei der Verpflichtungsklage in Form der Untätigkeitsklage ist **kein Vorverfahren** durchzuführen, wie sich aus § 68 II VwGO und § 75 S. 1 VwGO ergibt. Wird über den Antrag auf Vornahme eines Verwaltungsakts in angemessener Frist nicht entschieden, ist gem. § 75 VwGO eine Klage direkt ohne Vorverfahren auf Erlass des begehrten Verwaltungsakts zulässig.

V. Vertiefung

- Hemmer/Wüst, Basics Öffentliches Recht, Rn. 167 ff.

Fall 28: Begründetheit der Verpflichtungsklage

Sachverhalt:

Für die bevorstehende Bundestagswahl möchte der Ortsverband der P-Partei, der als e.V. organisiert ist, in der Stadt S werben. Dazu sollen mehrere Tische, Sonnenschirme u.a. Gegenstände in der Fußgängerzone aufgestellt werden, um Werbung an Passanten zu verteilen. Der Ortsverband beantragt bei der zuständigen Stadt S eine Sondernutzungserlaubnis nach dem Straßengesetz des Bundeslandes. Das Straßengesetz dieses Bundeslandes hat in § 18 folgenden Inhalt: „Die Sondernutzung bedarf der Erlaubnis. Die zuständige Behörde kann die Erlaubnis erteilen.“. Die Stadt lehnt die Sondernutzungserlaubnis ab. Sie begründet dies damit, dass in der Fußgängerzone reger Publikumsverkehr vorhanden sei und damit die ungehinderte Fortbewegung der Passanten möglicherweise erschwert würde. Daher werde die Erlaubnis versagt.

Der Ortsverband möchte jedoch Wahlkampf betreiben. Er beruft sich auf den besonderen verfassungsrechtlichen Auftrag der Parteien (Art. 21 I GG). Diesen Aspekt habe die Stadt überhaupt nicht beachtet. Ist nach ordnungsgemäßer und erfolgloser Durchführung des Vorverfahrens eine Klage zulässig und begründet?
Dabei ist davon auszugehen, dass das Aufstellen der Tische, Schirme usw. auf der Straße eine Sondernutzung darstellt.

I. Einordnung

Steht der Verwaltungsakt, der mit der Verpflichtungsklage begehrt wird, im Ermessen der Behörde, so ergeben sich spezifische Probleme bei der Klagebefugnis (§ 42 II VwGO) und in der Begründetheit (§ 113 V VwGO).

II. Gliederung

A. Eröffnung des Verwaltungsrechtswegs

B. Zulässigkeit einer Klage

1. Statthafte Klageart

⇨ Verpflichtungsklage

2. Beteiligtenfähigkeit, § 61 VwGO
Der e.V. ist als juristische Person gem. § 61 Nr. 1 VwGO beteiligtenfähig.

3. Klagebefugnis § 42 II VwGO
Ein möglicher Anspruch ergibt sich aus § 18 des Straßengesetzes. Zwar ist dafür Voraussetzung, dass das Ermessen auf Null reduziert ist. Ob dies der Fall ist, ist jedoch eine Frage der Begründetheit.

4. Vorverfahren

5. Klagefrist

6. Sonstiges

C. Begründetheit, § 113 V VwGO

1. Rechtswidrigkeit der Ablehnung

a) Tatbestandliche Voraussetzungen der Anspruchsgrundlage (+)

b) Ermessen

⇨ Ermessensfehlgebrauch, denn die Stadt hat Art. 21 I GG nicht beachtet.
Die Ablehnung ist rechtswidrig.

2. Rechtsverletzung des Klägers
Der Ortsverband ist in seinem subjektiv-öffentlichen Recht aus § 18 des Straßengesetzes verletzt.

3. Spruchreife

⇨ Die Spruchreife ist gegeben, denn aufgrund des verfassungsrechtlichen Auftrags der Parteien gem. Art. 21 I GG besteht im Wahlkampf ein Anspruch auf die Sondernutzungserlaubnis. Das Ermessen ist auf Null reduziert.

D. **Ergebnis**: Die Klage ist begründet.

III. Lösung

A. Eröffnung des Verwaltungsrechtswegs

Der Verwaltungsrechtsweg ist gem. § 40 I VwGO eröffnet. Die streitentscheidenden Normen sind hier die des Straßengesetzes und damit öffentlich-rechtlich. Es liegt daher eine öffentlich-rechtliche Streitigkeit vor. Mangels doppelter Verfassungsunmittelbarkeit ist diese nichtverfassungsrechtlicher Art. Eine abdrängende Sonderzuweisung greift nicht ein.

B. Zulässigkeit einer Klage

1. Statthafte Klageart

Statthaft ist eine Verpflichtungsklage gem. § 42 I VwGO, wenn der Erlass eines Verwaltungsakts begehrt wird. Der Ortsverband möchte, dass die Behörde ihm eine Sondernutzungserlaubnis erteilt. Diese ist ein Verwaltungsakt i.S.v. § 35 VwVfG. Die Verpflichtungsklage ist statthaft.

2. Beteiligtenfähigkeit, § 61 VwGO

Fraglich ist, ob der Ortsverband der P-Partei beteiligtenfähig ist. Dies richtet sich nach § 61 VwGO.

hemmer-Methode: Die Beteiligtenfähigkeit betrifft die Frage, welche Rechtssubjekte Beteiligte in einem verwaltungsgerichtlichen Rechtsstreit sein können. *Aufbaumäßig* sollte dies jedenfalls dann vor der Klagebefugnis geprüft werden, wenn es nicht ganz unproblematisch ist. Denn bei der Klagebefugnis prüfen Sie, ob möglicherweise ein subjektiv-öffentliches Recht verletzt ist. Vorgreiflich hierzu ist aber die Frage, um welches Rechtssubjekt es geht. In den allermeisten Fällen ist die Beteiligtenfähigkeit unproblematisch. Dann kann diese, wenn überhaupt, am Ende der Zulässigkeit unter „Sonstiges" erwähnt werden.

Gem. § 61 Nr. 1 VwGO sind natürliche und juristische Personen beteiligtenfähig. Der Ortsverband könnte eine juristische Person sein. Dies sind nur solche Rechtssubjekte, denen von der Rechtsordnung umfassende Rechtsfähigkeit zuerkannt ist. Juristische Personen des Privatrechts sind z.B. die AG, die GmbH und der eingetragene Verein (e.V.).

Der Ortsverband ist eingetragener Verein (vgl. § 21 BGB). Er ist damit eine juristische Person und daher gem. § 61 Nr. 1 VwGO beteiligtenfähig und bei Vertretung durch den Vorstand auch prozessfähig, § 62 VwGO.

hemmer-Methode: Tauchen im Fall Parteien auf, ist auch an § 3 Parteiengesetz (ParteiG) zu denken. Dass die Partei nach § 3 S. 1 ParteiG „unter ihrem Namen klagen und verklagt werden [kann]", bedeutet nichts anderes, als dass die Partei Beteiligte in einem Rechtsstreit sein kann. § 3 ParteiG ist demnach eine Sonderregelung über die Beteiligtenfähigkeit der politischen Parteien. Gebietsverbände der jeweils höchsten Stufe sind allerdings grundsätzlich nur die Landesverbände, nicht Orts- oder Kreisverbände.

3. Klagebefugnis § 42 II VwGO

Der Ortsverband müsste geltend machen, in eigenen Rechten verletzt zu sein. Dazu ist i.R.d. Verpflichtungsklage erforderlich, dass ein möglicher Anspruch des E auf den begehrten Verwaltungsakt besteht.

a) Ein Anspruch könnte sich aus § 18 des Straßengesetzes des Bundeslandes ergeben. Die Vorschrift sieht vor, dass die Behörde die Erlaubnis erteilen kann. Die Vorschrift beinhaltet daher zunächst lediglich die Befugnis der Behörde, eine solche Erlaubnis zu erteilen. Für einen Anspruch ist jedoch erforderlich, dass die Vorschrift ein subjektiv-öffentliches Recht zugunsten des Anspruchstellers enthält.

Dazu müsste nach der Schutznormtheorie die Vorschrift nach dem erkennbaren Willen des Gesetzgebers nicht den öffentlichen Interessen, sondern auch den Individualinteressen eines abgrenzbaren Personenkreises zu dienen bestimmt sein.

Vorschriften, die den Erlass eines begünstigenden Verwaltungsakts vorsehen, enthalten unproblematisch ein subjektiv-öffentliches Recht dessen, an den der Verwaltungsakt gerichtet wäre (d.h. des Adressaten). Denn indem sie die Möglichkeit vorsehen, an diesen einen begünstigenden Verwaltungsakt zu richten, dienen sie gerade und vorrangig seinen Individualinteressen.

hemmer-Methode: Dies ist unproblematisch und muss in einer Falllösung nicht in dieser Ausführlichkeit dargestellt werden. Vorschriften, die den Erlass eines begünstigenden Verwaltungsakts vorsehen, enthalten ein subjektiv-öffentliches Recht des Adressaten (z.B. die Vorschriften der Bauordnungen, dass die Baugenehmigung zu erteilen ist, § 4 I S. 1 GastG, usw.). Unerheblich ist insofern, ob die Vorschrift Ermessen vorsieht oder nicht. Daher enthalten auch die Vorschriften in den Straßengesetzen der Länder ein subjektiv-öffentliches Recht für den, der eine Sondernutzungserlaubnis beantragt.

b) Allerdings stellt § 18 des Straßengesetzes die Erteilung der Sondernutzungserlaubnis in das **Ermessen** der Behörde. Dies bedeutet, dass die Behörde bei Erfüllung der tatbestandlichen Voraussetzungen der Vorschrift die **Wahl** hat, ob sie eine Erlaubnis erteilt oder nicht. Ein Anspruch auf die Sondernutzungserlaubnis besteht nur, wenn eine **Verpflichtung der Behörde** besteht, die Erlaubnis zu erteilen. Dazu müsste das **Ermessen auf Null reduziert** sein. Ob dies der Fall ist, ist jedoch eine Frage der Begründetheit. I.R.d. Klagebefugnis genügt es festzustellen, dass ein Anspruch auf den Verwaltungsakt zumindest möglich ist.

4. Vorverfahren

Das nach § 68 II, I S. 1 VwGO erforderliche Vorverfahren wurde durchgeführt.

5. Klagefrist

Die Klagefrist des § 74 II, I S. 1 VwGO müsste eingehalten werden.

6. Sonstiges

Von dem Vorliegen der weiteren Zulässigkeitsvoraussetzungen (wie Zuständigkeit des Gerichts, Prozessfähigkeit, ordnungsgemäße Klageerhebung usw.) ist auszugehen.

C. Begründetheit

Die Verpflichtungsklage, die sich gem. § 78 VwGO gegen den richtigen Beklagten richten muss, ist begründet, wenn die Ablehnung des Verwaltungsakts rechtswidrig, der Kläger dadurch in seinen Rechten verletzt und die Sache spruchreif ist (§ 113 V S. 1 VwGO). Dies ist der Fall, wenn ein **Anspruch** auf den Erlass des begehrten Verwaltungsakts besteht.

Passivlegitimiert ist gem. § 78 I Nr. 1 VwGO die Stadt S, da diese laut dem SV für die Erteilung der Sondernutzungserlaubnis zuständig ist.

hemmer-Methode: Bei einer Verpflichtungsklage ist entgegen dem Wortlaut des § 78 I Nr. 1 VwGO diejenige Körperschaft passivlegitimiert, die für den Erlass des Verwaltungsakts in der Sache zuständig ist, und nicht die, die den Erlass tatsächlich abgelehnt hat.

Gem. § 113 V S. 1 VwGO müsste die Ablehnung des Verwaltungsakts rechtswidrig, der Kläger dadurch in seinen Rechten verletzt und die Sache spruchreif sein.

1. Rechtswidrigkeit der Ablehnung:

a) Tatbestandliche Voraussetzungen der Anspruchsgrundlage

Die Ablehnung der Erlaubnis kann nur dann rechtswidrig sein, wenn zunächst die tatbestandlichen Voraussetzungen für deren Erteilung vorliegen. Dazu müsste überhaupt eine Sondernutzungserlaubnis für die Tätigkeit des Ortsverbands erforderlich sein (Erlaubnispflichtigkeit). Da anzunehmen ist, dass es sich um eine Sondernutzung der Straße handelt[47], ergibt sich die Genehmigungspflichtigkeit aus § 18 des Straßengesetzes.

Die Genehmigung steht hiernach im Ermessen der Behörde.

b) Ermessen

Damit ist zu prüfen, ob die Ablehnung ermessensfehlerhaft ist.

hemmer-Methode: Bei der Rechtswidrigkeit der Ablehnung i.S.v. § 113 V S. 1 VwGO sind zwei Voraussetzungen zu unterscheiden. Zum einen müssen die **tatbestandlichen Voraussetzungen** der Anspruchsgrundlage erfüllt sein. Wenn diese Voraussetzungen nicht vorliegen, durfte der Verwaltungsakt nicht erteilt werden. Dann kann die Ablehnung nicht rechtswidrig sein. Liegen diese Voraussetzungen vor und steht der Erlass des Verwaltungsakts im Ermessen der Behörde, so hat die Behörde grundsätzlich die Wahl, ob sie den Verwaltungsakt erlässt oder ablehnt. Eine Ablehnung ist kann nur dann rechtswidrig sein, wenn ein **Ermessensfehler** vorliegt. Für die Frage der Ermessensfehler gelten die allgemeinen Grundsätze gem. § 40 VwVfG, § 114 S. 1 VwGO (s. Fall 19).

aa) Hier könnte ein Ermessensfehlgebrauch darin liegen, dass die Stadt die Ablehnung mit einem zu erwartenden Gedränge und Behinderungen begründet hat.

[47] Vgl. Sachverhalt.

Das Ermessen darf nur entsprechend dem Zweck der gesetzlichen Ermächtigung ausgeübt werden. Zweck des Straßengesetzes ist es, allen Verkehrsteilnehmern die Fortbewegung zu ermöglichen. Dies beinhaltet auch in Fußgängerzonen eine problemlose Fortbewegung der Passanten. Damit entspricht diese Ermessenserwägung dem Zweck der gesetzlichen Ermächtigung.

bb) Ein Ermessensfehlgebrauch könnte darin liegen, dass die Stadt die besondere verfassungsrechtliche Stellung der Parteien nicht berücksichtigt hat. Gem. Art. 21 I GG wirken die Parteien an der politischen Willensbildung der Bevölkerung mit. Sie sind Zwischenglieder zwischen der Bevölkerung und den Staatsorganen.[48] Insbesondere zu Wahlkampfzeiten ist ihre Aufgabe, an der Willensbildung mitzuwirken, darin zu sehen, dass sie die Bürger über die Ziele der politischen Parteien informieren und zur Teilnahme an der Wahl mobilisieren. Dazu gehört auch der Straßenwahlkampf.

Diese besondere verfassungsrechtliche Stellung der Parteien und der daraus folgende Auftrag ist auch von staatlicher Seite bei der Entscheidung darüber, ob einer Partei Vergünstigungen erteilt werden, zu berücksichtigen. Da die Stadt dies nicht getan hat, handelte sie ermessensfehlerhaft. Folglich ist die Ablehnung der Sondernutzungserlaubnis rechtswidrig (sog. Ermessensdefizit).

2. Rechtsverletzung des Klägers

Durch die rechtswidrige Ablehnung müsste der Ortsverband in seinen Rechten verletzt sein. Dazu müsste ihm ein subjektiv-öffentliches Recht aus § 18 StraßenG zustehen. Da dies so ist (s.o. zur Klagebefugnis), verletzt ihn die rechtswidrige Ablehnung in seinen Rechten.

3. Spruchreife

Gem. § 113 V S. 1 VwGO müsste die Sache spruchreif sein. Spruchreife bedeutet, dass das Gericht die Verpflichtung der Behörde, den begehrten Verwaltungsakt zu erlassen, aussprechen kann.

[48] Jarass/Pieroth, GG, Art. 21 Rn. 1.

Die Spruchreife liegt nicht vor, wenn es **im Ermessen der Behörde** steht, den Verwaltungsakt zu erlassen oder nicht zu erlassen.

Spruchreif ist die Sache, wenn die Anspruchsgrundlage eine **gebundene Entscheidung** enthält, d.h. keine Ermessensvorschrift ist. Ist die Anspruchsgrundlage eine **Ermessensnorm**, **fehlt es grundsätzlich an der Spruchreife**. **Ausnahmsweise** ist auch bei Ermessen die Spruchreife gegeben, wenn ein Fall der **Ermessensreduktion auf Null** vorliegt.

Das Ermessen ist auf Null reduziert, wenn im konkreten Fall **nur eine Entscheidung ermessensfehlerfrei** ist, alle anderen Entscheidungen aber ermessensfehlerhaft sind.

Es ist daher zu prüfen, ob im Fall eine Ermessensreduktion auf Null vorliegt. Dazu müsste allein die Erteilung der Sondernutzungserlaubnis ermessensgerecht und die Nichterteilung ermessensfehlerhaft sein.

hemmer-Methode: Hierzu müssen Sie wiederum alle Aspekte, die für die Ermessensausübung relevant sind, heranziehen.

Wie schon ausgeführt, haben die Parteien einen besonderen verfassungsrechtlichen Auftrag aus Art. 21 I GG. Dieser ist auch bei der Ermessensausübung zu berücksichtigen. Zu beachten ist, dass dieser Auftrag im Vorfeld von Wahlen, d.h. im laufenden Wahlkampf, besondere Bedeutung erlangt. Zu den Möglichkeiten, wie die Parteien diesen Auftrag wahrnehmen, gehört insbesondere auch der Straßenwahlkampf. Denn hier haben die Vertreter der Parteien die Möglichkeit, gerade auch die Bürger persönlich anzusprechen und ihnen ihre politischen Vorstellungen nahe zu bringen, die z.B. nicht zu Kundgebungen usw. gehen. Für die Mobilisierung weniger politikinteressierter Personen ist dies besonders wichtig.

Hinter diesem überragenden Interesse der Parteien, das gleichzeitig ein Interesse der Allgemeinheit ist, hat die Befürchtung möglicher Verkehrsbehinderungen zurückzustehen.

Jedenfalls in Wahlkampfzeiten ist daher die Erteilung einer straßenrechtliche Sondernutzungserlaubnis ermessensfehlerfrei. Das Ermessen ist auf Null reduziert.

Im hier vorliegenden Fall besteht demnach kein Ermessen der Behörde bei der Entscheidung über die Erteilung der Sondernutzungserlaubnis. Die Spruchreife i.S.v. § 113 V S. 1 VwGO liegt vor.

Der Ortsverband hat einen Anspruch auf den Verwaltungsakt. Die Verpflichtungsklage ist begründet.

D. Ergebnis

Die Klage ist erfolgreich.

IV. Zusammenfassung

1. Wird mit der Verpflichtungsklage ein Verwaltungsakt begehrt, der im Ermessen der Behörde steht, so ist für einen Anspruch nach § 113 V S. 1 VwGO erforderlich:

- Rechtswidrigkeit der Ablehnung/Unterlassung des Verwaltungsakts;
- Rechtsverletzung des Klägers;
- Spruchreife der Sache.

2. **Spruchreife** bedeutet, dass das Gericht die Verpflichtung der Behörde, den Verwaltungsakt zu erlassen, aussprechen kann. Sie fehlt, wenn der Erlass des Verwaltungsakts im **Ermessen** der Behörde steht.

   Spruchreife ist demnach gegeben, wenn die Anspruchsgrundlage eine **gebundene Entscheidung** beinhaltet.

   Wenn es sich um eine Ermessensnorm handelt, ist Spruchreife nur dann gegeben, wenn **im konkreten Fall** das **Ermessen auf Null reduziert** ist.

V. Vertiefung

- Hemmer/Wüst, Basics Öffentliches Recht, Rn. 155 ff.

Fall 29: Begründetheit der Verpflichtungsklage

Sachverhalt:

Einzelhändler E hat ein Sportartikelgeschäft in der Innenstadt von S eröffnet. Um sein Geschäft bekannt zu machen, möchte er auf der Straße vor seinem Geschäft für eine Woche einen Werbestand aufbauen, von dem er u.a. Werbung an Passanten verteilen möchte. Er beantragt bei der zuständigen Stadt S die dafür nach dem Straßengesetz des Bundeslandes erforderliche Sondernutzungserlaubnis. Das Straßengesetz dieses Bundeslandes hat in § 18 folgenden Inhalt: „Die Sondernutzung bedarf der Erlaubnis. Die zuständige Behörde kann die Erlaubnis erteilen.“. Die zuständige Stadt lehnt diese ab. Sie begründet dies damit, dass die Werbung, die E machen wolle, nur den ohnehin schon harten Konkurrenzkampf unter den Einzelhändlern verstärken würde. E müsse daher auf andere Werbemethoden ausweichen.

E gibt sich damit nicht zufrieden. Ist nach ordnungsgemäßer und erfolgloser Durchführung des Vorverfahrens eine Klage des E begründet?

I. Einordnung

Ist die Sache nicht spruchreif i.S.v. § 113 V S. 1 VwGO, so besteht allenfalls ein Anspruch auf erneute Verbescheidung gem. § 113 V S. 2 VwGO.

II. Gliederung

Begründetheit, § 113 V VwGO

1. Rechtswidrigkeit der Ablehnung

a) Tatbestandliche Voraussetzungen der Anspruchsgrundlage (+)

b) Ermessen

⇨ Ermessensfehlgebrauch, denn die Erwägung, andere Gewerbetreibende vor Konkurrenz zu schützen, entspricht nicht dem Zweck der gesetzlichen Ermächtigung (§ 40 VwVfG, § 114 S. 1 VwGO).

⇨ Die Ablehnung ist rechtswidrig.

2. Rechtsverletzung des Klägers
E ist in seinem subjektiv-öffentlichen Recht aus § 18 des Straßengesetzes verletzt.

3. Spruchreife

Die Spruchreife ist nicht gegeben, denn das Ermessen ist nicht auf Null reduziert. Ein Anspruch auf diesen Verwaltungsakt (die Sondernutzungserlaubnis) besteht nicht.

4. Entscheidung des Gerichts bei mangelnder Spruchreife

⇨ Es besteht nur ein Anspruch auf nochmalige Verbescheidung durch die Behörde unter Beachtung der Rechtsauffassung des Gerichts (sog. **Bescheidungsanspruch**), wenn die Ablehnung rechtswidrig und der Kläger in seinen Rechten verletzt ist. Dies ist hier gegeben (s.o.).

D. Ergebnis: Die Klage ist nur teilweise begründet.

III. Lösung

Begründetheit der Verpflichtungsklage

Die Verpflichtungsklage, die sich gem. § 78 VwGO gegen den richtigen Beklagten richten muss, ist begründet, wenn die Ablehnung des Verwaltungsakts rechtswidrig, der Kläger dadurch in seinen Rechten verletzt und die Sache spruchreif ist (§ 113 V S. 1 VwGO). Dies ist der Fall, wenn ein **Anspruch** auf den Erlass des begehrten Verwaltungsakts besteht.

Passivlegitimiert ist gem. § 78 I Nr. 1 VwGO die Stadt S, da diese nach dem Sachverhalt für den Erlass des Verwaltungsakts zuständig ist.

Gem. § 113 V S. 1 VwGO müsste die Ablehnung des Verwaltungsakts rechtswidrig, der Kläger dadurch in seinen Rechten verletzt und die Sache spruchreif sein.

1. Rechtswidrigkeit der Ablehnung

a) Tatbestandliche Voraussetzungen der Anspruchsgrundlage

Dazu müssten überhaupt die tatbestandlichen Voraussetzungen für deren Erteilung vorliegen. Nach dem Sachverhalt ist für das Aufstellen des Werbestands des E eine Sondernutzungserlaubnis erforderlich. Die Genehmigungspflichtigkeit liegt gem. § 18 des Straßengesetzes vor.

Die Erteilung der Genehmigung steht hiernach im Ermessen der Behörde.

b) Ermessen

Die Ablehnung müsste ermessensfehlerhaft sein.

Ein Ermessensfehlgebrauch liegt vor, wenn die Behörde Erwägungen anstellt, die nicht im Rahmen des Zwecks der gesetzlichen Ermächtigung liegen (§ 40 VwVfG, § 114 S. 1 VwGO). Die öffentlichen Straßen und das Straßenrecht dienen primär dazu, die Fortbewegung der Verkehrsteilnehmer zu ermöglichen. Diese Aspekte kann die Behörde stets bei einer Entscheidung über die Zulassung einer straßenrechtlichen Sondernutzung berücksichtigen. Hier hat die Stadt die Erlaubnis mit der Begründung versagt, dass die anderen Einzelhändler vor der Konkurrenz des E geschützt werden müssten.

Der Schutz bestimmter Gewerbebetreibender vor Konkurrenz ist jedoch keine Ermessenserwägung, die vom genannten Zweck des Straßengesetzes gedeckt ist. Diese Ermessenserwägung ist nicht zulässig. Sie stellt einen Ermessensfehlgebrauch dar. Die Ablehnung ist daher rechtswidrig.

hemmer-Methode: Beachten Sie, dass damit nur feststeht, dass die Ablehnung bisher rechtswidrig ist. Damit ist nicht gesagt, dass die Behörde nicht mit anderen, ermessensfehlerfreien Erwägungen den Erlass des Verwaltungsakts rechtmäßigerweise ablehnen kann.

2. Rechtsverletzung des Klägers

Der Kläger müsste **in seinen Rechten verletzt** sein. § 18 des Straßengesetzes enthält ein subjektiv-öffentliches Recht des Klägers (wie oben bei der Klagebefugnis ausgeführt). Damit ist er durch die rechtswidrige Ablehnung in seinen Rechten verletzt.

3. Spruchreife

Zudem müsste **Spruchreife** gegeben sein. Da die Erteilung der Sondernutzungserlaubnis im *Ermessen* der Behörde steht, ist die Spruchreife nur gegeben, wenn ein Fall der **Ermessensreduktion auf Null** vorliegt.[49] Dazu dürfte nur die Entscheidung, die Erlaubnis zu erteilen, ermessensfehlerfrei sein. Die gesetzlich vorgesehene Alternative, die Sondernutzungserlaubnis nicht zu erteilen, müsste im konkreten Fall ermessensfehlerhaft sein.

Für eine Verpflichtung zur Erteilung der Erlaubnis sprechen hier lediglich die Interessen des E, Werbung für sein neues Geschäft zu machen und damit seinen Umsatz zu erhöhen. Dieses wirtschaftliche Interesse des E ist nicht von einer solchen Bedeutung, die dazu führt, dass die Versagung der Erlaubnis ermessensfehlerhaft wäre. Daher steht die Entscheidung über den Erlass des Verwaltungsakts im Ermessen der Behörde.

hemmer-Methode: Die Behörde kann etwa die Erlaubnis mit der Begründung ablehnen, ein Werbestand schade dem Ortsbild, oder sie verfolge generell das Ziel, solche Werbestände im öffentlichen Straßenraum der Stadt zu verhindern.

---
[49] Hemmer/Wüst, Öffentliches Recht für Anfangssemester, Rn. 580.

Zwischenergebnis

Spruchreife liegt nicht vor. E hat keinen Anspruch auf die Erteilung der Sondernutzungserlaubnis.

4. Entscheidung des Gerichts bei mangelnder Spruchreife

Bei mangelnder Spruchreife spricht das Gericht gem. § 113 V S. 2 VwGO die Verpflichtung aus, den Kläger unter Beachtung der Rechtsauffassung des Gerichts zu bescheiden.

hemmer-Methode: Die Formulierung „Andernfalls ..." in § 113 V S. 2 VwGO bezieht sich nur auf die Spruchreife, nicht auf die sonstigen Voraussetzungen des § 113 V S. 1 VwGO. Das Urteil des Gerichts bei mangelnder Spruchreife wird als „**Bescheidungsurteil**" bezeichnet, während das Urteil bei Spruchreife (d.h. im Fall des § 113 V S. 1 VwGO) im Gegensatz dazu „**Vornahmeurteil**" genannt wird. Hier wird der Sinn des § 113 V VwGO deutlich: Ist die Spruchreife nicht gegeben, d.h. besteht Ermessen der Behörde, darf das Gericht die Behörde nicht zum Erlass eines bestimmten Verwaltungsakts verpflichten. **Denn die Behörde übt das Ermessen aus, nicht das Gericht, Gewaltenteilung, Art. 20 II GG.** Das Gericht darf seine Ermessenserwägungen nicht anstelle der Behörde setzen. Wenn Ermessen besteht, steht dies der Verwaltung zu. Dementsprechend hat der Kläger in diesem Fall keinen Anspruch auf Erlass des begehrten Verwaltungsakts, sondern nur einen **Anspruch auf ermessensfehlerfreie Entscheidung**.

E hat daher keinen Anspruch auf Erteilung des begehrten Verwaltungsakts. Die Klage ist daher teilweise unbegründet.[50]

Er hat nur einen sog. Bescheidungsanspruch, dass die Behörde unter Beachtung der Rechtsauffassung des Gerichts, d.h. ermessensfehlerfrei, entscheidet.

D. Ergebnis

Die Klage ist insoweit unbegründet, als der Kläger den Erlass der Sondernutzungserlaubnis begehrt. Sie ist begründet, als der Kläger eine nochmalige Verbescheidung durch die Behörde begehrt.

hemmer-Methode: Das Begehren, die Behörde zur nochmaligen Verbescheidung zu verurteilen, ist stets als „Minus" in dem Begehren des Klägers enthalten, die Behörde zum Erlass des Verwaltungsakts zu verurteilen. Die teilweise Unbegründetheit der Klage kann der Kläger nur dadurch verhindern, dass er von vornherein lediglich begehrt, die Behörde zur nochmaligen Verbescheidung zu verurteilen. Dann handelt es sich von vornherein nur um eine **Bescheidungsklage**. Voraussetzung für die Begründetheit der Bescheidungsklage ist dann lediglich, dass die Ablehnung/Unterlassung des Verwaltungsakts rechtswidrig ist und der Kläger in seinen Rechten verletzt ist (s.o. C.2.a) und b)). Spruchreife ist dafür gerade nicht Voraussetzung. Dann müssen Sie schon in der Klagebefugnis deutlich machen, dass es sich um eine Bescheidungsklage und nicht um eine Vornahmeklage handelt. Die Frage, ob das Ermessen auf Null reduziert ist, stellt sich auch dort nicht. Maßgeblicher Anspruch des Klägers ist dann i.R.d. Klagebefugnis der sog. Bescheidungsanspruch oder „Anspruch auf ermessensfehlerfreie Entscheidung".

[50] Hemmer/Wüst, Verwaltungsrecht II, Rn. 80; Schmitt Glaeser/Horn, Verwaltungsprozessrecht, Rn. 33.

IV. Zusammenfassung

1. Steht der Erlass des begehrten Verwaltungsakts im **Ermessen** der Behörde und ist das Ermessen auch nicht auf Null reduziert, so fehlt es an der **Spruchreife** i.S.d. § 113 V VwGO. Dann besteht **kein Anspruch auf den begehrten Verwaltungsakt**, und die Klage (Vornahmeklage) ist insoweit teilweise unbegründet.

2. Fehlt die Spruchreife, so hat der Kläger gem. **§ 113 V S. 2 VwGO** einen **Anspruch auf nochmalige Verbescheidung** durch die Behörde, wenn die Ablehnung rechtswidrig ist und der Kläger dadurch in seinen Rechten verletzt ist.

V. Vertiefung

- Hemmer/Wüst, Basics Öffentliches Recht, Rn. 155 ff.

Fall 30: Begründetheit der Verpflichtungsklage / Drittverpflichtungsklage

Sachverhalt:

D wohnt in der nordrhein-westfälischen Gemeinde X. Im Nachbarhaus wohnt Familie A. Diese feiert regelmäßig in ihrem Garten, und ebenso regelmäßig werden die Feiern am frühen Morgen damit beendet, dass Raketen und andere Feuerwerkskörper in großer Zahl gezündet werden. Mehrmals sind diese auch in Richtung auf das Wohnhaus des D abgeschossen worden. Dort haben sie schon Schäden im Garten, am Auto und am Haus des D verursacht. Zudem ist es auch schon dazu gekommen, dass Sylvesterraketen durch ein geöffnetes Fenster in das Haus des D geflogen sind. Trotz mehrmaliger Aufforderungen des D hat sich Familie A nicht dazu bereit erklärt, in Zukunft keine Raketen mehr zu zünden. Es sei ja „nichts passiert". Deshalb wendet sich A an die Gemeinde als Ordnungsbehörde mit dem Antrag, Familie A das Abschießen der Feuerwerkskörper zu untersagen. Diese lehnt ein Einschreiten jedoch mit der Begründung ab, dass ein Einschreiten rechtlich nicht zulässig wäre. Jeder könne auf seinem Grundstück machen, was er wolle. Auch der Widerspruch des D wird zurückgewiesen. Daraufhin erhebt D Klage. Ist diese zulässig und begründet?

§ 14 NRWOBG (Voraussetzungen des Eingreifens)

(1) Die Ordnungsbehörden können die notwendigen Maßnahmen treffen, um eine im einzelnen Falle bestehende Gefahr für die öffentliche Sicherheit oder Ordnung (Gefahr) abzuwehren.

I. Einordnung

Wird mit der Verpflichtungsklage ein Verwaltungsakt begehrt, der an eine andere Person zu richten wäre (Adressat), so bedarf das Bestehen eines möglichen Anspruchs des Klägers i.R.d. Klagebefugnis (§ 42 II VwGO) und der Rechtsverletzung i.R.d. Begründetheit (§ 113 V VwGO) besonderer Begründung.

II. Gliederung

A. Eröffnung des Verwaltungsrechtswegs

B. Zulässigkeit der Klage

1. Statthafte Klageart

⇨ Verpflichtungsklage

2. Klagebefugnis § 42 II VwGO

a) Subjektiv-öffentliches Rechts aus § 14 I NRWOBG

⇨ Ein möglicher Anspruch ergibt sich aus § 14 I NRW-Ordnungsgehördengesetz (NRWOBG).

D kann ein subjektiv-öffentliches Recht aus dieser Vorschrift haben, denn diese beinhaltet nach der Schutznormtheorie Drittschutz zugunsten der Personen, deren Rechtsgüter in einer konkreten Situation gefährdet sind.

b) Ermessensreduktion auf Null möglich
Zwar ist für einen Anspruch aus § 14 I NRWOGB Voraussetzung, dass das Ermessen auf Null reduziert ist. Ob dies der Fall ist, ist jedoch eine Frage der Begründetheit.

3. Vorverfahren (+)

4. Klagefrist (+)

5. Sonstiges (+)

C. Begründetheit, § 113 V VwGO

1. Rechtswidrigkeit der Ablehnung

a) Tatbestandliche Voraussetzungen der Anspruchsgrundlage (+)

b) Ermessen

⇨ Ermessensnichtgebrauch: Die Behörde geht davon aus, dass sie überhaupt nicht einschreiten darf (§ 40 VwVfG, § 114 S. 1 VwGO).

⇨ Die Ablehnung ist rechtswidrig.

2. Rechtsverletzung des Klägers
D ist in seinem subjektiv-öffentlichen Recht aus § 14 I NRWOBG verletzt, da die Vorschrift in dieser Situation für ihn konkret drittschützend ist.

3. Spruchreife

⇨ Die Spruchreife ist gegeben, denn das Ermessen ist wegen der erheblichen Gefährdung der Rechtsgüter des D (Gesundheit, Eigentum) auf Null reduziert.

D hat einen Anspruch auf den Verwaltungsakt (Verbot des Abfeuerns von Feuerwerkskörpern).

D. Ergebnis: Die Klage ist begründet.

III. Lösung

A. Eröffnung des Verwaltungsrechtswegs

Der Verwaltungsrechtsweg ist gem. § 40 I VwGO eröffnet. Die streitentscheidenden Normen sind hier die des NRWOBG und damit öffentlich-rechtlich. Es liegt daher eine öffentlich-rechtliche Streitigkeit vor. Mangels doppelter Verfassungsunmittelbarkeit ist diese nichtverfassungsrechtlicher Art. Eine abdrängende Sonderzuweisung greift nicht ein.

B. Zulässigkeit

1. Statthafte Klageart

Statthaft ist eine Verpflichtungsklage, wenn D den Erlass eines Verwaltungsakts begehrt (§ 42 I 2. Alt. VwGO). Die Klage des D ist darauf gerichtet, dass die Gemeinde ein Verbot gegen die Angehörigen der Familie F erlässt, Feuerwerkskörper zu zünden. Ein solches Verbot stellt die Maßnahme einer Behörde auf dem Gebiet des öffentlichen Rechts zur Regelung eines Einzelfalls mit unmittelbarer Rechtswirkung nach außen dar und ist daher ein Verwaltungsakt gem. § 35 VwVfG. Die Verpflichtungsklage ist statthaft.

2. Klagebefugnis § 42 II VwGO

D müsste die Verletzung eigener Rechte geltend machen. Dazu ist bei der Verpflichtungsklage erforderlich, dass ein **Anspruch** auf den begehrten Verwaltungsakt zumindest möglich ist.

a) Subjektiv-öffentliches Recht aus § 14 I NRWOBG

Ein Anspruch auf den begehrten Verwaltungsakt könnte sich aus § 14 I NRWOBG[51] ergeben. Dazu müsste dieser ein subjektiv-öffentliches Recht zugunsten des D beinhalten können. Dies ist dem Wortlaut nach nicht zu entnehmen. Die Vorschrift enthält zunächst nur die Befugnis der zuständigen Behörde, die entsprechenden Maßnahmen zu treffen.

Nach der **Schutznormtheorie** beinhaltet eine Vorschrift jedoch ein subjektiv-öffentliches Recht, wenn die Norm nach dem erkennbaren Willen des Gesetzgebers nicht nur den öffentlichen Interessen, sondern zugleich den Individualinteressen eines abgrenzbaren Personenkreises Dritter zu dienen bestimmt ist.

§ 14 I NRWOBG dient dem Schutz der öffentlichen Sicherheit und Ordnung. Dabei umfasst die öffentliche Sicherheit die Unversehrtheit der Rechtsordnung, den Schutz der Einrichtungen und Veranstaltungen des Staats sowie die Rechte und Rechtsgüter des Einzelnen.

Entscheidend ist hier letzteres, die Rechte und Rechtsgüter des Einzelnen als Teilbereich der öffentlichen Sicherheit. Indem § 14 I NRWOBG behördliche Maßnahmen auch zum Schutz der Rechte und Rechtsgüter des Einzelnen ermöglicht, dient die Vorschrift gerade auch den Individualinteressen, die in einer konkreten Situation gefährdet sind. § 14 I NRWOBG kann daher auch ein subjektiv-öffentliches Recht zugunsten bestimmter Einzelner beinhalten. Diese können dann einen **Anspruch auf behördliches Einschreiten** haben.

[51] In anderen Bundesländern: Z.B. Art. 7 II BayLStVG, § 3 SäPolG.

hemmer-Methode: Machen Sie sich das Besondere dieses Falls klar. Wie in allen Fällen der Verpflichtungsklage wird der Erlass eines Verwaltungsakts begehrt. Im Unterschied zu den Fällen 28 und 29 **wäre der Kläger jedoch nicht Adressat des begehrten Verwaltungsakts**. Vielmehr wird hier der Erlass eines Verwaltungsakts begehrt, der an einen anderen, hier die Angehörigen der Familie A, gerichtet wäre. Dies ist die Situation der sog. **Drittverpflichtungsklage**. Wie bei der Drittanfechtungsklage (vgl. Fall 11) ist der Kläger nicht Adressat des in Streit stehenden Verwaltungsakts. Bei der Drittverpflichtungsklage liegt die Schwierigkeit darin, ein subjektiv-öffentliches Recht des Klägers zu finden und einen (möglichen) Anspruch zu begründen. Denn es finden sich in den Gesetzen keine Regelungen, die vorsehen, dass eine Person den Erlass eines Verwaltungsakts verlangen kann, dessen Adressat eine andere Person ist. In den Gesetzen finden sich nur Rechtsgrundlagen, die die Behörden zu Maßnahmen befugen. Ein Anspruch auf behördliches Einschreiten gegen einen anderen muss daher aus einer Rechtsgrundlage begründet werden. Dazu muss diese ein subjektiv-öffentliches Recht zugunsten Dritter beinhalten (drittschützend sein). Kurz gesagt: Die Drittverpflichtungsklage erfordert eine drittschützende Rechtsgrundlage.

b) Ermessensreduktion auf Null möglich

§ 14 I NRWOBG beinhaltet jedoch ein Ermessen der Ordnungsbehörde bei der Entscheidung über Maßnahmen. Ein Anspruch des D auf den Erlass einer bestimmten Maßnahme, hier der Erlass eines Verbots gegen die Angehörigen der Familie F, setzt daher eine Ermessensreduktion auf Null voraus. Ob das Ermessen hier reduziert ist, ist jedoch eine Frage der Begründetheit. Eine Ermessensreduktion ist in der vorliegenden Situation jedenfalls nicht ausgeschlossen.

hemmer-Methode: Halten Sie unbedingt folgende zwei Fragen auseinander. Erstens die Frage, ob eine Vorschrift drittschützend ist (oben a) und zweitens die Frage einer Ermessensreduktion auf Null. Ist das Ermessen auf Null reduziert, so bedeutet dies lediglich die **objektiv-rechtliche Verpflichtung** der Behörde, die Maßnahme zu erlassen. Ob zu dieser objektiv-rechtlichen Verpflichtung ein Anspruch einer Person besteht, dass die Behörde ihrer Verpflichtung nachkommt, ist die Frage des subjektiv-öffentlichen Rechts! Machen Sie sich auch hier die grundlegende Unterscheidung zwischen objektivem und subjektivem öffentlichen Recht klar! Dies wird im Fall der Drittverpflichtungsklage besonders deutlich!

D hat einen möglichen Anspruch auf Erlass des begehrten Verwaltungsakts. Er ist gem. § 42 II VwGO klagebefugt.

3. Vorverfahren

Das gem. § 68 II, I S. 1 VwGO erforderliche Vorverfahren wurde erfolglos durchgeführt. Mangels anderweitiger Sachverhaltsangaben ist davon auszugehen, dass dies auch ordnungsgemäß war.

4. Klagefrist

Die Klagefrist des § 74 II, I S. 1 VwGO ist einzuhalten.

5. Sonstiges

Von dem Vorliegen der weiteren Zulässigkeitsvoraussetzungen (wie Zuständigkeit des Gerichts, Beteiligten- und Prozessfähigkeit, ordnungsgemäße Klageerhebung usw.) ist auszugehen.

C. Begründetheit

Die Verpflichtungsklage, die sich gem. § 78 VwGO gegen den richtigen Beklagten richten muss, ist begründet, wenn die Ablehnung des Verwaltungsakts rechtswidrig, der Kläger dadurch in seinen Rechten verletzt und die Sache spruchreif ist (§ 113 V S. 1 VwGO).

Dies ist der Fall, wenn ein **Anspruch** auf den Erlass des begehrten Verwaltungsakts besteht.

Passivlegitimiert ist gem. § 78 I Nr. 1 VwGO die Gemeinde X, da diese als Ordnungsbehörde für Maßnahmen nach § 14 NRWOBG zuständig ist.

1. Rechtswidrigkeit der Ablehnung

Die Ablehnung des Verwaltungsakts müsste rechtswidrig sein.

a) Tatbestandliche Voraussetzungen der Anspruchsgrundlage

Dazu müssten zunächst die tatbestandlichen Voraussetzungen für den Erlass des Verwaltungsakts gegeben sein. Gem. § 14 I NRWOBG müsste eine Gefahr für die öffentliche Sicherheit oder Ordnung bestehen. Die öffentliche Sicherheit umfasst auch die Rechte und Rechtsgüter des Einzelnen. Dazu zählen auch Gesundheit (Art. 2 II S. 1 GG) und Eigentum (Art. 14 I GG) des D. Gefahr ist ein Zustand, der mit ausreichender Wahrscheinlichkeit in absehbarer Zeit zu einem Schaden für die öffentliche Sicherheit oder Ordnung führen wird.

Hier sind in der Vergangenheit regelmäßig bei Feiern Feuerwerkskörper gezündet worden. Es kann daher mit ausreichender Wahrscheinlichkeit angenommen werden, dass dies bei zukünftigen Feiern wieder so sein wird. So ist auch das Verhalten der Angehörigen der Familie F zu verstehen. Dabei kann es erneut zu Beschädigungen am Eigentum des D kommen. Möglich ist auch, dass er verletzt wird. Eine Gefahr für die öffentliche Sicherheit liegt vor.

b) Ermessen

Da der Erlass des Verwaltungsakts im Ermessen der Behörde steht, ist für die Rechtswidrigkeit der Ablehnung erforderlich, dass die Ablehnung ermessensfehlerhaft war.

Ein Ermessensnichtgebrauch liegt vor, wenn die Behörde überhaupt keine Ermessenserwägungen angestellt hat.

Hier ist die Behörde davon ausgegangen, dass sie zu Maßnahmen überhaupt nicht befugt sei. Sie hat überhaupt nicht das bestehende Ermessen ausgeübt. Dies stellt einen Ermessensfehler dar.

hemmer-Methode: Hier liegt nahe, dass die Behörde davon ausging, dass ordnungsbehördliche Maßnahmen schon tatbestandlich ausgeschlossen sind, wenn es um Handlungen des Grundstückseigentümers auf dem Grundstück geht. Ein weiterer Fall des Ermessensnichtgebrauchs liegt vor, wenn die Behörde irrtümlich von einer gebundenen Entscheidung ausgeht, oder aber fälschlicherweise eine Ermessensreduzierung auf Null dahingehend annimmt, dass nur ein Nicht-Einschreiten ermessensfehlerfrei ist.

Daher ist die Ablehnung des Verwaltungsakts rechtswidrig.

2. Rechtsverletzung des Klägers

Der Kläger müsste durch die Ablehnung in seinen Rechten verletzt sein. Das subjektiv-öffentliche Recht des D könnte sich hier aus § 14 I NRWOBG ergeben. Wie oben ausgeführt, kann sich ein solches Recht aus dieser Vorschrift ergeben. Diese ist drittschützend zugunsten der Personen, deren Rechte und Rechtsgüter im konkreten Fall gefährdet sind. Hier sind Gesundheit und Eigentum des D gefährdet (s.o.). § 14 I NRWOBG beinhaltet daher hier konkreten Drittschutz zugunsten D.

Durch die rechtswidrige Ablehnung ist D in seinem subjektiv-öffentlichen Recht aus § 14 I NRWOBG verletzt.

3. Spruchreife

Zudem müsste die Sache spruchreif sein (§ 113 V S. 1 VwGO). Spruchreife liegt vor, wenn die Entscheidung im konkreten Fall nicht im Ermessen der Behörde steht, sondern das Gericht die Behörde zum Erlass des begehrten Verwaltungsakts verpflichten kann.

Da § 14 I NRWOBG eine Ermessensnorm ist, setzt die Spruchreife voraus, dass im konkreten Fall eine **Ermessensreduktion auf Null** eingetreten ist.

Dabei beinhaltet die Vorschrift sowohl ein Entschließungs- als auch ein Auswahlermessen. Entschließungsermessen bedeutet dabei, dass die Behörde die Wahl hat, überhaupt tätig zu werden oder nicht.

Zudem sieht § 14 I NRWOGB keine bestimmten Maßnahmen vor, zu denen die Behörde ermächtigt wird. Auf Grundlage der polizeilichen Generalklausel können unterschiedliche Maßnahmen ergehen. § 14 I NRWOBG beinhaltet daher auch ein Auswahlermessen.

hemmer-Methode: Entschließungsermessen betrifft demnach die grundsätzliche Entscheidung zwischen Handeln und Nichtstun. Das - logisch danach zu prüfende - Auswahlermessen betrifft die Wahl zwischen mehreren möglichen Maßnahmen. Die Rechtsgrundlage in dem Fall 31 (Sondernutzungserlaubnis) beinhaltete dagegen lediglich ein Entschließungsermessen (Erteilung der Erlaubnis oder nicht).

Damit D einen Anspruch auf einen bestimmten Verwaltungsakt (Verbot) hat, müssten daher sowohl Entschließungs- als auch Auswahlermessen auf Null reduziert sein.

Das Entschließungsermessen ist auf Null reduziert, wenn ein Nicht-Einschreiten ermessensfehlerhaft wäre. Hier ist mit hoher Wahrscheinlichkeit damit zu rechnen, dass erneut Feuerwerkskörper gezündet werden. Diese haben schon in der Vergangenheit Schäden an Rechtsgütern des D (Eigentum) verursacht. Zudem ist bei einem Eindringen von Raketen in das Haus des D eine schwere körperliche Verletzung des D möglich. Aufgrund der hohen Bedeutung des Rechtsguts Gesundheit und der relativ hohen Wahrscheinlichkeit der Gefährdung ist ein Nicht-Einschreiten ermessensfehlerhaft. Somit ist das Entschließungsermessen auf Null reduziert.

Das Auswahlermessen ist auf Null reduziert, wenn nur das begehrte Verbot geeignet ist, die Gefahr für die Rechtsgüter des D mit ausreichender Wahrscheinlichkeit abzuwehren. Zwar könnten hier auch noch andere ordnungsbehördliche Maßnahmen in Betracht kommen, wie etwa eine Beschlagnahme der Feuerwerkskörper. Dennoch wird man ein Verbot in jedem Fall als erforderlich erachten (a.A. vertretbar, bspw. nur bestimmte Auflagen bereits ausreichend, kein vollständiges Verbot erforderlich).

Das Ermessen ist demnach insgesamt auf Null reduziert. Die Spruchreife ist gegeben. D hat einen Anspruch auf Erlass des begehrten Verwaltungsakts.

D. Ergebnis

Die Klage ist zulässig und begründet.

IV. Zusammenfassung

1. Wird mit der Verpflichtungsklage der Erlass eines Verwaltungsakts begehrt, dessen Adressat eine andere Person als der Kläger wäre, so handelt es sich um einen Fall der **Drittverpflichtungsklage**.
2. Der (mögliche) Anspruch des Klägers kann sich in dieser Konstellation nur aus einer **drittschützenden Rechtsgrundlage** ergeben, die die Behörde zum Erlass des begehrten Verwaltungsakts gegen den Adressaten befugt. Der Drittschutz ist mit der **Schutznormtheorie** zu begründen.
3. Ein Anspruch des Klägers auf den Verwaltungsakt besteht auch im Fall der Drittverpflichtungsklage nur, wenn **Spruchreife** gegeben ist (§ 113 V S. 1 VwGO).

   Bei einer Ermessensvorschrift ist daher erforderlich, dass das Ermessen auf Null reduziert ist. Ansonsten besteht nur ein Anspruch auf erneute Verbescheidung durch die Behörde, wenn die Ablehnung rechtswidrig und der Kläger in seinen Rechten verletzt ist (§ 113 V S. 2 VwGO).

4. Ermessensvorschriften können Auswahlermessen und Entschließungsermessen beinhalten.

V. Vertiefung

- Hemmer/Wüst, Basics Öffentliches Recht, Rn. 151, 155 ff.

Fall 31: Begründetheit der Verpflichtungsklage

Sachverhalt:

Buchhändler K ist Einwohner der bayrischen Gemeinde Trautning. Er möchte in der gemeindeeigenen Veranstaltungshalle eine Autorenlesung veranstalten. Die Gemeinde hat eine rechtmäßige Satzung über die Benutzung der Veranstaltungshalle erlassen. In dieser ist festgelegt, dass die Halle an Bewerber zur Durchführung von künstlerischen, kulturellen und sonstigen Veranstaltungen genutzt werden kann. K beantragt die Überlassung der Veranstaltungshalle für den Abend des 24.08. Die Gemeinde lehnt den Antrag jedoch ab, da an diesem Tag die Halle schon an den örtlichen Kaninchenzüchterverein für dessen Jahresversammlung vergeben werden solle. Dieser habe allerdings noch keinen Antrag auf Zulassung gestellt. Der Bescheid wird am 23.05. zur Post gegeben und wird bei K am 24.05. eingeworfen. Er enthält eine ordnungsgemäße Rechtsbehelfsbelehrung. K ist der Ansicht, dass die Kaninchenzüchter sich woanders treffen könnten, etwa in einer Gaststätte. Die von ihm geplante Autorenlesung sei vorrangig zu behandeln. Er legt bei der Gemeinde am 26.06. schriftlich Widerspruch ein, der zurückgewiesen wird. Ist die fristgerechte Klage des K zulässig und begründet? Beachten Sie Art. 21 BayGO (inhaltsgleich mit § 8 II NRWGO, § 10 II SäGO, § 20 HGO und den entspr. Vorschriften der Gemeindeordnungen der anderen Bundesländer).

Art. 21

Benutzung öffentlicher Einrichtungen; Tragung der Gemeindelasten

(1) [1] Alle Gemeindeangehörigen sind nach den bestehenden allgemeinen Vorschriften berechtigt, die öffentlichen Einrichtungen der Gemeinde zu benutzen.[2] Sie sind verpflichtet, die Gemeindelasten zu tragen.

..

(4) Die Vorschriften in den Absätzen 1 und 3 finden auf juristische Personen und Personenvereinigungen entsprechende Anwendung.

..

I. Einordnung

Prüfung der Begründetheit der Verpflichtungsklage nach § 113 V VwGO.

II. Gliederung

A. Eröffnung des Verwaltungsrechtswegs

§ 40 I VwGO:

Öffentlich-rechtliche Streitigkeit (+), da die Halle eine öffentliche Einrichtung der Gemeinde ist.

Für diese ist nach der Zwei-Stufen-Theorie die Entscheidung über das „Ob“ der Zulassung stets öffentlich-rechtlich.

Art. 21 I BayGO ist streitentscheidende Norm.

B. Zulässigkeit der Klage

1. Statthafte Klageart

⇨ Verpflichtungsklage, da die Zulassung durch Verwaltungsakt ergeht.

2. Klagebefugnis § 42 II VwGO
Möglicher Anspruch des K aus Art. 21 I BayGO.

3. Vorverfahren
Der Widerspruch wurde fristgemäß eingelegt.

4. Klagefrist, § 74 I S. 1 VwGO (+)

5. Sonstiges

C. Begründetheit

1. Voraussetzungen der Anspruchsgrundlage Art. 21 I BayGO.

2. Kapazitätsgrenze
Kein Anspruch bei Erschöpfung der Kapazität.

⇨ Hier aber Kapazitätsgrenze nicht erreicht.

D. Ergebnis: Die Klage des K ist begründet.

III. Lösung

A. Eröffnung des Verwaltungsrechtswegs

Der Verwaltungsrechtsweg könnte gem. § 40 I VwGO eröffnet sein. Dazu müsste es eine öffentlich-rechtliche Streitigkeit nichtverfassungsrechtlicher Art sein, für die keine abdrängende Sonderzuweisung eingreift.

Streitentscheidende Norm ist hier Art. 21 I S.1 BayGO, wenn die Veranstaltungshalle eine **öffentliche Einrichtung** der Gemeinde ist. Dazu müsste die Gemeinde die Einrichtung durch Widmung der allgemeinen Benutzung durch Gemeindeangehörige zugänglich gemacht haben, sie müsste im öffentlichen Interesse unterhalten werden und die Gemeinde müsste die Verfügungsgewalt über die Einrichtung haben.[52] Da es sich um eine Veranstaltungshalle handelt, ist davon auszugehen, dass die Gemeinde diese der allgemeinen Benutzung zugänglich gemacht hat. Die Halle dient Veranstaltungen der Gemeindeeinwohner aller Art und damit dem öffentlichen Interesse an der „Daseinsvorsorge" für die Einwohner. Da die Gemeinde über die Benutzung der Halle entscheidet, hat sie die Verfügungsgewalt über sie. Die Halle ist damit eine öffentliche Einrichtung.

Allerdings kann im Bereich der Leistungsverwaltung und damit auch bei der Zulassung zu öffentlichen Einrichtungen die Verwaltung privatrechtlich handeln, sofern dies nicht gesetzlich ausgeschlossen ist. So ist es durchaus üblich, dass über die Benutzung öffentlicher Einrichtungen Mietverträge abgeschlossen werden.

Bei der Zulassung zu öffentlichen Einrichtungen ist jedoch nach der **Zwei-Stufen-Theorie** zwischen der Entscheidung über die Zulassung überhaupt (das „Ob" = 1. Stufe) und der Entscheidung über die Ausgestaltung des Benutzungsverhältnisses (das „Wie" = 2. Stufe) zu unterscheiden. Auf diese Weise wird eine Flucht ins Privatrecht vermieden, die sich durch die zivilrechtliche Ausgestaltung des Benutzungsverhältnis ergäbe, wenn der Bürger den Anspruch auf Zulassung vor den Zivilgerichten durchsetzen müsste, da diesen ein Kontrahierungszwang fremd ist.

Danach ist die Entscheidung über das „Ob" stets öffentlich-rechtlich, während für die Entscheidung über das „Wie" ein Wahlrecht der Gemeinde besteht, ob sie das Benutzungsverhältnis öffentlich-rechtlich oder privatrechtlich ausgestaltet.

In der hier vorliegenden Streitigkeit geht es um die Zulassung überhaupt und damit um die 1. Stufe i.S.d. Zwei-Stufen-Theorie. Art. 21 I S. 1 BayGO ist die streitentscheidende Norm. Es liegt eine öffentlich-rechtliche Streitigkeit vor.

Mangels doppelter Verfassungsunmittelbarkeit ist diese nichtverfassungsrechtlicher Art. Eine abdrängende Sonderzuweisung liegt nicht vor. Der Verwaltungsrechtsweg ist gem. § 40 I VwGO eröffnet.

B. Zulässigkeit der Klage

1. Statthafte Klageart

Die statthafte Klageart richtet sich nach dem Begehren des Klägers. K begehrt die Überlassung der gemeindlichen Veranstaltungshalle. Statthaft ist eine Verpflichtungsklage gem. § 42 I VwGO, wenn die Überlassung der Halle einen Verwaltungsakt gem. § 35 VwVfG darstellt.

Die Überlassung an sich kann zwar als ein bloßer Realakt ohne Regelungswirkung angesehen werden, der mittels einer allgemeinen Leistungsklage zu erstreiten wäre. Allerdings wird durch die Zulassung zu einer öffentlichen Einrichtung ein Recht des Begünstigten begründet, die Einrichtung zu benutzen.

[52] Vgl. Hemmer/Wüst, Öffentl. Recht für Anfangssemester, Rn. 382.

Die Zulassung beinhaltet demnach die Setzung einer Rechtsfolge und stellt eine Regelung i.S.v. § 35 VwVfG dar. Daher ist das Begehren des K auf den Erlass eines Verwaltungsakts gerichtet. Hinzu kommt die Erteilung der Ablehnung in Form eines Bescheids mit Rechtsbehelfsbelehrung. Die Verpflichtungsklage in Form der Versagungsgegenklage ist statthaft.

2. Klagebefugnis § 42 II VwGO

K müsste geltend machen, in eigenen Rechten verletzt zu sein. Dazu müsste ein möglicher Anspruch auf den begehrten Verwaltungsakt bestehen. Gem. Art. 21 I BayGO haben die Einwohner der Gemeinde das Recht, die öffentlichen Einrichtungen zu benutzen. Bei der Veranstaltungshalle handelt es sich um eine öffentliche Einrichtung (s.o.). K hat möglicherweise einen Anspruch aus Art. 21 I BayGO.

3. Vorverfahren

Vor Erhebung der Verpflichtungsklage in Form der Versagungsgegenklage ist gem. § 68 II, I S. 1 VwGO ein Vorverfahren durchzuführen. Dies müsste ordnungsgemäß und erfolglos geschehen sein.

Ordnungsgemäß bedeutet insbesondere, dass der Betroffene den Widerspruch in der Frist des § 70 I S. 1 VwGO einlegt. Fraglich ist, ob K den Widerspruch hier fristgemäß eingelegt hat.

a) Die Frist beginnt gem. § 70 I S. 1 VwGO mit Bekanntgabe des Verwaltungsakts, die sich nach § 41 VwVfG richtet. Bekanntgabe bedeutet, dass ein schriftlicher Verwaltungsakt in den Machtbereich des Empfängers gelangt, so dass unter normalen Umständen mit der Kenntnisnahme gerechnet werden kann.

Für die Bekanntgabe könnte hier jedoch die Drei-Tages-Fiktion nach § 41 II VwVfG gelten. Danach gilt der Verwaltungsakt mit dem dritten Tag nach Aufgabe zur Post bekannt gegeben, sofern er nicht später oder überhaupt nicht zugeht.

Da die Aufgabe zur Post hier am 23.05. erfolgte, gilt die Bekanntgabe als am 26.05. erfolgt.

b) Beginn der Widerspruchsfrist ist daher gem. §§ 79, 31 VwVfG i.V.m. § 187 I BGB der 27.05., Fristende gem. § 188 II Alt. 1 BGB der 26.06. Nach anderer Ansicht ist die Frist nach § 57 VwGO, § 222 ZPO i.V.m. §§ 187 ff. BGB zu berechnen. K hat den Widerspruch damit fristgemäß eingelegt.

hemmer-Methode: Wie bei der Anfechtungsklage sind bei der Verpflichtungsklage die Fristen nach §§ 70, 74, 58 VwGO zu beachten. Es ergeben sich die gleichen Probleme hinsichtlich Fristberechnung, Rechtsbehelfsbelehrung, Wiedereinsetzung und Verwirkung.

Da der Widerspruch zurückgewiesen wurde, wurde das Vorverfahren auch erfolglos durchgeführt.

4. Klagefrist, § 74 I S. 1 VwGO

Laut Sachverhalt hat K die Klage fristgerecht erhoben.

5. Sonstiges

Von dem Vorliegen der weiteren Zulässigkeitsvoraussetzungen (wie Zuständigkeit des Gerichts, Beteiligten- und Prozessfähigkeit, ordnungsgemäße Klageerhebung usw.) ist auszugehen.

C. Begründetheit

Die Verpflichtungsklage, die sich gem. § 78 VwGO gegen den richtigen Beklagten richten muss, ist begründet, wenn die Ablehnung des Verwaltungsakts rechtswidrig, der Kläger dadurch in seinen Rechten verletzt und die Sache spruchreif ist (§ 113 V S. 1 VwGO). Dies ist der Fall, wenn ein **Anspruch** auf den Erlass des begehrten Verwaltungsakts besteht.

hemmer-Methode: Bei der Verpflichtungsklage ist der Obersatz in der Begründetheit besonders wichtig und zugleich häufige Fehlerquelle.[53] In dem Fall, dass die Anspruchsgrundlage keine Ermessensvorschrift ist, sind dann die Voraussetzungen dieser Anspruchsgrundlage zu prüfen. Sind die Voraussetzungen der Anspruchsgrundlage erfüllt, so liegen damit auch die Voraussetzungen des § 113 V S. 1 VwGO vor: Die Ablehnung ist rechtswidrig, denn bei Erfüllung der Anspruchsgrundlage muss der Verwaltungsakt erlassen werden, da ja kein Ermessen besteht. Damit ist zugleich die Spruchreife gegeben. Schließlich liegt auch die erforderliche Rechtsverletzung vor, denn eine Anspruchsgrundlage beinhaltet ein subjektiv-öffentliches Recht des Anspruchsinhabers.

Passivlegitimiert ist gem. § 78 I Nr. 1 VwGO die Gemeinde T.

1. Voraussetzungen der Anspruchsgrundlage Art. 21 I BayGO

K hat einen Anspruch auf Zulassung, wenn die Voraussetzungen des Art. 21 I BayGO erfüllt sind. K ist laut Sachverhalt Einwohner der Gemeinde T. Die Halle ist eine öffentliche Einrichtung der Gemeinde, s.o.

Die von K geplante Autorenlesung ist eine kulturelle Veranstaltung. Solche Veranstaltungen können nach der Satzung der Gemeinde in der Halle durchgeführt werden. Die Veranstaltung des K ist daher im Rahmen des Widmungszwecks der öffentlichen Einrichtung.

hemmer-Methode: Die Einzelheiten zum Recht der öffentlichen Einrichtungen sind Teil des Kommunalrechts. Dass aber nur ein Anspruch auf Zulassung besteht, wenn eine geplante Veranstaltung in der Einrichtung durchgeführt werden kann und die Einrichtung auch dafür vorgesehen ist, liegt auch ohne weitere kommunalrechtliche Kenntnisse nahe.

[53] Vgl. Hemmer/Wüst, Verwaltungsrecht II, Rn. 59.

2. Kapazitätsgrenze

Ein Anspruch auf Zulassung ist jedoch ausgeschlossen, wenn die **Kapazität** der Einrichtung erschöpft ist. In diesem Fall kann kein Anspruch auf Zulassung bestehen, denn von der Gemeinde kann nichts Unmögliches verlangt werden.

hemmer-Methode: Zwar ergibt sich diese Voraussetzung nicht aus der Gemeindeordnung. Sie ist jedoch eine denknotwendige Grenze für mögliche Zulassungsansprüche, da die Kapazität einer öffentlichen Einrichtung naturgemäß begrenzt ist. Dann kann kein Anspruch auf Zulassung bestehen.

Fraglich ist allerdings, ob die Kapazität hier tatsächlich erschöpft ist. Dazu ist erforderlich, dass für diesen Tag schon andere Bewerber zugelassen wurden oder wenigstens ein entsprechender Zulassungsantrag bereits gestellt ist. Dies ist hier nicht der Fall. Dass die Gemeinde davon ausgeht, dass der Verein die Halle an diesem Tag nutzen möchte, steht dem nicht gleich.

Denn dies würde darauf hinauslaufen, dass der Anspruch des K aus der Gemeindeordnung durch bloße Behauptungen der Gemeinde vereitelt werden könnte.

Zudem steht die Halle in gleicher Weise für alle Arten von Veranstaltungen zur Verfügung, die dort durchgeführt werden können. Ein irgendwie gearteter Vorrang der Versammlung der Kaninchenzüchter besteht nicht.

Die Voraussetzungen des Art. 21 I BayGO sind demnach erfüllt. K hat einen Anspruch auf Zulassung zu der Halle. Die Klage ist begründet.

D. Ergebnis

Die Klage ist erfolgreich.

IV. Zusammenfassung

1. Auch bei der Verpflichtungsklage in Form der *Versagungsgegenklage* ist gem. § 68 II VwGO wie bei der Anfechtungsklage ein Vorverfahren durchzuführen. Die Fristen für Widerspruch und Klage sind ebenso nach §§ 70, 74, 58 VwGO zu bestimmen.

2. Wie schon in der Klagebefugnis nach § 42 II VwGO, ist in der Begründetheit der Verpflichtungsklage nach einem **Anspruch** des Klägers zu fragen.

V. Vertiefung

- Hemmer/Wüst, Basics Öffentliches Recht, Rn. 155 ff.

Fall 32: Begründetheit der Verpflichtungsklage / Verwaltungsvorschriften

Sachverhalt:

In dem Bundesland L hat eine Hochwasserkatastrophe erhebliche Schäden angerichtet. Zur Unterstützung betroffener Unternehmen werden im Haushaltsplan des Bundeslandes, der durch den Landtag beschlossen wurde, Mittel bereitgestellt. Die Mittel werden durch das Wirtschaftsministerium ausgezahlt. Eine entsprechende Verwaltungsvorschrift des Ministeriums sieht vor, dass Unternehmen auf Antrag entstandene Schäden zu 60% ersetzt bekommen. In zahlreichen Fällen wurden bereits Bewilligungsbescheide erlassen und Fördermittel ausgezahlt.

Im Betrieb des Handwerksmeisters H sind durch das Hochwasser Schäden in Höhe von 20.000 € entstanden. Hat H einen Anspruch auf Gewährung von Fördermitteln in Höhe von 12.000 €?

I. Einordnung

Wirkung von Verwaltungsvorschriften

II. Gliederung

1. Anspruchsgrundlage

a) Anspruch aus der Verwaltungsvorschrift (-)

⇨ Verwaltungsvorschriften sind **Innenrecht**, keine Außenrechtsnormen. Sie haben **keine direkte Außenwirkung** und **begründen keine Rechte und Pflichten im Außenverhältnis** zwischen der Verwaltung und dem Einzelnen.

b) Anspruch aus Art. 3 I GG i.V.m. dem Grundsatz der Selbstbindung der Verwaltung (+).

⇨ H ist mit den Personen, die aufgrund der Verwaltungsvorschrift Hilfen erhalten haben, gleich zu behandeln. Ein sachlicher Grund für eine Ungleichbehandlung ist nicht ersichtlich.

2. Ergebnis: H hat einen Anspruch auf Fördermittel i.H.v. 12.000 €.

III. Lösung

Anspruch des H

1. Anspruchsgrundlage

Fraglich ist, auf welcher Grundlage ein Anspruch des H bestehen könnte. Diesen Anspruch könnte er im Wege der Verpflichtungsklage durchsetzen, da ein Festsetzungsbescheid zwischengeschaltet ist, vgl. unten.

a) Anspruch aus der Verwaltungsvorschrift?

Er könnte einen Anspruch aus der Verwaltungsvorschrift des Ministeriums haben. Diese sieht vor, dass Mittel in Höhe von 60% der entstandenen Schäden gewährt werden.

Zweifelhaft ist jedoch, ob auf eine Verwaltungsvorschrift überhaupt ein Anspruch gestützt werden kann. Verwaltungsvorschriften werden innerhalb der Verwaltung erlassen, z.B. von der Landesregierung, einem Minister oder dem Leiter einer anderen Behörde. Sie sind abstrakt-generelle Regelungen, die sich an die Bediensteten der Behörde richten.

Verwaltungsvorschriften können zur Regelung unterschiedlichster Fragen ergehen.[54] Sie können z.B. die Geschäftsverteilung regeln, den Dienstbetrieb sowie die Arbeits- und Ablauforganisation (sog. Organisations- und Dienstvorschriften).

Verwaltungsvorschriften können jedoch auch die außenwirksame Tätigkeit der Behörde betreffen, indem sie z.B. die Auslegung und Anwendung von Gesetzen steuern oder die Ausübung eines gesetzlich eingeräumten Ermessens lenken. Schließlich können Verwaltungsvorschriften auch das außenwirksame Handeln der Verwaltung in einem Bereich betreffen, in dem keine gesetzlichen Regelungen bestehen. Allen Arten von Verwaltungsvorschriften ist jedoch gemeinsam, dass sie sich ausschließlich an die Bediensteten der Verwaltung wenden. Auch wenn sie die außenwirksame Tätigkeit der Verwaltung regeln sollen, richten sie sich ausschließlich an die Bediensteten, die für die Behörde außenwirksam handeln.

Verwaltungsvorschriften haben demnach grundsätzlich **keine direkte Außenwirkung**.[55] Sie sind daher sog. **Innenrecht**. Obwohl sie i.d.R. abstrakt-generelle Regelungen beinhalten, sind sie **keine Rechtsnormen i.S.d. Rechtsquellenlehre**.[56]

hemmer-Methode: Rechtsnormen i.d.S. sind nur sog. **Außenrechtsnormen**. Dies sind alle formellen Gesetze (GG, Landesverfassungen und das einfache formellgesetzliche Recht, Rechtsverordnungen, Satzungen sowie allg. Rechtsgrundsätze und Gewohnheitsrecht).

Nur Rechtsnormen in diesem Sinn (d.h. Außenrechtsnormen) entfalten Wirkungen außerhalb des verwaltungsinternen Bereichs, d.h. im Verhältnis zwischen dem Staat und dem Einzelnen.

Eine Verwaltungsvorschrift, die keine solche (direkte) Außenwirkung hat, kann keine Rechte und Pflichten des Einzelnen begründen[57] daher nicht Anspruchsgrundlage für den Erlass eines Verwaltungsakts sein.

b) Anspruch aus Art. 3 I GG i.V.m. dem Grundsatz der Selbstbindung der Verwaltung

Ein Anspruch des H könnte sich jedoch aus dem **Gleichbehandlungsgrundsatz gem. Art. 3 I GG i.V.m. dem Grundsatz der Selbstbindung der Verwaltung** ergeben. Art. 3 I GG verbietet die Ungleichbehandlung von Gleichem, sofern kein sachlicher Grund für die Ungleichbehandlung vorliegt. Art. 3 I GG betrifft nicht nur die Gesetzesanwendung, sondern gilt auch für das Verwaltungshandeln in Bereichen, die nicht gesetzlich geregelt sind.

Hat die Verwaltung aufgrund einer Verwaltungsvorschrift in einer Mehrzahl von Fällen in einer bestimmten Art entschieden, so ist sie verpflichtet, vergleichbare Fälle gleich zu behandeln. Durch die zuvor ergangenen Entscheidungen hat sich die Verwaltung daher selbst gebunden.[58]

H könnte einen Anspruch auf Gewährung der Fördermittel haben, wenn dies der Gleichbehandlungsgrundsatz gem. Art. 3 I GG gebieten würde.

aa) Dazu müsste er mit einer Personengruppe vergleichbar sein, jedoch ungleich behandelt werden. Vergleichsgruppe sind hier die Personen, die bereits Fördermittel erhalten haben. Diese sind mit H deshalb vergleichbar, weil sie ebenso wie H Schäden infolge der Hochwasserkatastrophe erlitten haben. H wird diesen gegenüber ungleich behandelt, da ihm die Fördermittel, die den anderen Personen bereits ausgezahlt wurden, nicht gewährt werden soll.

bb) Ein sachlicher Grund für diese Ungleichbehandlung ist nicht ersichtlich.

---

54 Vgl. dazu Maurer, Allgemeines Verwaltungsrecht, § 24 Rn. 8 ff.

55 Von dem str. Sonderfall der sog. normkonkretisierenden Verwaltungsvorschriften abgesehen, vgl. dazu Maurer, Allgemeines Verwaltungsrecht, § 24 Rn. 25a.

56 Str., vgl. Maurer, a.a.O., § 4 Rn. 30.

57 Maurer, a.a.O., § 24 Rn. 17.

58 Maurer, a.a.O., § 24 Rn. 21 ff.

hemmer-Methode: Ein solcher könnte darin liegen, dass die im Haushaltsplan bereitgestellten Mittel vollständig vergeben wurden.

cc) Da H demnach gem. Art. 3 I GG i.V.m. dem Grundsatz der Selbstbindung der Verwaltung mit der Vergleichsgruppe gleich zu behandeln ist, hat er einen Anspruch auf Gewährung der Fördermittel in Höhe von 12.000 €.

hemmer-Methode: Art. 3 I GG i.V.m. dem Grundsatz der Selbstbindung der Verwaltung kann insbesondere auch bei Ermessensentscheidungen dazu führen, dass eine Ermessensreduktion auf Null vorliegt!

2. Ergebnis

H hat einen Anspruch auf Gewährung der Fördermittel.

hemmer-Methode: Prozessual wäre das Begehren des H mit einer Verpflichtungsklage zu erstreiten. Denn die Gewährung der Fördermittel erfolgt durch Bewilligungsbescheid.

IV. Zusammenfassung

1. Verwaltungsvorschriften wirken grundsätzlich nur im verwaltungsinternen Bereich und haben keine direkte Außenwirkung. Sie sind sog. **Innenrecht** der Verwaltung und begründen damit im Außenverhältnis zwischen dem Staat und dem Einzelnen keine Rechte und Pflichten.
2. Der Einzelne hat einen Anspruch auf Gleichbehandlung nach **Art. 3 I GG i.V.m. dem Grundsatz der Selbstbindung der Verwaltung**, wenn die Behörde eine Mehrzahl vergleichbarer Fälle aufgrund einer Verwaltungsvorschrift in einer bestimmten Art entschieden hat. In diesem Fall können die Verwaltungsvorschriften mittelbare Außenwirkung erlangen.

V. Vertiefung

- Hemmer/Wüst, Basics Öffentliches Recht, Rn. 147 ff.

Kapitel III: Fortsetzungsfeststellungsklage

Fall 33: Allgemeines zur FFK

Sachverhalt:

A meldet bei der zuständigen Behörde an, dass er am 02.10. eine Versammlung durchführen möchte (s. § 14 I VersG [Das VersG gilt trotz der Förderalismusreform nach Art. 125a I GG weiter, bis es durch ein Landesgesetz ersetzt ist]). Die Behörde erlässt daraufhin ein Versammlungsverbot aufgrund § 15 I VersG, da der 02.10. ein Sonntag sei und die große Mehrheit der Bürger nicht durch eine Demonstration in ihrer Sonntagsruhe gestört werden wolle. Der fristgerechte Widerspruch des A wird zurückgewiesen. A erhebt noch vor dem 02.10. Klage gegen das Versammlungsverbot. Er möchte auch in Zukunft Sonntags Versammlungen durchführen. Im nächsten Jahr habe er schon sieben Versammlungen an Sonntagen fest geplant. Zu einer Entscheidung des Gerichts kommt es jedoch vor dem 02.10. nicht mehr.

Wie wird das Gericht nach dem 02.10. hinsichtlich der Zulässigkeit der Klage entscheiden?

I. Einordnung

Welche Rechtsschutzmöglichkeiten bestehen für den Kläger, wenn ihm die Aufhebung des belastenden Verwaltungsakts z.B. wegen Zeitablauf nichts mehr bringen würde?

II. Gliederung

A. Eröffnung des Verwaltungsrechtswegs
Der Verwaltungsrechtsweg ist gem. § 40 I VwGO eröffnet. Die streitentscheidenden Normen sind hier die des VersG und damit öffentlich-rechtlich. Es liegt daher eine öffentlich-rechtliche Streitigkeit vor. Mangels doppelter Verfassungsunmittelbarkeit ist diese nichtverfassungsrechtlicher Art. Eine abdrängende Sonderzuweisung greift nicht ein.

B. Zulässigkeit des Klage

1. Statthafte Klageart

⇨ Die Anfechtungsklage ist nicht statthaft, da sich der Verwaltungsakt durch Zeitablauf erledigt hat (§ 43 II VwVfG).

Statthaft ist eine Fortsetzungsfeststellungsklage (FFK) gem. § 113 I S. 4 VwGO.

2. Zulässigkeitsvoraussetzungen der Anfechtungsklage bis zum Zeitpunkt der Erledigung

a) Klagebefugnis § 42 II VwGO

b) Vorverfahren

c) Klagefrist

3. Berechtigtes Interesse § 113 I S. 4 VwGO

4. Sonstiges

C. Ergebnis: Die Klage ist zulässig.

III. Lösung

A. Eröffnung des Verwaltungsrechtswegs

Der Verwaltungsrechtsweg ist gem. § 40 I VwGO eröffnet. Die streitentscheidenden Normen sind hier die des VersG und damit öffentlich-rechtlich. Es liegt daher eine öffentlich-rechtliche Streitigkeit vor. Mangels doppelter Verfassungsunmittelbarkeit ist diese nichtverfassungsrechtlicher Art.

Eine abdrängende Sonderzuweisung greift nicht ein.

B. Zulässigkeit des Klage

1. Statthafte Klageart

Die statthafte Klageart richtet sich nach dem Begehren des Klägers. A wendet sich gegen das Verbot seiner Versammlung.

a) Statthaft könnte eine Anfechtungsklage sein, wenn A die Aufhebung eines Verwaltungsakts begehrt.

Das Versammlungsverbot ist ein Verwaltungsakt i.S.v. § 35 VwVfG. Indem sich A gegen dieses Verbot wendet, begehrt er dessen Aufhebung.

Fraglich ist jedoch, ob dem A durch eine Aufhebung des Verwaltungsakts noch gedient wäre. Der 02.10. ist verstrichen. A wollte die Versammlung an diesem Tag durchführen. Das Versammlungsverbot bezog sich auch nur auf diesen Tag. Eine Aufhebung des auf diesen Tag bezogenen Versammlungsverbots macht keinen Sinn mehr, denn A kann die für diesen Tag geplante Versammlung nicht mehr durchführen.

Der Verwaltungsakt könnte sich daher erledigt haben, was zur Folge hätte, dass die Anfechtungsklage nicht statthaft ist. Gem. § 43 II VwVfG ist ein Verwaltungsakt nur solange wirksam, wie er nicht aufgehoben oder durch Zeitablauf oder auf andere Weise erledigt ist.

Der Zeitablauf ist daher ein Fall der Erledigung. Er bezieht sich auf die zeitliche Geltungsdauer der Regelung in dem Verwaltungsakt. Hier ist das Versammlungsverbot nur auf den Tag des 02.10. bezogen. Mit dem Ende dieses Tages hat sich daher das Verbot durch Zeitablauf erledigt. Eine Anfechtung des Verwaltungsakts ist dann nicht mehr statthaft.

Die Anfechtungsklage ist nicht (mehr) statthaft.

b) Statthaft könnte jedoch eine **Fortsetzungsfeststellungsklage** gem. § 113 I S. 4 VwGO sein. Nach dieser Vorschrift kann begehrt werden, dass das Gericht auf Antrag des Klägers die Rechtswidrigkeit des Verwaltungsakts feststellt, wenn der Kläger ein berechtigtes Interesse an dieser Feststellung hat.

Eine Fortsetzungsfeststellungsklage ist daher statthaft, wenn der Kläger die Feststellung der Rechtswidrigkeit eines erledigten Verwaltungsakts begehrt.

hemmer-Methode: Der Zweck der Fortsetzungsfeststellungsklage wird deutlich, wenn man das damit verfolgte **Rechtsschutzziel** mit dem der Anfechtungsklage vergleicht. Ziel der Fortsetzungsfeststellungsklage ist (nur) die Feststellung der Rechtswidrigkeit. Das darüber hinaus gehende Ziel der Anfechtungsklage ist, durch Aufhebung die in dem Verwaltungsakt enthaltene Belastung zu beseitigen. Ist ein Verwaltungsakt erledigt und damit eine Aufhebung sinnlos, so kann dem Betroffenen nur noch damit gedient werden, dass die Rechtswidrigkeit des Verwaltungsakts gerichtlich festgestellt wird.

Dazu müsste der Kläger einen entsprechenden Antrag stellen (vgl. § 113 I S. 4 VwGO). Der Antrag des A ist gem. § 88 VwGO so auszulegen, dass er nach der eingetretenen Erledigung des Verwaltungsakts nunmehr die Feststellung begehrt, dass der Verwaltungsakt rechtswidrig gewesen ist.

hemmer-Methode: Scheitert die Auslegung am eindeutigen Wortlaut, muss die Klage durch den Kläger umgestellt werden, § 91 VwGO. Der Richter hat hierauf einen Hinweis zu geben, § 86 III VwGO.

Da das Versammlungsverbot einen erledigten Verwaltungsakt darstellt, ist eine Fortsetzungsfeststellungsklage gem. § 113 I S. 4 VwGO statthaft.

2. Zulässigkeitsvoraussetzungen der Anfechtungsklage bis zum Zeitpunkt der Erledigung

Die Fortsetzungsfeststellungsklage ist nur dann zulässig, wenn bis zum Zeitpunkt der Erledigung des Verwaltungsakts die Anfechtungsklage zulässig war.[59]

[59] Schmitt Glaeser/Horn, Verwaltungsprozessrecht, Rn. 353.

hemmer-Methode: Bis zur Erledigung war eine Anfechtungsklage statthaft. Nach Erledigung ist nicht mehr die Anfechtungsklage, sondern die Fortsetzungsfeststellungsklage statthaft. Die Fortsetzungsfeststellungsklage in direkter Anwendung des § 113 I S.4 VwGO kann daher auch als „fortgesetzte“ oder „umgestellte Anfechtungsklage“ bezeichnet werden.

Da die Fortsetzungsfeststellungsklage eine umgestellte Anfechtungsklage ist, ist sie nur dann zulässig, wenn bis zum Zeitpunkt der Erledigung die bis dahin statthafte Anfechtungsklage nicht bereits unzulässig war.[60]

Aus einer unzulässigen Anfechtungsklage kann niemals eine zulässige Fortsetzungsfeststellungsklage werden! Die FFK soll nicht zu einer Erweiterung des Rechtsschutzes im Vergleich zur Anfechtungsklage führen, sondern die gerichtliche Feststellung der Rechtswidrigkeit des Verwaltungsakts ermöglichen, wenn eine Aufhebung nicht mehr sinnvoll ist.

Dies betrifft die Klagebefugnis, das Vorverfahren und die Klagefrist.

a) Klagebefugnis § 42 II VwGO

A müsste daher bis Erledigung gem. § 42 II VwGO klagebefugt gewesen sein. Dazu müsste er geltend machen, in eigenen Rechten verletzt zu sein. Als Adressat eines belastenden Verwaltungsakts war er möglicherweise in seinem Recht aus Art. 8 I GG verletzt und daher klagebefugt.

b) Vorverfahren

Das gem. § 68 I S. 1 VwGO erforderliche Vorverfahren wurde laut Sachverhalt ordnungsgemäß durchgeführt.

hemmer-Methode: Hätte A z.B. die Widerspruchsfrist gem. § 70 I S. 1 VwGO versäumt, so wäre die Anfechtungsklage mangels ordnungsgemäßer Durchführung des Vorverfahrens unzulässig gewesen. Dann ist auch die Fortsetzungsfeststellungsklage unzulässig!

c) Klagefrist

Ebenso ist anzunehmen, dass A die Klagefrist gem. § 74 I S. 1 VwGO gewahrt hat.

3. Berechtigtes Interesse § 113 I S. 4 VwGO

Besondere Zulässigkeitsvoraussetzung der FFK ist, dass der Kläger ein berechtigtes Interesse an der Feststellung hat (sog. Fortsetzungsfeststellungsinteresse).

hemmer-Methode: Machen Sie sich den Sinn dieser besonderen Zulässigkeitsvoraussetzung für die FFK klar: Rechtsschutz gegen Verwaltungsakte soll primär durch deren Anfechtung mit darauffolgender Aufhebung erfolgen. Macht dies keinen Sinn mehr, weil der Verwaltungsakt erledigt ist, so soll nicht ausnahmslos die Möglichkeit bestehen, nachträglich gem. § 113 I S. 4 VwGO die Rechtswidrigkeit des Verwaltungsakts feststellen zu lassen. Dies soll nur dann möglich sein, wenn der Betroffene trotz der Erledigung ein berechtigtes Interesse an dieser Feststellung hat. Andernfalls gibt es keinen Rechtsschutz gegen einen Verwaltungsakt, der sich erledigt hat.

Ein berechtigtes Interesse besteht insbesondere dann, wenn der Verwaltungsakt trotz seiner Erledigung eine andauernde Bedeutung hat. Dies ist regelmäßig in den folgenden vier, von der Rspr. entwickelten Fallgruppen anzunehmen:

- Wiederholungsgefahr: Es ist aufgrund konkreter Anhaltspunkte damit zu rechnen, dass die gleiche Situation in der Zukunft erneut eintreten wird;

[60] Vgl. Hemmer/Wüst, Öffentliches Recht für Anfangssemester, Rn. 648, 652.

- Rehabilitationsinteresse: Durch den Verwaltungsakt wurde der Betroffene in diskriminierender Weise in seinem sozialen Geltungsanspruch in der Öffentlichkeit herabgesetzt, so dass zur Rehabilitation die Feststellung der Rechtswidrigkeit erforderlich ist (*Bsp.: Anordnung der Ingewahrsamnahme durch die Polizei vor den Augen Schaulustiger*).
- Schwerwiegende Grundrechtseingriffe: Die vom BVerfG v.a. bei Eingriffen in Art. 2 II, 13 GG bejaht werden.
- Mögliche Ersatzansprüche: Stehen dem Betroffenen möglicherweise Ersatzansprüche gegen die Verwaltung zu, für die die Rechtswidrigkeit des Verwaltungsakts relevant ist, so kann der Betroffene die Rechtswidrigkeit feststellen lassen.

Hier könnte die Gefahr einer Wiederholung vorliegen. A möchte auch zukünftig an Sonntagen Versammlungen durchführen. Er hat hierfür schon konkrete Planungen. Da die Stadt zudem die Ansicht vertritt, dass am Sonntag generell keine Demonstrationen veranstaltet werden sollen, ist mit dem erneuten Verbot einer Versammlung des A und damit einer Wiederholung zu rechnen. Diese Wiederholungsgefahr begründet ein berechtigtes Interesse des A an der Feststellung der Rechtswidrigkeit.

4. Sonstiges

Von dem Vorliegen der weiteren Zulässigkeitsvoraussetzungen (wie Zuständigkeit des Gerichts, Beteiligten- und Prozessfähigkeit, ordnungsgemäße Klageerhebung usw.) ist auszugehen.

C. Ergebnis

Die Klage des A ist zulässig.

IV. Zusammenfassung

1. Die Anfechtungsklage ist nicht statthaft, wenn der Verwaltungsakt **erledigt** ist. Statthafte Klageart ist dann die **Fortsetzungsfeststellungsklage** gem. § 113 I S. 4 VwGO.
2. Voraussetzung für die **Zulässigkeit** der Fortsetzungsfeststellungsklage ist, dass die **Anfechtungsklage bis zur Erledigung nicht unzulässig** war.
3. Besondere Zulässigkeitsvoraussetzung der FFK ist gem. § 113 I S. 4 VwGO das **berechtigte Interesse** an der Feststellung der Rechtswidrigkeit. Dieses ist bei den Fallgruppen **Wiederholungsgefahr**, **Rehabilitationsinteresse** sowie bei Vorbereitung eines **Prozesses wegen Ersatzansprüchen** gegeben.

V. Vertiefung

- Hemmer/Wüst, Basics Öffentliches Recht, Rn. 245 ff.

Fall 34: Begriff der Erledigung

Sachverhalt:

B ist Eigentümer eines unbebauten Grundstücks in der bayerischen Gemeinde Zell. Ohne die dafür erforderliche Baugenehmigung beginnt er, ein Wohnhaus zu bauen. Als die Behörde dies erfährt, erlässt sie gegenüber B die Anordnung, dass er den Bau einzustellen habe (vgl. Art. 81 BayBO). Als B dennoch weiterbaut, wird die Baustelle von einem Bediensteten der Behörde versiegelt. Welche Klageart ist für eine Klage des B gegen die Anordnung statthaft?

I. Einordnung

Unter welchen Voraussetzungen ist ein Verwaltungsakt „in sonstiger Weise erledigt" i.S.v. § 43 II VwVfG, § 113 I S. 4 VwGO?

II. Gliederung

1. Statthaftigkeit der Anfechtungsklage

⇨ Nicht statthaft, wenn der Verwaltungsakt erledigt ist. Erledigung in sonstiger Weise gem. § 43 II VwVfG, § 114 S. 1 VwGO liegt vor, wenn mit der Aufhebung des Verwaltungsakts dem Kläger nicht mehr gedient ist.

⇨ Die Versiegelung stellt eine zwangsweise Durchsetzung (Vollstreckung) des Verwaltungsakts dar. Da diese jedoch rückgängig gemacht werden kann, ist der Verwaltungsakt nicht durch die Vollstreckung erledigt.

2. Ergebnis: Die Anfechtungsklage ist statthaft.

III. Lösung

Statthafte Klageart

1. Statthaftigkeit der Anfechtungsklage

Die statthafte Klageart richtet sich nach dem Begehren des Klägers. Hier könnte die Anfechtungsklage statthaft sein. Dazu müsste B die Aufhebung eines Verwaltungsakts begehren (§ 42 I VwGO).

Die Anordnung, dass B das Bauen einzustellen habe, ist ein Verwaltungsakt i.S.v. § 35 VwVfG.[61]

Die Anfechtungsklage ist jedoch nicht statthaft, wenn sich der Verwaltungsakt **erledigt** hat. In diesem Fall ist die Fortsetzungsfeststellungsklage gem. § 113 I S. 4 VwGO statthaft. Fraglich ist daher, ob sich die Anordnung erledigt hat.

Ein Fall der Aufhebung des Verwaltungsakts oder des Zeitablaufs (§ 43 II VwVfG) ist nicht gegeben. Der Verwaltungsakt könnte sich jedoch auf andere Weise erledigt haben.

Eine **sonstige Erledigung** liegt vor, wenn dem Betroffenen **nicht mehr mit einer Aufhebung des Verwaltungsakts gedient ist**, insbesondere wenn die mit dem Verwaltungsakt verbundene Belastung nicht mehr andauert und daher auch nicht mehr beseitigt werden kann[62] (vgl. auch Fall 35).

Die in dem Verwaltungsakt enthaltene Belastung ergibt sich aus dessen Regelungsgehalt. Die Regelung besteht hier darin, dass dem B das Bauen untersagt ist. Diese Regelung wirkt gegen den B nach wie vor und verbietet ihm weiterhin das Bauen fortzusetzen.

Würde der Verwaltungsakt aufgehoben, so entfällt dieses Verbot aus dem Verwaltungsakt gegenüber B.

---

61 Die Anordnung ergeht in Bayern nach Art. 81 BayBO. Vgl. die entspr. Vorschriften in den Bauordnungen der anderen Bundesländer. Lediglich in Nordrhein-Westfalen ist die Baueinstellung nicht besonders geregelt. Sie ist dort auf § 61 I S. 2 NRWBO i.V.m. § 14 I NRWOBG zu stützen.

62 Hemmer/Wüst, Öffentliches Recht für Anfangssemester, Rn. 638.

Daher lässt sich mit der Aufhebung des Verwaltungsakts eine Verbesserung der rechtlichen Situation des B erreichen. Ihm dient die Aufhebung.

Daran ändert sich nichts, dass die Behörde die Baustelle hat versiegeln lassen. Zwar ist B dadurch gehindert, die versiegelte Baustelle zu betreten. Die Versiegelung kann jedoch durch die Behörde wieder entfernt werden. Dann kann B weiter bauen. Die Versiegelung führt nicht dazu, dass eine Aufhebung des Verwaltungsakts für B sinnlos ist.

hemmer-Methode: Die Versiegelung ist eine Maßnahme zur zwangsweisen Durchsetzung der Anordnung, eine Vollstreckungsmaßnahme. Häufig ist in Klausuren zu lesen, dass die Erledigung eines Verwaltungsakts wegen dessen Vollstreckung durch die Behörde anzunehmen sei. Wie gerade gesehen, ist dies nicht korrekt. Denn die **Vollstreckung** führt nicht stets und automatisch zur Erledigung des Verwaltungsakts. Dies ist nur dann der Fall, wenn die Vollstreckung **nicht mehr rückgängig zu machen** ist, vgl. dazu den nächsten Fall. Weiteres Beispiel: Durch Verwaltungsakt wird eine Geldleistungspflicht festgelegt. Zahlt der Betroffene nicht und vollstreckt die Behörde (z.B. indem Bargeld des Pflichtigen gepfändet wird), so tritt keine Erledigung des Verwaltungsakts ein, da die Vollstreckung rückgängig gemacht werden kann, indem das Geld zurückgegeben wird. Ebenso wird ein Verwaltungsakt nicht stets durch freiwillige Befolgung durch den Betroffenen erledigt (z.B. indem er in dem Beispiel den geforderten Betrag zahlt), sondern nur dann, wenn eine Rückgängigmachung nicht möglich ist (was bei Geldleistungen nie der Fall ist).

Damit ist der Verwaltungsakt nicht erledigt. Nicht die Fortsetzungsfeststellungsklage, sondern die Anfechtungsklage ist statthaft.

2. Ergebnis

Statthaft ist die Anfechtungsklage.

IV. Zusammenfassung

1. Eine sonstige Erledigung i.S.v. § 43 II VwVfG, § 113 I S. 4 VwGO liegt vor, wenn dem Betroffenen durch die Aufhebung des Verwaltungsakts nicht gedient ist, insbesondere weil die in dem Verwaltungsakt enthaltene Belastung nicht mehr andauert.
2. Wurde der Verwaltungsakt zwangsweise durchgesetzt (vollstreckt), so liegt Erledigung vor, wenn die Vollstreckung nicht rückgängig zu machen ist. Ist die Rückgängigmachung der Vollstreckung möglich, so ist der Verwaltungsakt nicht erledigt. Das Gleiche gilt bei freiwilliger Befolgung des Verwaltungsakts anstelle der Vollstreckung.

V. Vertiefung

- Hemmer/Wüst, Basics Öffentliches Recht, Rn. 252.

Fall 35: Begriff der Erledigung

Sachverhalt:

Im Fall 34 erlässt die Behörde keine Anordnung, dass B das Bauen einzustellen habe, sondern sie erlässt die Anordnung, dass der bereits errichtete Rohbau zu beseitigen ist (vgl. Art. 82 S.1 BayBO). Als B dem nicht nachkommt, lässt die Behörde trotz einer bereits erhobenen Klage des B den Rohbau selbst abreißen. Welche Klageart wäre für eine Klage des B gegen die Anordnung der Beseitigung statthaft?

I. Einordnung

In welchen Fällen führt die zwangsweise Durchsetzung (Vollstreckung) eines Verwaltungsakts zur Erledigung?

II. Gliederung

1. Statthaftigkeit der Anfechtungsklage:

⇨ Nur statthaft, wenn der Verwaltungsakt nicht erledigt ist. Hier wurde der Verwaltungsakt zwangsweise durchgesetzt (vollstreckt), indem die Behörde den Bau selbst abgerissen hat. Da dies nicht mehr rückgängig zu machen ist, ist dem B mit einer Aufhebung des Verwaltungsakts nicht mehr gedient. Der Verwaltungsakt hat sich erledigt. Die Anfechtungsklage ist nicht statthaft.

⇨ FFK gem. § 113 I S. 4 VwGO.

2. Ergebnis: Die **FFK gem. § 113 I S. 4 VwGO** ist statthaft.

III. Lösung

Statthafte Klageart

1. Statthaftigkeit der Anfechtungsklage

Statthafte Klageart könnte auch hier die Anfechtungsklage sein. Dazu müsste die Aufhebung eines Verwaltungsakts begehrt werden. Die Anordnung, den Rohbau zu beseitigen, ist ein Verwaltungsakt gem. § 35 VwVfG.

Die Anfechtungsklage ist jedoch nicht statthaft, wenn sich der Verwaltungsakt erledigt hat. Dann ist gem. § 113 I S. 4 VwGO eine FFK statthaft. Da weder eine Aufhebung des Verwaltungsakts noch ein Fall des Zeitablaufs gegeben sind, könnte eine sonstige Erledigung i.S.v. § 43 II VwVfG, § 113 I S. 4 VwGO eingetreten sein.

Eine **sonstige Erledigung** liegt vor, wenn dem Betroffenen **nicht mehr mit einer Aufhebung des Verwaltungsakts gedient ist**, insbesondere wenn die mit dem Verwaltungsakt verbundene Belastung nicht mehr andauert und daher auch nicht mehr beseitigt werden kann.

Die in dem Verwaltungsakt enthaltene Belastung besteht in der Regelung, dass der Rohbau abzureißen ist. Fraglich ist, ob die Belastung andauert, denn der Bau wurde bereits abgerissen. Der Abriss ist die zwangsweise Durchsetzung des Verwaltungsakts und ist daher eine Vollstreckungsmaßnahme.

Ist die Rückgängigmachung der Vollstreckung möglich, ergibt sich eine andauernde Wirkung des Verwaltungsakts zudem daraus, dass der Anspruch auf Rückgängigmachung der durch die Vollstreckung eingetretenen Folgen (sog. Vollzugs-Folgenbeseitigungsanspruch) ausgeschlossen ist, da der wirksame (nicht notwendig rechtmäßige) VA eine Duldungspflicht begründet.[63]

Es ist daher zu prüfen, ob die Vollstreckung rückgängig gemacht werden kann. Wird ein Gebäude abgerissen, so ist es nicht möglich, das Gebäude aus den Einzelteilen wieder zusammenzusetzen.

---

[63] Vgl. Hemmer/Wüst, VerwaltungsR II, Rn. 226.

hemmer-Methode: Dies wäre allenfalls denkbar, wenn es sich um ein besonders einfaches Gebäude, z.B. ein Geräteschuppen, handeln würde, der nur aus vier Wänden und einem Dach besteht und diese Teile noch vorhanden sind. Auch wenn Gebäude nicht mehr mit der Abrissbirne beseitigt werden, sondern „demontiert" und die Materialien entsprechend den abfallrechtlichen Vorschriften getrennt und dann beseitigt oder wiederverwertet werden, ist es auch heutzutage ausgeschlossen, ein Gebäude aus diesen Einzelteilen wieder aufzubauen.

Die Vollstreckung ist nicht rückgängig zu machen. Damit kann die in dem Verwaltungsakt enthaltene Belastung nicht mehr andauern.

Da die Wiederherstellung des Rohbaus nicht möglich ist, ist dem Kläger mit einer Aufhebung des Verwaltungsakts nicht gedient. Der Verwaltungsakt hat sich erledigt.

Die Anfechtungsklage ist nicht die richtige Klageart. Statthaft ist die Fortsetzungsfeststellungsklage.

2. Ergebnis

Die FFK ist die statthafte Klageart.

IV. Zusammenfassung

Die **Vollstreckung** eines Verwaltungsakts führt zu dessen **Erledigung**, wenn sie **nicht mehr rückgängig** gemacht werden kann.

V. Vertiefung

- Hemmer/Wüst, Basics Öffentliches Recht, Rn. 245 ff.

Fall 36: Erledigung vor Klageerhebung

Sachverhalt:

Eine von A angemeldete für den 02.10. angemeldete Versammlung wird verboten (vgl. Fall 33). Der Bescheid mit dem Verbot, der eine ordnungsgemäße Rechtsbehelfsbelehrung enthält, geht dem A am 24.08. zu, die Aufgabe zur Post war am 19.08. Er legt am 27.09. schriftlich Widerspruch ein, der am 30.09. wegen Fristversäumung zurückgewiesen wird. Daraufhin erhebt A am 15.10. Klage auf Feststellung der Rechtswidrigkeit des Versammlungsverbots. Ist die Klage zulässig?

I. Einordnung

Auch wenn die Erledigung des Verwaltungsakts vor Klageerhebung eintritt, kann die Feststellung der Rechtswidrigkeit mittels FFK begehrt werden (§ 113 I S. 4 VwGO analog).

II. Gliederung

A. Eröffnung des Verwaltungsrechtswegs

B. Zulässigkeit

1. Statthafte Klageart

⇨ Der Verwaltungsakt hat sich erledigt. Dies erfolgte vor Erhebung der Klage. Auf diesen Fall wird die **FFK gem. § 113 I S. 4 VwGO analog** angewandt.

2. Zulässigkeitsvoraussetzungen der Anfechtungsklage bis zum Zeitpunkt der Erledigung

a) Klagebefugnis

b) Vorverfahren
Der Widerspruch wurde erst nach Ende der Frist des § 70 I S. 1 VwGO eingelegt. Das Vorverfahren wurde bis zur Erledigung des Verwaltungsakts nicht ordnungsgemäß durchgeführt.

C. Ergebnis: Die Klage ist unzulässig.

III. Lösung

A. Eröffnung des Verwaltungsrechtswegs

Der Verwaltungsrechtsweg ist gem. § 40 I VwGO eröffnet.

Die streitentscheidenden Normen sind hier die des VersG und damit öffentlich-rechtlich. Es liegt daher eine öffentlich-rechtliche Streitigkeit vor. Mangels doppelter Verfassungsunmittelbarkeit ist diese nichtverfassungsrechtlicher Art. Eine abdrängende Sonderzuweisung greift nicht ein.

B. Zulässigkeit

1. Statthafte Klageart

Statthafte Klageart könnte hier die Fortsetzungsfeststellungsklage gem. § 113 I S. 4 VwGO sein. Dazu müsste A die Feststellung der Rechtswidrigkeit eines Verwaltungsakts begehren, der erledigt ist.

Das Verbot ist ein Verwaltungsakt i.S.v. § 35 VwVfG. Da das Verbot lediglich auf den Tag des 02.10. bezogen war, hat sich der Verwaltungsakt mittlerweile durch Zeitablauf erledigt (§ 43 II VwVfG).

Allerdings betrifft § 113 I S. 4 VwGO nur den Fall, dass sich der Verwaltungsakt im Laufe des gerichtlichen Verfahrens, d.h. nach Klageerhebung, erledigt.[64] Im Fall ist jedoch die Erledigung am 02.10. eingetreten, während A erst am 15.10. Klage erhoben hat. Die **Erledigung des Verwaltungsakts erfolgte daher vor Klageerhebung**.

In Betracht kommt somit eine analoge Anwendung des § 113 I S. 4 VwGO.

---

[64] Hemmer/Wüst, Öffentliches Recht für Anfangssemester, Rn. 636; Schmitt Glaeser/Horn, Rn. 361.

Die Fortsetzungsfeststellungsklage ermöglicht den Rechtsschutz auch nach Erledigung des Verwaltungsakts, wenn eine Anfechtungsklage mangels Statthaftigkeit nicht mehr zulässig ist. Sie ist nach § 113 I S. 4 VwGO möglich, wenn die Erledigung nach Klageerhebung eingetreten ist.

Häufig hängt es jedoch vom Zufall ab, ob die Erledigung vor oder nach Klageerhebung eintritt. Es sind Fälle denkbar, in denen es dem Kläger nicht bekannt ist, ob Erledigung eingetreten ist.

hemmer-Methode: So z.B., wenn im Fall 34 das Ferienhaus des Klägers betroffen wäre, in dem dieser sich nur ein paar Wochen im Jahr aufhält und das 500 km von seinem Wohnort entfernt liegt.

Da die Interessenlage bei Erledigung vor Klageerhebung mit der nach Klageerhebung identisch ist, ist **§ 113 I S. 4 VwGO analog** anzuwenden.

hemmer-Methode: Dies ist h.M. In der Klausur brauchen Sie nur festzuhalten, dass wegen der Vergleichbarkeit der Interessenlage die FFK analog § 113 I S. 4 VwGO auch bei Erledigung vor Klageerhebung statthaft ist. Bezweifelt werden kann allerdings die erste Voraussetzung einer Analogie, das Vorliegen einer Regelungslücke. Denn statthaft könnte eine allgemeine Feststellungsklage gem. § 43 I VwGO sein. Dies wird auch teilweise so gesehen, hat sich aber bis jetzt nicht durchgesetzt.[65]

Statthaft ist daher eine FFK analog § 113 I S. 4 VwGO.

2. Zulässigkeitsvoraussetzungen der Anfechtungsklage bis zum Zeitpunkt der Erledigung

Im Zeitpunkt der Erledigung des Verwaltungsakts dürfte eine Anfechtungsklage nicht unzulässig gewesen sein.

hemmer-Methode: Im Unterschied zur direkten Anwendung des § 113 I S. 4 VwGO (vgl. Fall 35) prüfen Sie hier nicht die Zulässigkeit einer *erhobenen* Anfechtungsklage, sondern die Zulässigkeit einer *gedachten* Anfechtungsklage. Denn bei der analogen Anwendung wurde ja bis zur Erledigung gerade keine (Anfechtungs-)Klage erhoben!

a) Klagebefugnis

A müsste gem. § 42 II VwGO klagebefugt gewesen sein. Als Adressat eines belastenden Verwaltungsakts ist er möglicherweise in seinem Recht aus Art. 8 I GG verletzt.

b) Vorverfahren

Das Vorverfahren müsste bis zur Erledigung ordnungsgemäß durchgeführt worden sein. Jedenfalls bei Erledigung nach Ablauf der Widerspruchsfrist ist ein Widerspruch erforderlich. Fraglich ist, ob hier die Widerspruchsfrist abgelaufen war. Diese beginnt gem. § 70 I S. 1 VwGO mit der Bekanntgabe des Verwaltungsakts. Zugang und damit Bekanntgabe gem. § 41 I S. 1 VwVfG war hier am 24.08. Die Drei-Tages-Fiktion gem. § 41 II VwVfG findet keine Anwendung, da danach eine Bekanntgabe am 22.08. anzunehmen wäre, die tatsächliche Bekanntgabe jedoch erst am 24.08. erfolgte.

Die Frist begann daher am 25.08. (§§ 31, 79 VwVfG i.V.m. § 187 I BGB, nach a.A. ist die Frist über § 57 VwGO, § 222 ZPO i.V.m. §§ 187 ff. BGB zu berechnen) und endete gem. § 188 II Alt. 1 BGB am 24.09. (Ende des Tages). Der am 27.09. eingelegte Widerspruch war daher nicht fristgemäß.

[65] Vgl. dazu Hemmer/Wüst, Öffentliches Recht für Anfangssemester, Rn. 636; Kopp/Schenke, VwGO, § 113 Rn. 99.

Das bis zur Erledigung durchzuführende Vorverfahren wurde somit nicht ordnungsgemäß durchgeführt.

Eine **Anfechtungsklage** des A wäre daher **bis zum Zeitpunkt der Erledigung bereits unzulässig gewesen**.

Eine Heilung der Fristversäumung (vgl. Fall 17) ist nicht erfolgt, denn die Behörde hat den Widerspruch wegen der Frist zurückgewiesen und aufgrund dessen keine Sachentscheidung getroffen.

Daher ist die FFK unzulässig.

C. Ergebnis

Die Klage des A ist unzulässig.

IV. Zusammenfassung

1. **Erledigt sich der Verwaltungsakt vor Klageerhebung**, so ist eine FFK **analog** § 113 I S. 4 VwGO statthaft.
2. Auch die FFK analog § 113 I S. 4 VwGO ist nur zulässig, wenn bis zum Zeitpunkt der Erledigung eine **Anfechtungsklage nicht bereits unzulässig gewesen wäre**.

V. Vertiefung

- Hemmer/Wüst, Basics Öffentliches Recht, Rn. 248.
- Vgl. dazu Life&Law 2000, 51 ff.

Fall 37: FFK analog / Fortsetzungsfeststellungswiderspruch und Klagefrist

Sachverhalt:

A meldet bei der zuständigen Behörde an, dass er am 02.10. eine Versammlung durchführen möchte (s. § 14 I VersG). Die Behörde erlässt daraufhin ein Versammlungsverbot aufgrund § 15 I VersG, da der 02.10. ein Sonntag sei und die große Mehrheit der Bürger nicht durch eine Demonstration in ihrer Sonntagsruhe gestört werden wolle. Der Verbotsbescheid geht A am 22.09. zu. Am 15.11. erhebt A Klage auf Feststellung, dass das Verbot rechtswidrig gewesen sei. Er möchte auch in Zukunft Sonntags Versammlungen durchführen. Im nächsten Jahr habe er schon sieben Versammlungen an Sonntagen fest geplant.

Ist die Klage des A zulässig?

I. Einordnung

Wenn die Erledigung des Verwaltungsakts vor Ablauf der Widerspruchsfrist eintritt, ist dann vor Erhebung der FFK ein Vorverfahren durchzuführen?

II. Gliederung

A. Eröffnung des Verwaltungsrechtswegs

B. Zulässigkeit

1. Statthafte Klageart
Der Verwaltungsakt hat sich erledigt. Dies erfolgte vor Erhebung der Klage. Auf diesen Fall wird die FFK gem. § 113 I S. 4 VwGO analog angewandt.

2. Zulässigkeitsvoraussetzungen der Anfechtungsklage bis zum Zeitpunkt der Erledigung

a) Klagebefugnis

b) Vorverfahren

⇨ Im Zeitpunkt der Erledigung des Verwaltungsakts war die Widerspruchsfrist des § 70 I S. 1 VwGO noch nicht abgelaufen. Ein Vorverfahren war bis zu diesem Zeitpunkt nicht durchzuführen.

3. Berechtigtes Interesse
Wiederholungsgefahr (+)

4. Vorverfahren für die FFK bei Erledigung vor Ablauf der Widerspruchsfrist?

⇨ Erledigt sich der Verwaltungsakt vor Ablauf der Widerspruchsfrist und war deshalb kein Vorverfahren durchzuführen, so ist nach h.M. auch dann kein eigenes Vorverfahren für die FFK durchzuführen (kein Fortsetzungsfeststellungswiderspruch).

5. Klagefrist für die FFK?

⇨ Str. ist, ob für die FFK die Klagefrist gem. §§ 74, 58 VwGO gilt, oder für sie überhaupt keine Fristen gelten.

6. Sonstiges

C. Ergebnis: Die Klage ist zulässig.

III. Lösung

A. Eröffnung des Verwaltungsrechtswegs

Der Verwaltungsrechtsweg ist gem. § 40 I VwGO eröffnet. Die streitentscheidenden Normen sind hier die des VersG und damit öffentlich-rechtlich. Es liegt daher eine öffentlich-rechtliche Streitigkeit vor. Mangels doppelter Verfassungsunmittelbarkeit ist diese nichtverfassungsrechtlicher Art. Eine abdrängende Sonderzuweisung greift nicht ein.

B. Zulässigkeit der Klage

1. Statthafte Klageart

Statthafte Klageart könnte die Fortsetzungsfeststellungsklage gem. § 113 I S. 4 VwGO sein. Dazu müsste A die Feststellung der Rechtswidrigkeit eines Verwaltungsakts begehren, der erledigt ist.

Das Verbot ist ein Verwaltungsakt i.S.v. § 35 VwVfG. Da das Verbot lediglich auf den Tag des 02.10. bezogen war, hat sich der Verwaltungsakt mittlerweile durch Zeitablauf erledigt (§ 43 II VwVfG).

Die Klageerhebung am 15.11. erfolgte nach der Erledigung am 02.10. Da § 113 I S. 4 VwGO nur für den Fall der Erledigung während eines gerichtlichen Verfahrens betrifft, ist die Vorschrift nicht direkt anwendbar.

Da jedoch die Interessenlage bei Erledigung vor Klageerhebung völlig vergleichbar mit der Erledigung nach Klageerhebung ist, kommt in diesem Fall § 113 I S. 4 VwGO analog zur Anwendung.

Die FFK ist daher analog § 113 I S. 4 statthaft.

2. Zulässigkeitsvoraussetzungen einer Anfechtungsklage bis zur Erledigung des Verwaltungsakts

Die FFK ist nur zulässig, wenn eine Anfechtungsklage im Zeitpunkt der Erledigung nicht schon unzulässig gewesen wäre.

a) Klagebefugnis

A müsste klagebefugt gewesen sein gem. § 42 II VwGO. Als Adressat eines belastenden Verwaltungsakts ist er möglicherweise in seinem Recht aus Art. 8 I GG verletzt.

b) Vorverfahren

Da im Zeitpunkt der Erledigung die Widerspruchsfrist gem. § 70 I S. 1 VwGO offensichtlich noch nicht abgelaufen war, bedurfte es nicht der Einlegung eines Widerspruchs des A. M.a.W.:

Bei Erledigung nach Fristablauf hätte es eines Widerspruchsverfahrens bedurft.

hemmer-Methode: I.R.d. FFK sind die Zulässigkeitsvoraussetzungen der Anfechtungsklage nur bis zum Zeitpunkt der Erledigung zu prüfen. Natürlich wäre hier in diesem Zeitpunkt eine Anfechtungsklage nicht zulässig gewesen, da zuvor noch ein Vorverfahren durchzuführen ist. Genau gesagt müssen Sie i.R.d. FFK danach fragen, ob im Zeitpunkt der Erledigung die *Unzulässigkeit* einer (gedachten, späteren) Anfechtungsklage *schon festgestanden* hätte.
Der hier gewählte Aufbau ist nicht zwingend. Sie können die Zulässigkeitsvoraussetzungen der Anfechtungsklage bis zur Erledigung auch innerhalb der weiteren Zulässigkeitsvoraussetzungen der FFK erörtern, s. unten.

Die Anfechtungsklage war im Zeitpunkt der Erledigung nicht unzulässig.

3. Berechtigtes Interesse

A müsste ein berechtigtes Interesse an der Feststellung der Rechtswidrigkeit haben (§ 113 I S. 4 VwGO). Hier könnte die Gefahr einer Wiederholung vorliegen. A möchte auch zukünftig an Sonntagen Versammlungen durchführen. Er hat hierfür schon konkrete Planungen. Da die Stadt zudem die Ansicht vertritt, dass Sonntags generell keine Demonstrationen veranstaltet werden sollen, ist mit dem erneuten Verbot einer Versammlung des A und damit einer Wiederholung zu rechnen. Diese Wiederholungsgefahr begründet ein berechtigtes Interesse des A an der Feststellung der Rechtswidrigkeit.

4. Vorverfahren für die FFK bei Erledigung vor Ablauf der Widerspruchsfrist?

Fraglich ist, ob für die FFK ein Vorverfahren durchzuführen ist, wenn die Erledigung vor Ablauf der Widerspruchsfrist eingetreten ist.

Wenn kein Vorverfahren durchgeführt wurde und wegen **Erledigung vor Ablauf der Widerspruchsfrist** gem. § 70 I S. 1 VwGO für die Anfechtungsklage auch nicht durchzuführen war, so würde dies dazu führen, dass das *Gericht* die Rechtswidrigkeit des Verwaltungsakts prüft, ohne dass vorher eine nochmalige Überprüfung durch eine *Behörde* stattgefunden hat.

Vertreten wird daher, dass in diesem Fall vor Erhebung der FFK ein Vorverfahren durchzuführen ist.[66] Dieses wäre dann darauf gerichtet, dass die Widerspruchsbehörde die Rechtswidrigkeit des Verwaltungsakts feststellt (sog. **Fortsetzungsfeststellungswiderspruch**).

hemmer-Methode: Trennen Sie gedanklich strikt zwischen der Anfechtungsklage im Zeitraum bis zur Erledigung und der FFK nach Erledigung des Verwaltungsakts. Bis zur Erledigung war eine Anfechtungsklage die statthafte Klageart. Da eine unzulässige Anfechtungsklage nicht zu einer zulässigen FFK werden darf[67], ist zu prüfen, ob eine Anfechtungsklage bis zur Erledigung bereits unzulässig war (s.o. 2.). Nach Erledigung ist die FFK statthafte Klageart, d.h. der Kläger kann die gerichtliche Feststellung der Rechtswidrigkeit des Verwaltungsakts begehren. Im Hinblick auf *dieses* Begehren kann die Frage gestellt werden, ob nicht dafür gem. § 68 VwGO ein Vorverfahren durchzuführen ist. Die Frage stellt sich dann, wenn vor Erledigung kein Vorverfahren durchgeführt wurde und wegen Erledigung vor Ablauf der Widerspruchsfrist gem. § 70 I S. 1 VwGO für die Anfechtungsklage auch nicht durchzuführen war.

Ein Vorverfahren eigens für die FFK ist jedoch nach ganz h.M. **nicht** durchzuführen.

Grund hierfür ist, dass damit dem Rechtsschutzziel des Betroffenen nicht entsprochen würde. Zulässigkeitsvoraussetzung für die FFK ist insbesondere ein berechtigtes Interesse an der *gerichtlichen* Feststellung.

[66] Dazu Hemmer/Wüst, Verwaltungsrecht II, Rn. 144 ff.

[67] Siehe dazu auch Fall 35.

Die Feststellung der Rechtswidrigkeit kann daher nicht bei allen Verwaltungsakten begehrt werden, sondern nur bei einem entsprechenden besonderen Fortsetzungsfeststellungsinteresse (s.o.).

Ist dieses Interesse aber gegeben, so soll der Kläger eine *gerichtliche* Feststellung erreichen können, wie sich aus § 113 I S. 4 VwGO ergibt. Eine *behördliche* Feststellung hat demgegenüber keine vergleichbare Bedeutung und wird daher dem Rechtsschutzbegehren des Betroffenen nicht gerecht.[68]

Ein Vorverfahren war daher hier nicht durchzuführen.

5. Klagefrist für die FFK?

Fraglich ist, ob für die FFK eine Klagefrist einzuhalten ist.

hemmer-Methode: Diese Frage wirkt sich nur bei der analogen Anwendung des § 113 I S. 4 VwGO bei Erledigung vor Klageerhebung aus. Denn bei direkter Anwendung ist die Klage als Anfechtungsklage erhoben worden, wobei natürlich die dafür maßgebliche Frist des § 74 I VwGO gilt. Bei analoger Anwendung wird die Klage jedoch als FFK erhoben. Im Fall 36 ist dies nicht angesprochen, da die FFK dort schon aus anderen Gründen unzulässig ist.

Z.T. wird vertreten, für die FFK gelte die Frist des § 74 I VwGO und, da es i.d.R. an einer entsprechenden Rechtsbehelfsbelehrung fehlen wird, § 58 II S. 1 VwGO.

Nach anderer Ansicht gelten für die FFK keine Fristen, da die FFK weniger als eine fortgesetzte oder umgestellte Anfechtungsklage angesehen wird, sondern als eine besondere Art der Feststellungsklage.[69] Außerdem kann bei einem erledigten Verwaltungsakt keine Bestandskraft mehr eintreten, was aber gerade Sinn und Zweck einer Frist ist.

[68] Hemmer/Wüst, Öffentliches Recht für Anfangssemester, Rn. 649 ff.; Schmitt Glaeser/Horn, Rn. 362.

[69] Hemmer/Wüst, Öffentliches Recht für Anfangssemester, Rn. 652 ff.

Zeitliche Grenze für die Erhebung einer FFK ist dann das Institut der Verwirkung (dazu Fall 15).

Der Streit könnte offen bleiben, wenn beide Meinungen hier zum gleichen Ergebnis führen.

Nach erstgenannter Auffassung gilt die Frist des § 74 I VwGO nur, wenn eine entsprechende Rechtsbehelfsbelehrung erfolgt ist (§ 58 I VwGO).

Sofern hier überhaupt eine Rechtsbehelfsbelehrung erging, beinhaltete diese, dass Widerspruch gegen den Verwaltungsakt eingelegt werden kann, nicht jedoch die Möglichkeit der Erhebung einer Klage bei Erledigung des VA. Danach würde hier die Jahresfrist gem. § 58 II S. 1 VwGO gelten, die nicht verstrichen ist.

Da nach der anderen Ansicht keine Fristen gelten und eine Verwirkung aufgrund der Wertung des § 58 II S. 1 VwGO keinesfalls vor Ablauf eines Jahres anzunehmen ist, ist auch nach dieser Auffassung die Klage nicht unzulässig. Eine Streitentscheidung ist daher entbehrlich.

6. Sonstiges

Von dem Vorliegen der weiteren Zulässigkeitsvoraussetzungen (wie Zuständigkeit des Gerichts, Beteiligten- und Prozessfähigkeit, ordnungsgemäße Klageerhebung usw.) ist auszugehen.

C. Ergebnis

Die Klage ist zulässig.

IV. Zusammenfassung

1. Nach ganz h.M. bedarf es keines Vorverfahrens für die FFK, wenn sich der Verwaltungsakt vor Ablauf der Widerspruchsfrist gem. § 70 I VwGO erledigt hat (**kein Fortsetzungsfeststellungswiderspruch**).
2. Es ist str., ob für die FFK eine **Klagefrist** gilt. Wird die FFK vorrangig als eine fortgesetzte Anfechtungs- bzw. Verpflichtungsklage gesehen, so können die Fristen gem. §§ 74, 58 VwGO angewendet werden. Hält man die FFK primär für eine Feststellungsklage, so gelten für sie keine Fristen. Allenfalls kann eine Verwirkung des Klagerechts eintreten.

V. Vertiefung

- Hemmer/Wüst, Basics Öffentliches Recht, Rn. 254 ff.
- Vgl. dazu Life&Law 2000, 197 ff.

Fall 38: FFK analog bei Verpflichtungssituation

Sachverhalt:

(Vgl. auch Fall 31)

K möchte erneut die Veranstaltungshalle der bayrischen Gemeinde T nutzen. Er stellt bei der Gemeinde einen Antrag auf Überlassung der Halle für den Abend des 11.04. Die Gemeinde lehnt dies ab. Auch der ordnungsgemäße Widerspruch wird am 01.04. zurückgewiesen. K erhebt am 25.04. Klage auf Feststellung, dass die Ablehnung der Zulassung zu der Veranstaltungshalle rechtswidrig war.

Ist die Klage zulässig? Dabei ist davon auszugehen, dass die Veranstaltungshalle eine öffentliche Einrichtung ist.

I. Einordnung

Hätte sich bei der Verpflichtungsklage der begehrte Verwaltungsakt, wenn er erlassen worden wäre, erledigt, so kann die Feststellung der Rechtswidrigkeit der Ablehnung oder Unterlassung des Verwaltungsakts begehrt werden (FFK analog).

II. Gliederung

A. Eröffnung des Verwaltungsrechtswegs

B. Zulässigkeit

1. Statthafte Klageart

⇨ Ursprünglich wäre eine Verpflichtungsklage statthaft gewesen. Der begehrte Verwaltungsakt hätte sich jedoch, wäre er erlassen worden, mittlerweile durch Zeitablauf erledigt. Auf diesen Fall ist die FFK gem. § 113 I S. 4 VwGO analog anzuwenden.

⇨ Zudem wäre die Erledigung vor Erhebung der Klage erfolgt. Auch auf diesen Fall wird die **FFK gem. § 113 I S. 4 VwGO (doppelt) analog** angewandt.

2. Zulässigkeitsvoraussetzungen der Verpflichtungsklage bis zum Zeitpunkt der Erledigung

a) Klagebefugnis
Möglicher Anspruch des K aus Art. 21 BayGO.

b) Vorverfahren (+)

c) Klagefrist

3. Berechtigtes Interesse (-)

C. Ergebnis: Die Klage ist unzulässig.

III. Lösung

A. Eröffnung des Verwaltungsrechtswegs

Der Verwaltungsrechtsweg könnte gem. § 40 I VwGO eröffnet sein. Dazu müsste es eine öffentlich-rechtliche Streitigkeit nichtverfassungsrechtlicher Art sein, für die keine abdrängende Sonderzuweisung eingreift.

Streitentscheidende Norm ist hier Art. 21 I S.1 BayGO[70], da die Veranstaltungshalle eine **öffentliche Einrichtung** der Gemeinde ist. Zwar kann die Gemeinde bei der Zulassung zu öffentlichen Einrichtungen privatrechtlich handeln, etwa durch Abschluss privatrechtlicher Überlassungsverträge.

Bei der Zulassung zu öffentlichen Einrichtungen ist jedoch nach der **Zwei-Stufen-Theorie** zwischen der Entscheidung über die Zulassung überhaupt (das „Ob" = 1. Stufe) und der Entscheidung über die Ausgestaltung des Benutzungsverhältnisses (das „Wie" = 2. Stufe) zu unterscheiden.[71]

---

[70] Inhaltsgleich mit § 8 II NRWGO; § 10 II SäGO und den entspr. Vorschriften der Gemeindeordnungen der anderen Bundesländer.

[71] Vgl. oben Fall 24.

Danach ist die Entscheidung über das „Ob“ stets öffentlich-rechtlich, während für die Entscheidung übe das „Wie“ ein Wahlrecht der Gemeinde besteht, ob sie das Benutzungsverhältnis öffentlich-rechtlich oder privatrechtlich ausgestaltet.

Hier geht es jedoch um die Zulassung überhaupt und damit um die 1. Stufe. Art. 21 I S. 1 BayGO ist die streitentscheidende Norm. Es liegt eine öffentlich-rechtliche Streitigkeit vor.

Mangels doppelter Verfassungsunmittelbarkeit ist diese nichtverfassungsrechtlicher Art. Eine abdrängende Sonderzuweisung liegt nicht vor.

B. Zulässigkeit

1.Statthafte Klageart

Fraglich ist, welche Klageart statthaft ist. Eine Verpflichtungsklage ist gem. § 42 I VwGO statthaft, wenn der Erlass eines Verwaltungsakts begehrt wird. Die Zulassung des K zu der Halle würde durch Verwaltungsakt i.S.d. § 35 VwVfG erfolgen. Würde K die Zulassung begehren, wäre die Verpflichtungsklage statthaft.

a) K begehrt jedoch die Feststellung, dass die Ablehnung des Verwaltungsakts rechtswidrig war. Statthaft könnte daher eine FFK gem. § 113 I S. 4 VwGO sein. Diese betrifft jedoch nur den Fall, dass ein *erlassener* Verwaltungsakt angegriffen wird, d.h. vor Erledigung die *Anfechtungsklage* die richtige Klageart war. Hier war jedoch niemals die Anfechtungsklage statthaft, sondern K begehrte einen Verwaltungsakt. Ursprünglich wäre daher die Verpflichtungsklage statthaft gewesen.

Der ursprünglich von K begehrte Verwaltungsakt, die Zulassung zu der Halle, könnte sich jedoch erledigt haben. Die begehrte Zulassung sollte für den 11.04. erteilt werden. Mit Ablauf dieses Tages hätte sich der begehrte Verwaltungsakt durch Zeitablauf erledigt (§ 43 II VwVfG).

Auf diesen Fall wird § 113 I S. 4 VwGO analog angewendet.

Wie bei dem Angriff gegen einen *erlassenen* Verwaltungsakt besteht bei dem *Begehren* eines Verwaltungsakts das Bedürfnis, dem Kläger in bestimmten Fällen die gerichtliche Feststellung zu ermöglichen, dass die Ablehnung des Verwaltungsakts rechtswidrig war. Denn im Hinblick auf betroffene subjektiv-öffentliche Rechte und damit den Rechtsschutz des Einzelnen (Art. 19 IV GG) macht es keinen Unterschied, ob ein belastender Verwaltungsakt erlassen wurde, der sich erledigt hat mit der Folge der Unstatthaftigkeit der Anfechtungsklage, oder ob ein begünstigender Verwaltungsakt nicht erlassen wurde. Daher ist § 113 I S. 4 VwGO bei der Verpflichtungsklage analog anzuwenden.

b) Hier wurde die Klage darüber hinaus erst erhoben, nachdem sich der begehrte Verwaltungsakt erledigt hätte. Wie in der Anfechtungssituation kann es jedoch auch in der Verpflichtungssituation keinen Unterschied machen, ob die Erledigung vor oder nach Klageerhebung eingetreten wäre. Daher ist auch in diesem Fall die FFK analog § 113 I S. 4 VwGO statthaft.

hemmer-Methode: Es handelt sich hier um eine doppelt analoge Anwendung des § 113 I S. 4 VwGO: Analoge Anwendung auf die Verpflichtungssituation sowie analoge Anwendung bei Erledigung vor Klageerhebung.

Die Klage des K, gerichtet auf Feststellung der Rechtswidrigkeit der Ablehnung des Verwaltungsakts, ist daher analog § 113 I S. 4 VwGO statthaft.

2. Zulässigkeitsvoraussetzungen einer Verpflichtungsklage bis zur Erledigung des Verwaltungsakts

Auch hier ist erforderlich, dass die (ursprünglich statthafte) Verpflichtungsklage bei Erledigung des begehrten Verwaltungsakts nicht bereits unzulässig gewesen wäre. Auch bei der analogen Anwendung des § 113 I S. 4 VwGO auf die Verpflichtungssituation gilt, dass eine unzulässige Verpflichtungsklage nicht zu einer zulässigen FFK werden kann.

Dies betrifft auch hier die Klagebefugnis, das Vorverfahren sowie die Klagefrist.

a) Klagebefugnis

K müsste gem. § 42 II VwGO klagebefugt gewesen sein. Ihm müsste daher ein möglicher **Anspruch** auf Erlass des begehrten Verwaltungsakts zugestanden haben. Dieser ergibt sich hier aus Art. 21 I BayGO.

b) Vorverfahren

Eine Verpflichtungsklage wäre im Zeitpunkt der Erledigung nur zulässig gewesen, wenn gem. § 68 II, I S. 1 VwGO ein Vorverfahren durchgeführt worden wäre. Ein solches Widerspruchsverfahren war hier ordnungsgemäß und erfolglos.

c) Klagefrist

Die FFK ist unzulässig, wenn bis zur Erledigung des begehrten Verwaltungsakts die Klagefrist gem. § 74 II, I S. 1 VwGO verstrichen wäre. Dies ist jedoch hier nicht der Fall, da die Erledigung noch innerhalb der Monatsfrist erfolgte. Ob der Widerspruchsbescheid eine ordnungsgemäße Rechtsbehelfsbelehrung gem. § 58 I VwGO enthielt, ist daher nicht erheblich.

3. Berechtigtes Interesse

Gem. § 113 I S. 4 VwGO müsste K ein berechtigtes Interesse an der Feststellung der Rechtswidrigkeit haben. Dies ist gegeben, wenn eine Wiederholungsgefahr oder ein Rehabilitationsinteresse gegeben ist. Für beides ist hier jedoch nichts ersichtlich.

Da auch kein schwerwiegender Grundrechtseingriff vorliegt, hat K kein berechtigtes Interesse an der Feststellung. Die FFK ist nicht zulässig.

hemmer-Methode: Die Vorbereitung eines Prozesses zur **Durchsetzung von Ersatzansprüchen** kann das Feststellungsinteresse nicht begründen, wenn es wie hier um die Erledigung *vor* Klageerhebung geht. Dies gilt sowohl in der Verpflichtungs- als auch in der Anfechtungssituation.

C. Ergebnis

Die Klage ist unzulässig.

IV. Zusammenfassung

1. Eine FFK ist auch statthaft, wenn der **Erlass eines Verwaltungsakts begehrt wurde**, der sich mittlerweile erledigt hat (Situation der Verpflichtungsklage). § 113 I S. 4 VwGO ist auf diesen Fall analog anzuwenden.
2. Wie bei der Anfechtungsklage ist danach zu unterscheiden, ob die Erledigung des begehrten Verwaltungsakts vor oder nach Klageerhebung erfolgte. In beiden Fällen ist die FFK analog § 113 I S. 4 VwGO statthaft.
3. Wie bei der FFK in der Anfechtungssituation gilt auch bei der FFK als fortgesetzte Verpflichtungsklage, dass eine **unzulässige Verpflichtungsklage nicht zu einer zulässigen FFK führt**. Im **Zeitpunkt der Erledigung** des begehrten Verwaltungsakts darf eine **Verpflichtungsklage nicht bereits unzulässig** gewesen sein.

V. Vertiefung

- Hemmer/Wüst, Basics Öffentliches Recht, Rn. 248.
- Hemmer/Wüst, Öffentl. Recht für Anfangssemester, Rn. 646.

Kapitel IV: Allgemeine Leistungsklage

Fall 39: Eröffnung des Verwaltungsrechtswegs

Sachverhalt:

Auf einer Demonstration gegen Rechtsextremismus auf dem Münchener Marienplatz wird der Demonstrant D von dem Polizisten P als asozialer linker Anarcho „mit einem Hirn auf Erbsengröße“ beschimpft. D ist empört und klagt vor dem VG München auf Widerruf und Unterlassung dieser Äußerungen.

Ist der Verwaltungsrechtsweg eröffnet?

I. Einordnung

Bei der allgemeinen Leistungsklage ist die Eröffnung des Verwaltungsrechtswegs häufig problematisch.

II. Gliederung

§ 40 I VwGO

1. öffentlich-rechtliche Streitigkeit

(P): Streitentscheidende Normen sowohl im Zivilrecht als auch im Öffentlichen Recht denkbar, da Handeln eines Beamten auch im zivilrechtlichen Bereich möglich.

Hier: **Äußerung im Zusammenhang mit hoheitlicher Tätigkeit**.

⇨ Äußerung und damit auch Widerruf/ Unterlassung öffentlich-rechtlich zu beurteilen.

2. Nichtverfassungsrechtlicher Art

3. Ohne anderweitige Rechtswegzuweisung § 23 EGGVG (-), da kein repressives Handeln der Polizei.

4. Ergebnis: Verwaltungsrechtsweg ist eröffnet.

III. Lösung

Eröffnung des Verwaltungsrechtswegs?

Der Verwaltungsrechtsweg wäre nach § 40 I VwGO eröffnet, wenn eine öffentlich-rechtliche Streitigkeit nichtverfassungsrechtlicher Art vorliegt und keine anderweitige Rechtswegzuweisung eingreift.

1. Öffentlich-rechtliche Streitigkeit

Eine öffentlich-rechtliche Streitigkeit liegt dann vor, wenn die streitentscheidenden Normen dem öffentlichen Recht zuzuordnen sind.

Streitentscheidende Normen könnten sowohl Normen des **Privatrechts** (§§ 1004, 823 I BGB für den zivilrechtlichen Unterlassungs- und Widerrufsanspruch) als auch solche des **öffentlichen Rechts** sein (insbesondere Grundrechte, Rechtsstaatsprinzip, §§ 1004, 823 BGB analog als Grundlage für den anerkannten öffentlich-rechtlichen Unterlassungsanspruch). Welche hier heranzuziehen und damit letztlich "streitentscheidend" sind, hängt von der Vorfrage ab, ob der Anspruch dem öffentlichen oder dem privaten Recht zuzuordnen ist.

Geltend gemacht werden Widerrufs- und Unterlassungsansprüche, sogenannte Abwehransprüche. *Abwehransprüche stehen in einem engen Sachzusammenhang mit dem jeweils abzuwehrenden Verhalten.*

Eine öffentlich-rechtliche Äußerung wird auch nach öffentlich-rechtlichen Vorschriften widerrufen, sog. „actus-contrarius-Lehre".

Damit kommt es hier entscheidend darauf an, ob die Äußerungen des Polizisten P öffentlich-rechtlich oder zivilrechtlich zu beurteilen sind.

Die Bestimmung der Rechtsnatur von Äußerungen eines Amtsträgers bereitet, wie bei vielen *Realakten*, größere Schwierigkeiten als die von *Rechtsakten* (Erlass einer Verwaltungsakts). Realakte, wie z.B. Äußerungen oder die Fahrt eines Beamten mit dem Pkw, werden dann als öffentlich-rechtliches Verwaltungshandeln qualifiziert, wenn sie in einem *engen Sachzusammenhang* zu einem öffentlich-rechtlichen Verwaltungshandeln stehen.

hemmer-Methode: Zur Bejahung einer öffentlich-rechtlichen Streitigkeit genügt es keinesfalls, dass ein Beamter gehandelt hat. Zum einen kann sich ein Beamter auch als Privatmann äußern, z.B. im Kreis seiner Familie. Zum anderen wird der Staat, und damit der einzelne Beamte in Ausübung seines Dienstes, auch privatrechtlich tätig, etwa bei den sog. fiskalischen Hilfsgeschäften (Bedarfsdeckung der Verwaltung, z.B. Anschaffung von Büromaterial).

Hier erfolgten die streitgegenständlichen Äußerungen im unmittelbaren Zusammenhang mit der hoheitlichen Tätigkeit der Polizei. P handelte dabei in Ausübung seines Amts bei der Wahrnehmung hoheitlicher Befugnisse, nicht nur bei Gelegenheit. Die Äußerung und damit auch der Widerruf sind nach dem öffentlichen Recht zu beurteilen. Das Vorliegen einer öffentlich-rechtlichen Streitigkeit ist im Ergebnis zu bejahen.

2. Nichtverfassungsrechtlicher Art

Eine Streitigkeit ist nur dann eine verfassungsrechtliche, wenn zwei am Verfassungsleben unmittelbar Beteiligte um ihre Rechte und Pflichten aus der Verfassung streiten, sog. doppelte Verfassungsunmittelbarkeit. Dies ist hier nicht der Fall.

3. Keine anderweitige Rechtswegzuweisung

Als anderweitige Rechtswegzuweisung kommt hier § 23 EGGVG (Einführungsgesetz zum Gerichtsverfassungsgesetz, Schönfelder Nr. 95a) in Betracht.

Nach dieser Vorschrift werden sog. Justizverwaltungsakte vor den ordentlichen Gerichten i.S.d. § 13 GVG überprüft. Um einen Justizverwaltungsakt handelt es sich bei polizeilichem Handeln nur, soweit dieses dem repressiven Bereich zuzuordnen ist, es sich also um Strafverfolgungsmaßnahmen handelt. Dies ist hier eindeutig zu verneinen.

hemmer-Methode: Wichtige anderweitige Rechtswegzuweisungen finden sich in § 40 II VwGO, Art. 14 III GG, 34 S. 3 GG sowie in § 49 VI VwVfG.

4. Ergebnis

Der Verwaltungsrechtsweg ist nach § 40 I VwGO eröffnet.

IV. Zusammenfassung

1. Können bei Klagen im Zusammenhang mit **Realakten** die streitentscheidenden Normen öffentlich-rechtlich oder zivilrechtlich sein, ist auf den **Sachzusammenhang** des Realakts abzustellen.
2. Ansprüche auf Widerruf und Unterlassung von **Äußerungen** von Amtsträgern sind öffentlich-rechtlich, wenn die Äußerung öffentlich-rechtlich zu qualifizieren ist. Dazu muss sie in Ausübung öffentlich-rechtlicher (hoheitlicher) Tätigkeit erfolgt sein.

V. Vertiefung

- Hemmer/Wüst, Basics Öffentliches Recht, Rn. 13.
- Vgl. dazu Life&Law 2002, 263 ff.

Fall 40: Folgenbeseitigungsanspruch

Sachverhalt:

Landwirt L ist Eigentümer eines Grundstücks in der Nähe einer Bahnstrecke, die regelmäßig für Transporte von Abfällen aus Atomkraftwerken benutzt wird. Bei der letzten Demonstration gegen diese Transporte kam es zu einem Polizeieinsatz auf dem Grundstück des L. Um ungehinderten Zugang über das Grundstück des L zu haben, hatte die Polizei einen Teil des Zauns, der das Grundstück umgibt, abgebaut und die Teile auf dem Grundstück des L zurückgelassen. Den Zaun wiederherzustellen, wurde von der Polizei versäumt. L beantragt bei der Polizei, den Zaun zu reparieren, da er nicht einsieht, dies selbst zu tun. Dies wird aber abgelehnt. L möchte nun gerichtlich erzwingen, dass sein Zaun wiederhergestellt wird. Ist eine Klage erfolgreich?

I. Einordnung

Mit der allgemeinen Leistungsklage ist jedes sonstiges Verwaltungshandeln, das kein Verwaltungsakt ist, einzuklagen.

II. Gliederung

A. Eröffnung des Verwaltungsrechtswegs
§ 40 I VwGO: Öffentlich-rechtliche Streitigkeit (+), da hoheitlicher Eingriff und Anspruch auf Beseitigung der Folgen des Eingriffs damit ebenfalls öffentlich-rechtlich.

B. Zulässigkeit

1. Statthafte Klageart

⇨ Die allgemeine Leistungsklage ist statthaft, da das begehrte Verwaltungshandeln kein Verwaltungsakt ist (keine „Regelung“ i.S.d. § 35 VwVfG).

2. Klagebefugnis analog § 42 II VwGO

Zum Ausschluss von Popularklagen ist nach ganz h.M. § 42 II VwGO bei der Leistungsklage analog anzuwenden. Hier besteht ein möglicher Anspruch des L aus dem öffentlich-rechtlichen Folgenbeseitigungsanspruch.

3. Vorheriger Antrag an die Behörde (+)

4. Sonstiges

C. Begründetheit
Anspruch des L:

Folgenbeseitigungsanspruch

1. Hoheitlicher Eingriff in ein subjektiv-öffentliches Recht.

2. Durch den Eingriff herbeigeführter, andauernder rechtswidriger Zustand.

3. Wiederherstellung (Beseitigung der Folgen) ist rechtlich zulässig, tatsächlich möglich und für den Anspruchsverpflichteten zumutbar .

4. Kein Mitverschulden.

D. **Ergebnis**: Die Klage ist zulässig und begründet.

III. Lösung

A. Eröffnung des Verwaltungsrechtswegs

Gem. § 40 I VwGO könnte der Verwaltungsrechtsweg eröffnet sein. Dazu müsste eine öffentlich-rechtliche Streitigkeit nichtverfassungsrechtlicher Art. vorliegen, für die keine abdrängende Sonderzuweisung eingreift.

Öffentlich-rechtlich ist eine Streitigkeit, wenn die streitentscheidenden Normen solche des öffentlichen Rechts sind. Dies könnte hier ein öffentlich-rechtlicher Anspruch auf Folgenbeseitigung sein, dessen Grundlage in den Grundrechten oder dem Rechtsstaatsprinzip gem. Art. 20 III GG gesehen wird und damit in öffentlich-rechtlichen Vorschriften. In Betracht kommt jedoch hier auch ein zivilrechtlicher Anspruch auf Beseitigung der Folgen gem. § 1004 I BGB oder § 823 I BGB.

Ob dieser Anspruch auf Beseitigung der Folgen eines Eingriffs des Staats öffentlich-rechtlich oder zivilrechtlich ist, richtet sich danach, welchem Rechtsbereich der Eingriff selbst zuzuordnen ist. Hier erfolgte der Eingriff bei der Ausübung polizeilicher und damit hoheitlicher Befugnisse. Es liegt kein zivilrechtliches Handeln des Staats vor. Der Eingriff ist daher öffentlich-rechtlich zu qualifizieren. Demnach ist auch der Anspruch auf Beseitigung der Folgen öffentlich-rechtlich einzuordnen.

Da die Streitigkeit nichtverfassungsrechtlicher Art ist und keine abdrängende Sonderzuweisung vorliegt, ist der Verwaltungsrechtsweg gem. § 40 I VwGO eröffnet.

B. Zulässigkeit

1. Statthafte Klageart

Die statthafte Klageart richtet sich nach dem Begehren des Klägers. L begehrt die Wiederherstellung der Zauns.

a) Statthaft ist eine Verpflichtungsklage, wenn L den Erlass eines Verwaltungsakts begehrt. Fraglich ist, ob die Reparatur des Zauns ein Verwaltungsakt gem. § 35 VwVfG ist. Dazu müsste die Maßnahme insbesondere eine **Regelung** beinhalten, d.h. auf die Setzung einer Rechtsfolge gerichtet sein.

Die Wiederherstellung des Zauns ist jedoch eine rein tatsächliche Handlung. Diese Maßnahme erschöpft sich in ihrer Durchführung. Rechtsfolgen, die dadurch herbeigeführt würden oder gesetzt werden sollen, sind nicht ersichtlich. Die von L begehrte Maßnahme ist ein bloßer Realakt.

Wird ein Realakt begehrt, so ist nur dann die Verpflichtungsklage die statthafte Klageart, wenn die Vornahme des Realakts rechtlich an den vorhergehenden Erlass eines Verwaltungsakts gebunden ist.[72] Dann ist das Begehren des Klägers so auszulegen (§ 88 VwGO), dass der Erlass des Verwaltungsakts erstrebt wird.

hemmer-Methode: Dies ist etwa der Fall, wenn eine Geldleistung begehrt wird als Entschädigung für die Aufhebung eines Verwaltungsakts, vgl. § 48 III VwVfG, sowie bei dem Begehren, eine öffentliche Einrichtung zu benutzen. Über letzteres Begehren ist durch eine Zulassung, die einen Verwaltungsakt darstellt, zu entscheiden.

Für die Rückgängigmachung von Eingriffen infolge polizeilicher Maßnahmen ist jedoch nicht gesetzlich vorgesehen, dass durch Verwaltungsakt zu entscheiden ist. Es bleibt daher dabei, dass L die Vornahme eines Realakts begehrt, d.h. eines Verwaltungshandelns, das keinen Verwaltungsakt darstellt. Die Verpflichtungsklage ist daher nicht statthaft.

b) Wird ein Verwaltungshandeln begehrt, das keinen Verwaltungsakt darstellt, so ist die **allgemeine Leistungsklage** die statthafte Klageart.[73] Diese ist in der VwGO nicht besonders geregelt. Sie wird aber in der VwGO etwa in §§ 43 II, 111 und § 113 IV als bestehend vorausgesetzt.

hemmer-Methode: Die allgemeine Leistungsklage ist die richtige Klageart, wenn ein anderes Verwaltungshandeln als der Erlass eines Verwaltungsakts begehrt wird. Der Kreis des möglichen Verwaltungshandeln ist daher denkbar groß. Insbesondere sei darauf hingewiesen, dass die allgemeine Leistungsklage nicht nur dann statthaft ist, wenn eine begehrte Maßnahme keine „Regelung" i.S.d. § 35 VwVfG beinhaltet. Dies ist zwar der häufigste Fall der allgemeinen Leistungsklage. Die begehrte Maßnahme kann aber auch dergestalt sein, dass sie zwar eine „Regelung" enthält, aber z.B. das Merkmal des „Einzelfalls" oder der „Außenwirkung" fehlt. Merke: Die allgemeine Leistungsklage ist nicht darauf beschränkt, die Vornahme von Realakten zu erstreiten.

Statthafte Klageart ist daher die allgemeine Leistungsklage.

[72] Kopp/Schenke, VwGO, Anh. § 42, Rn. 42.

[73] Hemmer/Wüst, Öffentliches Recht für Anfangssemester, Rn. 558.

2. Klagebefugnis analog § 42 II VwGO

a) Fraglich ist, ob für die Zulässigkeit der allgemeinen Leistungsklage analog § 42 II VwGO das Vorliegen einer Klagebefugnis erforderlich ist. Zwar gilt § 42 II VwGO nur für Anfechtungs- und Verpflichtungsklagen. Für eine analoge Anwendung spricht jedoch, dass nach der VwGO verwaltungsgerichtliche Klagen nur dann zulässig sein sollen, wenn subjektiv-öffentliche Rechte verteidigt werden sollen. Klagen gegen die Verwaltung, ohne dass subjektiv-öffentliche Rechte betroffen sein können (sog. **Popularklagen**), sind in der VwGO grundsätzlich nicht anerkannt.[74]

Diese Zielrichtung der VwGO lässt sich insbesondere daran erkennen, dass die wichtigsten Klagearten der VwGO, die Anfechtungs- und Verpflichtungsklage, gerade dies gem. § 42 II VwGO zur Voraussetzung haben. Dasselbe gilt auch für das Normenkontrollverfahren nach § 47 VwGO, bei dem gem. § 47 II S. 1 VwGO ebenfalls die Beeinträchtigung subjektiv-öffentlicher Rechte für die Zulässigkeit des Antrags erforderlich ist. Überdies sind Anfechtungs- und Verpflichtungsklage auch nur dann begründet, wenn subjektiv-öffentliche Rechte tatsächlich verletzt sind, wie sich aus § 113 I S. 1 VwGO bzw. Abs. 5 ergibt.

Zudem verfolgt die VwGO insgesamt das Ziel, die Rechtsschutzgarantie des Art. 19 IV GG zu verwirklichen. Art. 19 IV GG erfordert jedoch seinerseits nur Rechtsschutz gegen die „öffentliche Gewalt" (d.h. die Verwaltung als eine der drei Staatsfunktionen neben der Gesetzgebung und der Rechtsprechung), wenn subjektiv-öffentliche Rechte betroffen sind.

Hieraus ist zu folgern, dass sog. **Popularklagen** in der VwGO **ausgeschlossen** werden sollen. Damit die allgemeine Leistungsklage keine solche Popularklage darstellt, ist nach ganz h.M. § 42 II VwGO analog anzuwenden.[75]

[74] Hemmer/Wüst, Öffentliches Recht für Anfangssemester, Rn. 585.

[75] Schmitt Glaeser/Horn, Rn. 387.

hemmer-Methode: Sofern diese Frage nicht im Sachverhalt der Klausur angesprochen ist, müssen Sie die analoge Anwendung des § 42 II VwGO bei der allgemeinen Leistungsklage nicht derart ausführlich begründen. Es genügt, wenn Sie festhalten, dass zum Ausschluss von Popularklagen § 42 II VwGO analog anzuwenden ist.

b) Analog § 42 II VwGO ist daher erforderlich, dass L in eigenen subjektiv-öffentlichen Rechen verletzt ist. Da L hier ein Verwaltungshandeln begehrt, müsste er einen **möglichen Anspruch** auf dieses Verwaltungshandeln haben.

hemmer-Methode: Wie bei der Verpflichtungsklage ist bei der allgemeinen Leistungsklage für die Klagebefugnis erforderlich, dass ein **Anspruch** auf das begehrte Verwaltungshandeln **möglich** ist. Dies wird häufig übersehen!

Ein solcher Anspruch könnte sich aus einem Folgenbeseitigungsanspruch des L ergeben. Ob dieser tatsächlich besteht, ist eine Frage der Begründetheit.

3. Sonstiges

Von dem Vorliegen der weiteren Zulässigkeitsvoraussetzungen (wie Zuständigkeit des Gerichts, Beteiligten- und Prozessfähigkeit, ordnungsgemäße Klageerhebung usw.) ist auszugehen.

Ein Vorverfahren sowie die Einhaltung einer Klagefrist sind bei der allgemeinen Leistungsklage nicht erforderlich.

C. Begründetheit

Die allgemeine Leistungsklage ist begründet, wenn sie gegen den richtigen Beklagten gerichtet ist und der Kläger einen Anspruch auf das begehrte Verwaltungshandeln hat.

Passivlegitimiert ist das Bundesland als Rechtsträger der Polizei, § 78 I VwGO analog.

L müsste einen **Anspruch** auf Wiederherstellung des Zauns haben. Ihm könnte ein Folgenbeseitigungsanspruch zustehen.

Über die Herleitung des Folgenbeseitigungsanspruchs besteht keine Einigkeit. Der FBA wird in § 113 I S. 2 VwGO vorausgesetzt. Seine Grundlage kann in den Grundrechten, dem Rechtsstaatsprinzip (Art. 20 III GG) oder in einer Analogie zu §§ 1004, 823 I BGB gesehen werden.[76] Einigkeit besteht hinsichtlich der **Voraussetzungen des FBA**. Diese sind:

- **Hoheitlicher Eingriff in ein subjektiv-öffentliches Recht.**
- Durch den Eingriff herbeigeführter, **andauernder rechtswidriger Zustand.**
- Die **Wiederherstellung** (Beseitigung der Folgen) ist **rechtlich zulässig**, **tatsächlich möglich** und für den Anspruchsverpflichteten **zumutbar.**
- **Kein Mitverschulden**, § 254 BGB.[77]

1. Hoheitlicher Eingriff in ein subjektiv-öffentliches Recht

Es müsste ein hoheitlicher Eingriff in ein subjektiv-öffentliches Recht erfolgt sein. Eingriff ist hier das Abbauen des Zauns durch die Polizei. Da dies im Rahmen eines Polizeieinsatzes erfolgte und damit in Ausübung der Befugnisse aufgrund des Polizeigesetzes des Bundeslandes, ist dieser Eingriff hoheitlich. Dadurch wurde in das Recht des L aus Art. 14 I GG eingegriffen, das ein subjektiv-öffentliches Recht ist.

2. Durch den Eingriff herbeigeführter, andauernder rechtswidriger Zustand

Der dadurch verursachte Zustand müsste rechtswidrig sein. Der Zaun ist nach wie vor demontiert.

Für diese andauernde Beeinträchtigung des Rechts des L aus Art. 14 I GG besteht keine Rechtfertigung. Der Zustand ist daher rechtswidrig.

Unerheblich ist dabei, ob schon der Eingriff rechtswidrig war. Dafür würde es darauf ankommen, ob die Voraussetzungen für die unmittelbare Ausführung bzw. den Sofortvollzug einer Maßnahme nach dem Polizeigesetz des Bundeslandes[78] vorlagen. Dies kann jedoch offen bleiben, denn der FBA erfordert die Rechtswidrigkeit des andauernden Zustands, nicht die des Eingriffs, der diesen Zustand herbeigeführt hat.

Hier besteht keine Rechtfertigung für den durch den polizeilichen Eingriff herbeigeführten Zustand, den abgebauten Zaun. Der Zustand ist rechtswidrig.

3. Wiederherstellung (Beseitigung der Folgen) ist rechtlich zulässig, tatsächlich möglich und für den Anspruchsverpflichteten zumutbar

Die Beseitigung dieses Zustands und die Wiederherstellung des vor dem Eingriff bestehenden Zustands sind auch rechtlich zulässig, tatsächlich möglich und dem Anspruchsgegner zumutbar.

4. Kein Mitverschulden

Ein Mitverschulden des L ist nicht ersichtlich.

L hat einen Anspruch auf die Wiederherstellung des Zauns. Die Klage ist begründet.

D. Ergebnis

Die Klage ist erfolgreich.

IV. Zusammenfassung

1. Wird ein anderes Verwaltungshandeln als der Erlass eines Verwaltungsakts begehrt, ist die **allgemeine Leistungsklage** statthafte Klageart.

---

[76] Hemmer/Wüst, Öffentliches Recht für Anfangssemester, Rn. 600; Maurer, § 30 Rn. 5.

[77] Vgl. dazu Maurer, § 30 Rn. 18.

[78] Vgl. z.B. Art. 9 I BayPAG; § 50 II NRWPolG; § 6 I SäPolG.

2. Zum **Ausschluss von Popularklagen** ist nach ganz h.M. die Klagebefugnis analog § 42 II VwGO auch bei der allgemeinen Leistungsklage anzuwenden.
3. Ist ein hoheitlicher Eingriff in ein subjektiv-öffentliches Recht erfolgt, kann der Betroffene einen **Folgenbeseitigungsanspruch** haben. Dieser ist auf Wiederherstellung des vor dem Eingriff bestehenden Zustands gerichtet.
4. **Voraussetzungen des FBA** sind:
   (1) Hoheitlicher Eingriff in ein subjektiv-öffentliches Recht.
   (2) Dadurch herbeigeführter, andauernder rechtswidriger Zustand.
   (3) Die Wiederherstellung ist rechtlich zulässig, tatsächlich möglich und für den Anspruchsverpflichteten zumutbar.
   (4) Kein Mitverschulden.

V. Vertiefung

- Hemmer/Wüst, Basics Öffentliches Recht, Rn. 198.
- Vgl. dazu Life&Law 2000, 203 ff.; 2000, 340 ff.; 2000, 284 ff.

Fall 41: Allgemeine Leistungs-Unterlassungs-Klage

Sachverhalt:

Der in dem Bundesland L ansässige Unternehmer U stellt Gartenmöbel und Gartengeräte her. In einer Regionalzeitung wird darüber berichtet, dass das Unternehmen insolvent sei und außerdem der Verdacht bestehe, dass schon Insolvenzstraftaten begangen wurden.

Die Wirtschaftsministerin des Landes wird daraufhin in einer Fernsehsendung gefragt, ob U von Seiten des Landes Unterstützung, etwa in Form einer Landesbürgschaft, erhalten könne. Daraufhin erklärt die Ministerin, dass eine Subvention nicht in Betracht komme. Staatliche Hilfen für insolvente Firmen seien langfristig ungeeignet und wettbewerbsverzerrend, wie sich in der Vergangenheit gezeigt habe. Wenn U pleite sei, dann sei daran nichts zu ändern. U sei selbst dafür verantwortlich, wenn er wegen falscher Geschäftspolitik nicht mehr genug verkaufe.

U ist jedoch nicht insolvent. Die Meldung in der Zeitung war ein Irrtum. Er klagt daher vor dem Verwaltungsgericht gegen das Bundesland L auf Widerruf und Unterlassung der Äußerungen der Ministerin. Hat die Klage Erfolg?

I. Einordnung

Unterlassungsansprüche gegen die Verwaltung sind mittels allgemeiner Leistungs-Unterlassungsklage zu verfolgen.

II. Gliederung

A. Eröffnung des Verwaltungsrechtswegs

§ 40 I VwGO, öffentlich-rechtliche Streitigkeit: Streitentscheidende Normen im Zivilrecht als auch im öffentlichen Recht möglich.

Hier: Äußerung der Ministerin im Zusammenhang mit öffentlich-rechtlicher Tätigkeit.

⇨ Die Äußerung und damit auch ein Anspruch auf Widerruf und Unterlassung sind öffentlich-rechtlich zu beurteilen.

B. Zulässigkeit

1. Statthafte Klageart

⇨ Allgemeine Leistungsklage ist für das Begehren auf Widerruf der Äußerung statthaft (allgemeine Leistungs-Vornahme-Klage).

⇨ Für die begehrte Unterlassung weiterer Äußerungen ist die allgemeine Leistungs-Unterlassungs-Klage statthaft.

2. Klagebefugnis analog § 42 II VwGO

⇨ U hat einen möglichen öffentlich-rechtlichen Anspruch auf Widerruf und Unterlassung beeinträchtigender Äußerungen.

3. Rechtsschutzbedürfnis

4. Sonstiges

C. Objektive Klagehäufung

D. Begründetheit

Öffentlich-rechtlicher Anspruch auf Widerruf und Unterlassung von Äußerungen:

1. Beeinträchtigung von subjektiv-öffentlichen Rechten des Klägers; durch die negative Äußerung über die Geschäftstätigkeit des U ist dieser in seinem Recht aus Art. 12 I GG betroffen.

2. Keine Duldungspflicht.

E. Ergebnis: Die Klage ist zulässig und begründet.

III. Lösung

A. Eröffnung des Verwaltungsrechtswegs

Der Verwaltungsrechtsweg wäre nach § 40 I VwGO eröffnet, wenn eine öffentlich-rechtliche Streitigkeit nichtverfassungsrechtlicher Art vorliegt und keine anderweitige Rechtswegzuweisung eingreift.

Eine öffentlich-rechtliche Streitigkeit liegt dann vor, wenn die streitentscheidenden Normen dem öffentlichen Recht zuzuordnen sind.

Streitentscheidende Normen könnten sowohl Normen des Zivilrechts (§§ 1004, 823 I BGB für den zivilrechtlichen Unterlassungs- und Widerrufsanspruch) als auch solche des öffentlichen Rechts sein (Grundrechte, Rechtsstaatsprinzip gem. Art. 20 III GG als Grundlage für den öffentlich-rechtlichen Widerrufs- und Unterlassungsanspruch). Welche "streitentscheidend" sind, hängt davon, ob der Anspruch dem öffentlichen oder dem privaten Recht zuzuordnen ist.

Der Abwehranspruch ist dann öffentlich-rechtlich, wenn die abzuwehrenden Äußerungen öffentlich-rechtlich zu qualifizieren sind. Dies ist hier fraglich. Der Minister eines Bundeslandes kann sich auch als in seiner Eigenschaft als Privater äußern.

hemmer-Methode: Beachten Sie insbesondere, dass ein Minister, der zugleich parteipolitisch tätig ist, bei Äußerungen z.B. als stellvertretender Landesvorsitzender seiner Partei als Privater handelt. Die Tätigkeit für seine Partei gehört zu dem Handeln als Privater, nicht als Minister!

Entscheidend ist dabei, ob die Ministerin in Ausübung ihres öffentlichen Amts als Ministerin handelte. Dafür spricht nicht schon, dass sie ein Fernsehinterview gegeben hat. Jedoch äußerte sie sich zu Subventionen des Bundeslandes für das Unternehmen des U und damit zu einer Frage, die Gegenstand ihrer amtlichen Tätigkeit als Ministerin ist. Dass sie dabei eine allgemeinpolitische Ansicht äußerte, ändert daran nichts. Denn politische Äußerungen und Wertungen kann eine Ministerin nicht nur als Privatperson oder Parteipolitikerin, sondern auch in ihrer Eigenschaft als Ministerin tätigen.

hemmer-Methode: Erfolgte die Äußerung nicht in amtlicher Eigenschaft als solche, sondern als Privatperson, so kann U einen zivilrechtlichen Anspruch auf Widerruf und Unterlassung gegen die Ministerin persönlich haben.

Die Äußerung betraf auch einen öffentlich-rechtlichen Gegenstand, nämlich das „Ob“ der Vergabe von Subventionen an den Unternehmer U. Diese Frage ist nach der Zwei-Stufen-Theorie stets öffentlich-rechtlich.

hemmer-Methode: Eine Äußerung eines Amtsträgers ist demnach dann als öffentlich-rechtlich zu qualifizieren, wenn (1) der Amtsträger in seiner Eigenschaft als solcher gehandelt hat, und (2) die Äußerung im Zusammenhang mit öffentlich-rechtlicher Tätigkeit erfolgte und nicht ausnahmsweise im Zusammenhang mit privatrechtlichem Handeln der Verwaltung (wie bei den fiskalischen Hilfsgeschäften).[79]

Da die Äußerung demnach öffentlich-rechtlich einzuordnen ist, ist auch ein dagegen gerichteter Widerrufs- und Unterlassungsanspruch öffentlich-rechtlich.

Zudem ist die Streitigkeit nichtverfassungsrechtlicher Art und es liegt keine abdrängende Sonderzuweisung vor. Der Verwaltungsrechtsweg ist somit gem. § 40 I VwGO eröffnet.

B. Zulässigkeit

1. Statthafte Klageart

Die statthafte Klageart richtet sich nach dem Klagebegehren.

a) U begehrt zum einen den Widerruf der Äußerungen der Ministerin. Statthaft könnte eine allgemeine Leistungsklage sein. Dazu müsste das Begehren auf ein Verwaltungshandeln gerichtet sein, das keinen Verwaltungsakt gem. § 35 VwVfG darstellt. Der Widerruf der Äußerung ist eine rein tatsächliche Handlung, die nicht auf die Setzung einer Rechtsfolge gerichtet ist. Diese Handlung beinhaltet daher keine Regelung i.S.v. § 35 VwVfG. Sie ist ein Realakt.

b) Darüber hinaus begehrt U die Unterlassung dieser Äußerungen in der Zukunft.

---

[79] Vgl. dazu Maurer, § 3 Rn. 23; Schwerdtfeger, Rn. 285.

hemmer-Methode: Beachten Sie, dass U zwei verschiedene Begehren verfolgt. Es handelt sich um **zwei Klagen** des U. Aufbaumäßig können diese auch getrennt geprüft werden. Werden Sie jedoch wie hier zusammen geprüft, ist darauf zu achten, dass jede einzelne Zulässigkeitsvoraussetzung für beide Begehren vorliegt. Ebenso ist in der Begründetheit zwischen beiden Klagen zu trennen!

Wird die Unterlassung eines zukünftigen Verwaltungshandelns begehrt, so ist eine allgemeine Leistungsklage in Form der Leistungs-Unterlassungs-Klage die richtige Klageart. Mit der Leistungsklage kann nicht nur ein positives Tun der Verwaltung verlangt werden, sondern auch das Unterlassen künftigen Verwaltungshandelns.

hemmer-Methode: Die allgemeine Leistungsklage hat diese zwei Unterarten. Der Normalfall ist, dass ein Verwaltungshandeln begehrt wird, das kein Verwaltungsakt ist. Dieser Fall wird in Abgrenzung zu einer begehrten Unterlassung auch als Leistung-*Vornahme*-Klage bezeichnet. Da im öffentlichen Recht jedoch auch Unterlassungsansprüche bestehen (dazu s.o. sowie nachfolgend) und diese prozessual durchsetzbar sein müssen, ist hierfür die allgemeine Leistungsklage gerichtet auf die Unterlassung eines bestimmten Verwaltungshandelns statthaft (Leistungs-*Unterlassungs*-Klage).

Da U Unterlassung begehrt, ist die allgemeine Leistungsklage statthaft.

2. Klagebefugnis analog § 42 II VwGO

Zum Ausschluss von Popularklagen ist § 42 II VwGO bei der allgemeinen Leistungsklage analog anzuwenden. U müsste daher einen möglichen Anspruch auf Widerruf und Unterlassung haben. Ungeachtet der umstrittenen Herleitung (s.o.) ist das Bestehen von Widerrufs- und Unterlassungsansprüchen im öffentlichen Recht anerkannt. Gegen die Äußerung der Ministerin könnten U diese Ansprüche zustehen.

3. Rechtsschutzbedürfnis

Hinsichtlich der Unterlassungsklage ist zu beachten, dass ein Anspruch auf Unterlassung zukünftigen Verwaltungshandelns grundsätzlich nur besteht, wenn dieses Handeln konkret zu erwarten ist und **nachträglicher Rechtsschutz nicht ausreichend** ist. Es ist daher grundsätzlich ein qualifiziertes Rechtsschutzbedürfnis erforderlich.[80]

Hierbei sind jedoch wiederum zwei Fälle zu unterscheiden.[81] Wird Unterlassung einer wiederholten Beeinträchtigung begehrt, d.h. ein erstmaliger Eingriff ist bereits erfolgt und es droht dessen Wiederholung, so ist dieses qualifizierte Rechtsschutzbedürfnis grundsätzlich zu bejahen, sofern nicht im konkreten Fall eine Wiederholung ausgeschlossen ist.

Bedeutung erlangt das qualifizierte Rechtsschutzbedürfnis daher v.a. bei der begehrten Unterlassung einer erstmaligen Beeinträchtigung.

Da hier die Unterlassung einer wiederholten Äußerung begehrt wird und die Gefahr einer Wiederholung nicht ausgeschlossen ist, fehlt U nicht das Rechtsschutzbedürfnis für die Unterlassungsklage.

4. Sonstiges

Im Fall von Widerrufs- und Unterlassungsansprüchen ist kein vorheriger Antrag bei der Behörde erforderlich. Anders als bei der begehrten Vornahme sonstiger Verwaltungshandlungen besteht bei Ansprüchen im Zusammenhang mit Äußerungen von Amtsträgern der Zweck des Rechtsschutzes gerade darin, eine *gerichtliche* Feststellung über den Widerruf und die Unterlassung herbeizuführen. Insbesondere im Hinblick auf die Unterlassung künftiger Äußerungen kann nur eine gerichtliche Verurteilung zur Unterlassung dem Kläger ausreichend Sicherheit und Klärung gewährleisten.

---

80 Hemmer/Wüst, Verwaltungsrecht II, Rn. 194.
81 Hemmer/Wüst, Verwaltungsrecht II, Rn. 189.

Eine behördliche Erklärung, künftige Äußerungen zu unterlassen, genügt dem Rechtsschutz des Einzelnen nicht.

Von dem Vorliegen der weiteren Zulässigkeitsvoraussetzungen (wie Zuständigkeit des Gerichts, Beteiligten- und Prozessfähigkeit, ordnungsgemäße Klageerhebung usw.) ist auszugehen.

Ein Vorverfahren sowie die Einhaltung einer Klagefrist sind bei der allgemeinen Leistungsklage nicht erforderlich.

C. Objektive Klagehäufung

Da U hier zwei Begehren verfolgt, müssten die Voraussetzungen der objektiven Klagehäufung gem. § 44 VwGO vorliegen. Da sie sich gegen denselben Beklagten, das Bundesland, richten, dasselbe Gericht zuständig ist und in engem Zusammenhang stehen, ist dies gegeben.

D. Begründetheit

Die Klage ist begründet, wenn sie sich gegen den richtigen Beklagten richtet, und U ein Anspruch auf Widerruf sowie auf Unterlassung zusteht.

Passivlegitimiert ist das Bundesland L.[82]

U müsste einen Anspruch auf Widerruf und auf Unterlassung haben.

Die Herleitung öffentlich-rechtlicher Ansprüche auf Widerruf und Unterlassung gegen Äußerungen von Amtsträgern ist umstritten. Deren Grundlage wird z.T. in den Grundrechten, insbesondere im allgemeinen Persönlichkeitsrecht gem. Art. 2 I i.V.m. 1 I GG, im Rechtsstaatsprinzip oder in einer analogen Anwendung der §§ 1004, 823 I BGB gesehen. Diese Ansprüche sind jedenfalls gewohnheitsrechtlich anerkannt, und unstr. sind die Voraussetzungen für die Ansprüche auf Widerruf und Unterlassung in Anlehnung an §§ 1004, 823 I BGB:

- Beeinträchtigung subjektiv-öffentlicher Rechte, insbes. Grundrechte, und
- keine Duldungspflicht des Betroffenen.

1. Beeinträchtigung von subjektiv-öffentlichen Rechten des Klägers

U müsste durch die Äußerung in subjektiv-öffentlichen Rechten beeinträchtigt sein.

Durch die Äußerung könnte er in seinem Grundrecht aus Art. 12 I GG betroffen sein. Dazu müsste der Schutzbereich der Berufsfreiheit[83] eröffnet sein. Die Tätigkeit des U als Fabrikant von Gartenbedarf ist eine erlaubte Tätigkeit, die auf Dauer angelegt ist und der Schaffung und Erhaltung der Lebensgrundlage dient und damit dem Beruf des U.

Die Äußerung müsste einen Eingriff in den Schutzbereich darstellen. Eingriff ist jede staatliche Maßnahme, die dem Einzelnen ein Verhalten, das in den Schutzbereich eines Grundrechts fällt, unmöglich macht oder wesentlich erschwert.

Die Äußerungen stellen zwar keinen finalen zielgerichteten Eingriff bspw. in Form eines Verbots dar. U wird aber durch die Äußerung die Ausübung seines Berufs erschwert, wenn in der Öffentlichkeit verbreitet wird, dass er insolvent sei und eine falsche Geschäftspolitik gemacht habe. Die Äußerung hat auch eine objektiv berufsregelnde Tendenz, denn es ist davon auszugehen, dass sie eine unmittelbare und erhebliche Auswirkung auf die unternehmerische Tätigkeit des U hat. Damit ist ein Grundrechtseingriff zu bejahen.

2. Keine Duldungspflicht

Fraglich ist, ob U die Pflicht hat, diese Beeinträchtigung zu dulden. Duldungspflichten für Beeinträchtigungen von Grundrechten müssen sich wegen des Grundsatzes des Vorbehalts des Gesetzes aus den Gesetzen ergeben.[84]

Zwar haben staatliche Stellen grundsätzlich die Möglichkeit, sich öffentlich zu äußern.

---

[82] Sofern das Bundesland nicht von der Möglichkeit nach § 78 I Nr. 2 VwGO Gebrauch gemacht hat. Dann ist das Ministerium selbst passivlegitimiert.

[83] Zur Definition vgl. Hemmer/Wüst, Öffentliches Recht für Anfangssemester, Rn. 217.

[84] Vgl. Schwerdtfeger, Rn. 293.

Dies folgt insbesondere für die Bundesregierung und die Landesregierungen aus ihrer verfassungsrechtlichen Funktion. Fraglich und umstritten ist jedoch, inwieweit eine Befugnis besteht, durch Äußerungen in Grundrechte einzugreifen.[85] Für Warnungen wird insoweit von der Rspr. eine Befugnis aus der Aufgabe der Regierung zur Information und Öffentlichkeitsarbeit abgeleitet.

Hier ging es jedoch nicht um eine Warnung, sondern darum, dass über U unwahre Tatsachen verbreitet wurden, soweit von einer drohenden Insolvenz gesprochen wurde. Die Äußerung über eine falsche Geschäftspolitik stellt zudem die Äußerung einer negativen Meinung dar. Eine Befugnis der Ministerin auch als Mitglied der Landesregierung gibt es dafür nicht.

Dabei ist es unerheblich, dass zuvor in einer Zeitung darüber berichtet wurde. Staatliche Stellen dürfen „Informationen" in den Medien nicht ungeprüft übernehmen und weiterverbreiten.

Eine Duldungspflicht des U besteht nicht. U hat einen Anspruch auf Widerruf und Unterlassung der Äußerungen. Die Klage ist begründet.

E. Ergebnis

Die Klage ist erfolgreich.

IV. Zusammenfassung

1. Die allgemeine Leistungsklage ist statthaft, wenn die Unterlassung zukünftigen Verwaltungshandelns begehrt wird. Es handelt sich dann um den Unterfall der allgemeinen **Leistungs-Unterlassungs-Klage**.
2. Bei der Leistungs-Unterlassungs-Klage ist die Klage auf Unterlassung wiederholter Beeinträchtigung zu unterscheiden von der Klage auf Unterlassung einer erstmaligen Beeinträchtigung. Für erstere ergibt sich das erforderliche Rechtsschutzbedürfnis aus der Wiederholungsgefahr wegen der bereits erfolgten Beeinträchtigung.
3. Die Voraussetzungen des **öffentlich-rechtlichen Anspruchs auf Widerruf und Unterlassung** von Äußerungen richten sich analog nach den Voraussetzungen des zivilrechtlichen Anspruchs aus §§ 1004, 823 I BGB. Erforderlich ist eine **Beeinträchtigung von Rechten, die der Betroffene nicht zu dulden hat**.

V. Vertiefung

- Hemmer/Wüst, Basics Öffentliches Recht, Rn. 196 ff.

[85] Vgl. dazu den Klassiker „Warnung vor Jugendsekten", BVerfG NJW 2002, 2621 ff.

Kapitel V: Allgemeine Feststellungsklage

Fall 42: Allgemeines zur Allg. FK

Sachverhalt:

Bäckermeister B betreibt eine Bäckerei in der Stadt S. Er stellt in seinem Ladenlokal Tische auf, damit Kunden während der Öffnungszeiten der Bäckerei Kaffee, andere alkoholfreie Getränke und Backwaren an Ort und Stelle verzehren können. Da die Tische an den Fenstern stehen, kommt es vor, dass die Kunden sich zum Kaffeetrinken auf die Fensterbank setzen. Als die zuständige Behörde davon erfährt, fordert sie B auf, eine Gaststättenerlaubnis zu beantragen, da er eine Gaststätte betreibe, die nicht nach § 2 II GastG erlaubnisfrei sei. B ist jedoch der Ansicht, dass er keine Gaststättenerlaubnis benötigt. Dies möchte er einklagen. Ist eine Klage des B erfolgreich?

I. Einordnung

Mittels der allgemeinen Feststellungsklage gem. § 43 I VwGO kann das Bestehen oder Nichtbestehen eines Rechtsverhältnisses gerichtlich festgestellt werden.

II. Gliederung

A. Eröffnung des Verwaltungsrechtswegs

B. Zulässigkeit

1. Statthafte Klageart

⇨ Rechtsschutzziel des B: Feststellung, dass er keiner Gaststättenerlaubnis bedarf. Statthaft ist eine allgemeine Feststellungsklage § 43 I VwGO, nicht eine Verpflichtungsklage auf Erteilung der Erlaubnis.

2. Subsidiarität der allgemeinen Feststellungsklage, § 43 II S. 1 VwGO

3. Berechtigtes Interesse an der Feststellung, § 43 I VwGO

4. Klagebefugnis analog § 42 II VwGO Str., ob § 42 II VwGO analog anzuwenden ist bei der allgemeinen Feststellungsklage.

5. Sonstiges

C. Begründetheit

Ist der Betrieb des B erlaubnispflichtig nach § 2 GastG?

B betreibt eine Gaststätte nach § 1 GastG. Es liegt jedoch die Ausnahme gem. § 2 II GastG vor, da B keine Sitzgelegenheiten bereitstellt.

D. Ergebnis: Die Klage ist zulässig und begründet.

III. Lösung

A. Eröffnung des Verwaltungsrechtswegs

Der Verwaltungsrechtsweg ist gem. § 40 I VwGO eröffnet. Die streitentscheidenden Normen sind hier die des GastG und damit öffentlich-rechtlich. Es liegt daher eine öffentlich-rechtliche Streitigkeit vor. Mangels doppelter Verfassungsunmittelbarkeit ist diese nichtverfassungsrechtlicher Art. Eine abdrängende Sonderzuweisung greift nicht ein.

B. Zulässigkeit

1. Statthafte Klageart

Die statthafte Klageart richtet sich nach dem Begehren des Klägers. Statthaft ist eine Verpflichtungsklage, wenn der Erlass eines Verwaltungsakts begehrt wird. Dies ist jedoch fraglich.

Würde B den Erlass einer Gaststättenerlaubnis begehren, so wäre dies mit einer Verpflichtungsklage zu erstreiten. Darum geht es B jedoch nicht. Er ist der Ansicht, dass er gerade keine Gaststättenerlaubnis brauche. Daher ist die Verpflichtungsklage nicht statthaft.

hemmer-Methode: Eine Verpflichtungsklage würde B auch nicht weiterhelfen, wenn sein Betrieb tatsächlich nicht erlaubnispflichtig ist. Denn die Verpflichtungsklage wäre jedenfalls unbegründet, da er keinen Anspruch auf Erteilung der Erlaubnis hat, wenn sein Betrieb nicht erlaubnispflichtig ist. Eine Erlaubnis, Genehmigung oder sonstige Gestattung darf nur erteilt werden, wenn die Tätigkeit auch gestattungspflichtig ist! Eine dennoch erteilte Gestattung ist rechtswidrig!

B begehrt vielmehr die Feststellung, dass sein Betrieb keiner Gaststättenerlaubnis bedarf. Statthaft könnte die allgemeine Feststellungsklage gem. § 43 I VwGO sein. Dazu müsste B das Bestehen oder Nichtbestehen eines Rechtsverhältnisses begehren. **Rechtsverhältnis** ist die sich aus einer öffentlich-rechtlichen Rechtsnorm ergebende Beziehung zwischen zwei Personen oder zwischen einer Person und einer Sache. Das Rechtsverhältnis muss streitig sein.[86]

Rechtsverhältnis ist hier die aus § 2 I, II GastG sich ergebende Erlaubnispflichtigkeit oder -freiheit des Betriebs des B. Dies stellt eine rechtliche Beziehung zwischen B und der zuständigen Behörde dar. Dieses Rechtsverhältnis ist streitig, denn die Behörde hat die Auffassung geäußert, dass B eine Erlaubnis benötige. Rechtsverhältnis ist demnach die Erlaubnispflichtigkeit aus § 2 GastG. Da B die Feststellung begehrt, dass sein Betrieb nicht erlaubnispflichtig ist, begehrt er die Feststellung des *Nicht*bestehens dieses Rechtsverhältnisses.

Die allgemeine Feststellungsklage ist statthaft.

[86] Hemmer/Wüst, Öffentliches Recht für Anfangssemester, Rn. 612.

2. Subsidiarität der allgemeinen Feststellungsklage, § 43 II S. 1 VwGO

Die Feststellung kann nicht begehrt werden, soweit der Kläger seine Rechte durch Gestaltungs- oder Leistungsklage verfolgen kann oder hätte verfolgen können, § 43 II S. 1 VwGO.

Dies war und ist dem B hier nicht möglich. Insbesondere kann er seine Rechte nicht durch eine Verpflichtungsklage gerichtet auf Erteilung einer Gaststättenerlaubnis verfolgen. Denn es geht nicht um die Frage, ob B einen Anspruch auf die Erlaubnis hat, sondern gerade darum, ob B überhaupt einer Erlaubnis bedarf. Ist der Betrieb des B tatsächlich erlaubnisfrei, so kann nicht von ihm verlangt werden, dass er eine Verpflichtungsklage erhebt, die dann mangels Erlaubnispflichtigkeit erfolglos ist.

hemmer-Methode: Die Subsidiaritätsklausel verfolgt mehrere Zwecke. Zum einen dient sie dazu, dass die besonderen Zulässigkeitsvoraussetzungen von Anfechtungs- und Verpflichtungsklage (Vorverfahren, Klagefrist) nicht umgangen werden. An § 43 II S. 1 VwGO scheitert daher eine Klage auf Feststellung der Rechtswidrigkeit eines (nicht erledigten) Verwaltungsakts. Denn gegen einen (belastenden) Verwaltungsakt kann der Kläger seine Rechte mittels Anfechtungsklage verfolgen, bzw. hätte dies tun können, wenn bereits die Fristen hierfür verstrichen sind! Zudem hat die Subsidiarität das Ziel, dass die rechtsschutzintensivere Klageart zu wählen ist. Denn eine Feststellungsklage ist im Vergleich zu allen anderen Arten von Klagen (Leistungs- und Gestaltungsklagen) weniger rechtsschutzintensiv, weil ein Leistungsurteil vollstreckbar ist und ein Gestaltungsurteil den rechtlichen Erfolg selbst rechtsgestaltend herbeiführt.

3. Berechtigtes Interesse an der Feststellung, § 43 I VwGO

B müsste ein berechtigtes Interesse an der Feststellung haben.

Die Feststellung betrifft die Frage, ob B seinen Betrieb wie bisher weiterführen kann oder einer Erlaubnis nach § 2 GastG bedarf. Das rechtliche Interesse an der Feststellung besteht.

4. Klagebefugnis analog § 42 II VwGO

Die analoge Anwendung des § 42 II VwGO bei der allgemeinen Feststellungsklage ist str[87]. Von der h.M. wird dies, wie bei der allgemeinen Leistungsklage, damit begründet, dass bei der Feststellungsklage Popularrechtsbehelfe ausgeschlossen werden müssten.

Ist B klagebefugt und die Feststellungsklage daher auch nach h.M. nicht aus diesem Grund unzulässig, so kann die Streitentscheidung offen bleiben. Dazu müsste B geltend machen, in eigenen Rechten verletzt zu sein. Das Rechtsverhältnis müsste daher seine subjektiv-öffentlichen Rechte betreffen.

Die Behörde verlangt von B, eine Gaststättenerlaubnis zu beantragen. Sie ist der Ansicht, dass der Betrieb des B erlaubnispflichtig ist. Dadurch ist B in seinem subjektiv-öffentlichen Recht aus Art. 12 I GG betroffen und, sollte die Ansicht der Behörde unzutreffend sein, verletzt. B ist demnach klagebefugt.

5. Sonstiges

Von dem Vorliegen der weiteren Zulässigkeitsvoraussetzungen (wie Zuständigkeit des Gerichts, Beteiligten- und Prozessfähigkeit, ordnungsgemäße Klageerhebung usw.) ist auszugehen.

C. Begründetheit

Die Klage ist begründet, wenn das streitige Rechtsverhältnis nicht besteht. Dies ist der Fall, wenn der Betrieb des B keiner Gaststättenerlaubnis bedarf.

[87] Hemmer/Wüst, Öffentliches Recht für Anfangssemester, Rn. 617 ff.

hemmer-Methode: Den richtigen Obersatz für die Begründetheit der allgemeinen Feststellungsklage zu finden bereitet häufig unnötige Schwierigkeiten oder wird ganz unterlassen. Denn es gibt für die allgemeine Feststellungsklage keine Vorschrift in der VwGO, die dies wie § 113 I, V VwGO für Anfechtungs-, Verpflichtungs- und Fortsetzungsfeststellungsklage bestimmt. Wegen der Vielzahl der möglichen Rechtsverhältnisse wäre dies auch nicht möglich. Der Obersatz ist jedoch wichtig, da hiervon die Begründetheitsprüfung abhängt. Orientieren Sie sich zunächst an § 43 I VwGO und machen Sie sich dann klar, um **welches Rechtsverhältnis** es genau geht. Dies haben Sie oben in der Statthaftigkeit festgelegt!

1. Gem. § 2 I S. 1 GastG bedarf der Betrieb eines Gaststättengewerbes der Erlaubnis. Was ein Gaststättengewerbe ist, richtet sich nach § 1 GastG. Da B hier sowohl Getränke als auch zubereitete Speisen zum Verzehr an Ort und Stelle verabreicht, ist sein Betrieb gem. § 1 I Nr. 1, 2 GastG ein Gaststättengewerbe.

2. Das Gaststättengewerbe des B könnte jedoch gem. § 2 II GastG, der eine Ausnahme zu § 2 I S. 1 GastG darstellt, erlaubnisfrei sein.

Dies ist hier der Fall. Laut Sachverhalt schenkt B nur alkholfreie Getränke aus und verabreicht Speisen aus seiner Bäckerei an die Kunden derselben. Damit besteht keine Erlaubnispflicht.

Das streitige Rechtsverhältnis besteht nicht. Die Klage ist begründet.

D. Ergebnis

Die Klage ist erfolgreich.

IV. Zusammenfassung

1. Die allgemeine Feststellungsklage nach § 43 I VwGO ist statthaft, wenn die Feststellung des Bestehens oder Nichtbestehens eines Rechtsverhältnisses begehrt wird.

2. **Rechtsverhältnis** ist die **sich aus einer öffentlich-rechtlichen Rechtsnorm ergebende Beziehung** zwischen zwei Personen oder zwischen einer Person und einer Sache. Das Rechtsverhältnis muss **streitig** sein.
3. Die allgemeine Feststellungsklage ist gegenüber anderen Klagearten **subsidiär** (**§ 43 II S. 1 VwGO**). Sie ist nicht zulässig, wenn der Kläger seine Rechte durch eine andere Klageart verfolgen kann oder hätte verfolgen können.
4. Nach h.M. ist **§ 42 II VwGO** zum Ausschluss von Popularklagen bei der allgemeinen Feststellungsklage **analog** anzuwenden. Der Kläger muss daher geltend machen, dass das Rechtsverhältnis seine subjektiv-öffentlichen Rechte betrifft.
5. Das erforderliche berechtigte Interesse gem. § 43 I VwGO kann **jedes schutzwürdige Interesse** rechtlicher, wirtschaftlicher, ideeller oder sonstiger Art sein.
6. Bei der Prüfung der **Begründetheit** der allgemeinen Feststellungsklage ist zu fragen, ob das streitige Rechtsverhältnis besteht bzw. nicht besteht.

V. Vertiefung

- Hemmer/Wüst, Basics Öffentliches Recht, Rn. 220 ff.
- Vgl. dazu Life&Law 2001, 207 ff.; 2001, 280 ff.

Fall 43: Nichtigkeit des Verwaltungsakts

Sachverhalt:

E ist Eigentümer eines großen Grundstücks. Auf diesem befinden sich vier bauliche Anlagen (ein kleines Wochenendhaus, zwei Geräteschuppen und eine Garage). Die zuständige Behörde erlässt gegen E einen Bescheid mit der Anordnung, E habe „das auf dem Grundstück befindliche Gebäude" zu beseitigen. Nach Ablauf der Widerspruchsfrist erhebt E Klage auf Feststellung, dass der Bescheid nichtig sei. Ist die Klage erfolgreich?

I. Einordnung

Soll die Nichtigkeit eines Verwaltungsakts nach § 44 VwVfG festgestellt werden, so ist die allgemeine Feststellungsklage statthaft.

II. Gliederung

A. Eröffnung des Verwaltungsrechtswegs

B. Zulässigkeit der Klage

1. Statthafte Klageart

⇨ Statthaft ist die Feststellungsklage in Form der Nichtigkeitsfeststellungsklage, § 43 I Alt. 3 VwGO.

2. Keine Geltung der Subsidiaritätsklausel, § 43 II S. 2 VwGO.

3. Berechtigtes Interesse, § 43 I VwGO

⇨ Zwar ist ein nichtiger Verwaltungsakt unwirksam (§ 43 III VwVfG) und belastet E nicht rechtlich. Der Rechtsschein eines erlassenen Verwaltungsakts stellt jedoch auch bei Nichtigkeit eine Belastung des Adressaten dar. E hat ein berechtigtes Interesse.

4. Klagebefugnis analog § 42 II VwGO Anwendbarkeit str.

5. Sonstiges

C. Begründetheit

Ist der Verwaltungsakt nichtig?

⇨ Er ist rechtswidrig, denn wegen Unbestimmtheit verstößt er gegen § 37 I VwVfG.

⇨ Besonders schwerwiegender und offensichtlicher Fehler (+): Es ist nicht klar, was der Regelungsgegenstand der Anordnung ist. Sie kann nicht befolgt werden und ist daher in einem wesentlichen Punkt unverständlich.

⇨ Der Verwaltungsakt ist nichtig.

D. Ergebnis: Die Klage ist zulässig und begründet.

III. Lösung

A. Eröffnung des Verwaltungsrechtswegs

Der Verwaltungsrechtsweg ist gem. § 40 I VwGO eröffnet. Die streitentscheidenden Normen sind hier die des öffentlichen Baurechts und damit öffentlich-rechtlich. Es liegt daher eine öffentlich-rechtliche Streitigkeit vor. Mangels doppelter Verfassungsunmittelbarkeit ist diese nichtverfassungsrechtlicher Art. Eine abdrängende Sonderzuweisung greift nicht ein.

B. Zulässigkeit der Klage

1. Statthafte Klageart

E begehrt die Feststellung der Nichtigkeit des Bescheids. Statthaft könnte die allgemeine Feststellungsklage gem. § 43 I VwGO in Form der sog. **Nichtigkeitsfeststellungsklage** sein (§ 43 I Alt. 3 VwGO). Dazu müsste E die Feststellung der Nichtigkeit eines Verwaltungsakts begehren. Die Anordnung der Beseitigung stellt einen Verwaltungsakt gem. § 35 VwVfG dar. Daher ist die Nichtigkeitsfeststellungsklage gem. § 43 I Alt. 3 VwGO statthaft.

hemmer-Methode: Da die Feststellung der Nichtigkeit eines Verwaltungsakts in § 43 I VwGO besonders erwähnt ist, brauchen Sie nicht zu prüfen, ob um ein „Rechtsverhältnis" i.S.d. Vorschrift gestritten wird.

2. Keine Geltung der Subsidiaritätsklausel, § 43 II S. 2 VwGO

Die Subsidiaritätsklausel gilt gem. § 43 II S. 2 VwGO nicht für den Fall, dass die Feststellung der Nichtigkeit eines Verwaltungsakts begehrt wird. Die Nichtigkeitsfeststellungsklage ist daher auch dann zulässig, wenn eine Anfechtungsklage statthaft wäre.

hemmer-Methode: Dies ist deshalb wichtig, da von der h.M. angenommen wird, dass auch gegen einen nach § 44 VwVfG nichtigen Verwaltungsakt die Anfechtungsklage statthaft[88] ist und das Gericht dann den nichtigen Verwaltungsakt aufhebt.[89] D.h. bei nichtigem Verwaltungsakt besteht oder bestand nach h.M. stets die Möglichkeit, eine statthafte Anfechtungsklage zu erheben.

Daher ist es hier unbeachtlich, dass die Widerspruchsfrist abgelaufen ist. E hätte zwar seine Rechte vor Ablauf der Frist mittels einer Anfechtungsklage verfolgen können. Dies schließt jedoch die Zulässigkeit der allgemeinen Feststellungsklage in Form der Nichtigkeitsfeststellungsklage nicht aus.

3. Berechtigtes Interesse, § 43 I VwGO

E müsste ein berechtigtes Interesse an der gerichtlichen Feststellung haben. Hierzu genügt jedes anerkannte, schutzwürdige rechtliche, wirtschaftliche oder ideelle Interesse.

Hier könnte E ein rechtliches Interesse an der Feststellung haben. Er wird auch bei Nichtigkeit des Verwaltungsakts durch den bestehenden Rechtsschein belastet. Mit der Feststellung wäre klargestellt, dass von dem Verwaltungsakt keine Wirkungen ausgehen und E nicht zum Abriss eines Gebäudes verpflichtet ist. Er hat daher ein rechtliches Interesse an der Feststellung.

4. Klagebefugnis analog § 42 II VwGO

Die analoge Anwendung des § 42 II VwGO ist schon für die allgemeine Feststellungsklage ist nach h.M. zum Ausschluss von Popularklagen erforderlich. Für die Nichtigkeitsfeststellungsklage gilt dies aufgrund der Nähe zur Anfechtungsklage erst Recht.

E müsste also geltend machen, in eigenen subjektiv-öffentlichen Rechten verletzt zu sein. Als Adressat des belastenden Verwaltungsakts ist er möglicherweise in seinem Recht aus Art. 14 I GG verletzt.

hemmer-Methode: Die Frage der analogen Anwendung des § 42 II VwGO könnte daher hier auch offengelassen werden. Wenn Sie die Klagebefugnis prüfen, können Sie bei der Nichtigkeitsfeststellungsklage wie bei der Anfechtungsklage vorgehen und mit der Adressatenstellung argumentieren. Unerheblich ist dabei die mögliche Nichtigkeit des Verwaltungsakts.

5. Sonstiges

Von dem Vorliegen der weiteren Zulässigkeitsvoraussetzungen (wie Zuständigkeit des Gerichts, Beteiligten- und Prozessfähigkeit, ordnungsgemäße Klageerhebung usw.) ist auszugehen.

C. Begründetheit

Die Klage ist begründet, wenn der Verwaltungsakt nichtig ist.

Ein Nichtigkeitsgrund gem. § 44 II VwVfG liegt nicht vor.

---

88 Kopp/Schenke, VwGO, § 42 Rn. 3; Schmitt Glaeser, Rn. 139; Hufen, § 14 Rn. 10.

89 So Kopp/Schenke a.a.O. Dies ist allerdings sehr str. Z.T. wird vertreten, dass in diesem Fall die Anfechtungsklage unbegründet und dann auf eine Nichtigkeitsfeststellungsklage gem. § 43 I Alt. 3 VwGO umzustellen sei. So z.B. Schmitt Glaeser, a.a.O.; Hufen, a.a.O.

Da auch kein Fall des § 44 III VwVfG vorliegt, ist zu prüfen, ob die Anordnung, „das Gebäude auf dem Grundstück zu beseitigen", gem. § 44 I VwVfG nichtig ist.

Dazu müsste der Verwaltungsakt an einem besonders schwerwiegenden Fehler leiden und dieser Fehler offensichtlich sein.

1. „Fehler" i.S.d. § 44 I VwVfG bedeutet Rechtswidrigkeit.[90] Es ist daher zunächst zu prüfen, ob der Verwaltungsakt rechtswidrig ist.

hemmer-Methode: Die Nichtigkeit gem. § 44 VwVfG ist die Folge **qualifizierter Rechtswidrigkeit** des Verwaltungsakts. Grundsätzlich ist auch ein rechtswidriger Verwaltungsakt wirksam, wie sich aus § 43 VwVfG ergibt (rechtswidrigkeitsunabhängige Wirksamkeit des Verwaltungsakts). Nur ausnahmsweise führt ein Rechtsfehler zur Unwirksamkeit des Verwaltungsakts, nämlich im Fall der Nichtigkeit, vgl. § 43 III VwVfG.

Die Anordnung könnte gegen § 37 I VwVfG verstoßen und damit materiell rechtswidrig sein.[91] Nach dieser Vorschrift muss ein Verwaltungsakt inhaltlich hinreichend bestimmt sein. Dazu muss die getroffene Regelung so eindeutig sein, dass der Betroffene eines Verwaltungsakts seine Rechte und Pflichten daraus entnehmen kann.[92]

hemmer-Methode: § 37 I VwVfG ist Ausprägung des allgemeinen, aus dem Rechtsstaatsprinzip folgenden Bestimmtheitsgebots (s. Fall 18). Beachten Sie allerdings, dass ein Verwaltungsakt wesentlich genauer bestimmt sein muss als z.B. eine Rechtsnorm. Während Rechtsnormen in aller Regel abstrakt-generelle Regelungen beinhalten, die entsprechend zu formulieren und daher auslegungsbedürftig sind, regelt der Verwaltungsakt einen *Einzelfall* (vgl. § 35 VwVfG).

Dies bedeutet, dass für den Betroffenen klar sein muss, welche konkreten Rechtsfolgen für ihn gelten.

Die Anordnung bestimmt, dass E ein Gebäude auf dem Grundstück beseitigen muss. Da sich auf diesem Grundstück mehrere Gebäude befinden, ist nicht klar, auf welches der vier Gebäude sich die Anordnung bezieht. Dies wird auch nicht in anderer Weise aus dem Bescheid erkennbar und kann auch nicht mittels einer Auslegung des Verwaltungsakts festgestellt werden. E kann nicht erkennen, welches Gebäude er abreißen muss. Der Verwaltungsakt ist nicht ausreichend bestimmt. Er ist daher wegen Verstoß gegen § 37 I VwVfG rechtswidrig.

2. Dieser Fehler müsste besonders schwerwiegend und zudem offensichtlich sein.

Dies ist nicht ohne weiteres bei jedem Verstoß gegen das Bestimmtheitsgebot gem. § 37 I VwVfG anzunehmen. Vielmehr kann auch ein unbestimmter Verwaltungsakt „nur" einfach rechtswidrig sein, ohne dass dies ein besonders schwerwiegender und offensichtlicher Fehler ist.[93]

Ein scherwiegender Fehler liegt jedoch i.d.R. darin, dass der Verwaltungsakt in wesentlichen Punkten unklar oder unverständlich ist. Die Regelung des Verwaltungsakts ist, dass E zur Beseitigung eines Gebäudes verpflichtet werden soll. Entscheidend für diese Regelung ist nicht nur, dass irgendetwas abgerissen werden soll, sondern welche Anlage der Beseitigungspflicht unterliegt. Da der Bescheid in einem entscheidenden Punkt unverständlich ist, liegt ein besonders schwerwiegender Fehler vor.

Dieser müsste offensichtlich sein. Da E weiß, dass auf seinem Grundstück vier bauliche Anlagen stehen, ist für ihn ohne weiteres ersichtlich, dass die Anordnung unbestimmt ist und daher an einem schwerwiegenden Fehler leidet. Er kann mit dem Verwaltungsakt „nichts anfangen". Daher ist der Fehler offensichtlich.

Der Verwaltungsakt ist gem. § 44 I VwVfG nichtig. Die Klage ist begründet.

---

90 Kopp/Ramsauer, § 44 Rn. 1.

91 Die Bestimmtheit ist keine Frage der formellen, sondern der materiellen Rechtmäßigkeit, vgl. Hemmer/Wüst, Verwaltungsrecht I, Rn. 316.

92 Maurer, § 10 Rn. 18.

93 Kopp/Ramsauer, § 44 Rn. 27.

D. Ergebnis

Die Klage ist erfolgreich.

IV. Zusammenfassung

1. Für die **Feststellung der Nichtigkeit eines Verwaltungsakts** ist die allgemeine Feststellungsklage gem. § 43 I Alt. 3 VwGO statthaft. Mit Ausnahme der Subsidiaritätsklausel (§ 43 II S. 2 VwGO) gelten die gleichen Zulässigkeitsvoraussetzungen wie für die sonstigen Fälle der allgemeinen Feststellungsklage.

2. Die Nichtigkeit eines Verwaltungsakts nach § 44 VwVfG ist die Folge qualifizierter Rechtswidrigkeit. § 44 VwVfG ist die Ausnahme von dem aus § 43 VwVfG zu entnehmenden Grundsatz, dass ein Verwaltungsakt trotz Rechtswidrigkeit wirksam ist.

3. Das Erfordernis der ausreichenden **Bestimmtheit des Verwaltungsakts** gem. § 37 I VwVfG beinhaltet, dass der Betroffene aus dem Verwaltungsakt **erkennen kann welche Rechtsfolge** gesetzt wird.

V. Vertiefung

- Hemmer/Wüst, Basics Öffentliches Recht, Rn. 227.

Kapitel VI: Normenkontrolle

Fall 44: Antrag auf Normenkontrolle § 47 VwGO

Sachverhalt:

Die bayrische Gemeinde Trautning erlässt eine formell rechtmäßige Satzung über die gemeindeeigene Veranstaltungshalle. Da es vor kurzem während der Buchvorstellung eines umstrittenen Autors zu Tumulten und Beschädigungen des Hallenmobiliars kommt, ist in § 5 der Satzung vorgesehen, dass publizistische Veranstaltungen, insbesondere Buchvorstellungen, Lesungen, literarische Diskussionen u.ä. in der Halle nicht stattfinden können. Buchhändler K, der in der Vergangenheit mehrfach Autorenlesungen in der Veranstaltungshalle durchgeführt hat, beabsichtigt dies auch in Zukunft. Er hat schon für das nächste Jahr mehrere Termine. Er möchte deshalb gegen die Satzung gerichtlich vorgehen. Welche Möglichkeiten hat er?

I. Einordnung

Untergesetzliche Rechtsnormen können nach § 47 VwGO gerichtlich überprüft werden.

II. Gliederung

A. Zulässigkeit des Antrags
1. Prüfungsgegenstand, § 47 I VwGO
2. Im Rahmen der Gerichtsbarkeit, § 47 I VwGO
3. Antragsbefugnis, § 47 II S. 1 VwGO
4. Antragsfrist, § 47 II S. 1 VwGO
5. Sonstiges

B. Begründetheit des Antrags
1. Ermächtigungsgrundlage der Satzung

⇨ Art. 24 I Nr. 1 BayGO

2. Formelle Rechtmäßigkeit der Satzung
3. Materielle Rechtmäßigkeit der Satzung
§ 5 der Satzung verstößt gegen Art. 3 I GG, da kein sachlicher Grund für die Ungleichbehandlung der ausgeschlossenen Veranstaltungsart zu anderen Veranstaltungen vorliegt.

⇨ § 5 der Satzung ist ungültig.

C. Ergebnis: Der Antrag ist zulässig und begründet.

III. Lösung

In Betracht kommt ein Antrag auf Normenkontrolle an den VGH[94] gem. § 47 VwGO.

Dieser ist erfolgreich, wenn er zulässig und begründet ist.

A. Zulässigkeit des Antrags

1. Prüfungsgegenstand, § 47 I VwGO

hemmer-Methode: I.R.d. § 47 VwGO überprüft der VGH/das OVG die Gültigkeit einer Rechtsvorschrift. Prüfungsgegenstand ist nur die Rechtsvorschrift. Unterscheiden Sie davon die Situation, dass eine Rechtsnorm im Rahmen einer sonstigen verwaltungsgerichtlichen Klage überprüft wird (sog. „**inzidente**" Überprüfung einer Rechtsnorm, vgl. Fall 18). Eine inzidente Überprüfung einer Rechtsnorm erfolgt z.B. bei der Anfechtungsklage, wenn die Gültigkeit der Rechtsgrundlage zweifelhaft ist. Prüfungsgegenstand ist in diesem Fall jedoch der Verwaltungsakt. Im Gegensatz zu dieser inzidenten Überprüfung einer Rechtsvorschrift wird die Überprüfung i.R.d. Normenkontrolle nach § 47 VwGO auch „**prinzipal**" genannt.

---
[94] In anderen Bundesländern teilweise OVG.

In Bayern ist zusätzlich auch noch die Möglichkeit einer sog. Popularklage nach Art. 98 S. 4 BV, 55 VerfGHG zu denken.

Es müsste ein tauglicher Prüfungsgegenstand zur Überprüfung gestellt sein. Prüfungsgegenstand können gem. § 47 I VwGO Satzungen nach dem BauGB (Nr. 1) oder andere im Rang unter dem Landesgesetz stehende Rechtsvorschriften sein, sofern das Landesrecht dies bestimmt (Nr. 2).

Da hier keine Satzung nach dem BauGB vorliegt, könnte die Satzung nach § 47 I Nr. 2 VwGO tauglicher Prüfungsgegenstand sein. Art. 5 BayAGVwGO macht von der Möglichkeit des § 47 I Nr. 2 VwGO Gebrauch, so dass die Normenkontrolle für die im Rang unter dem Landesgesetz stehenden Rechtsvorschriften möglich ist.

hemmer-Methode: Außer Berlin, Hamburg und Nordrhein-Westfalen haben alle Bundesländer die Normenkontrolle i.R.d. § 47 I Nr. 2 VwGO eingeführt.[95] In diesen drei genannten Ländern wäre ein Antrag auf Normenkontrolle unzulässig, da hier keine Satzung nach dem BauGB (Nr. 1) zur Überprüfung gestellt ist.

Mit dem „Landesgesetz“ sind dabei die formellen Landesgesetze gemeint. Die im Rang unter diesen stehenden Rechtsvorschriften sind die sog. nur materiellen Gesetze, d.h. Rechtsverordnungen und Satzungen. Damit handelt es sich bei der Satzung der Gemeinde um einen tauglichen Prüfungsgegenstand.

2. Im Rahmen der Gerichtsbarkeit, § 47 I VwGO

Der VGH/das OVG entscheidet i.R.d. Normenkontrolle nur über Vorschriften im Rahmen seiner Gerichtsbarkeit.

Dies erfordert, dass sich aus der Anwendung der Rechtsvorschrift Streitigkeiten ergeben, für die der Verwaltungsrechtsweg eröffnet wäre.[96]

Es ist daher zu prüfen, ob sich aus der Anwendung der Satzung der Gemeinde T Streitigkeiten ergeben, für die der Verwaltungsrechtsweg eröffnet ist. Die Satzung betrifft die Zulassung zu der öffentlichen Einrichtung „Veranstaltungshalle“. Für solche Streitigkeiten könnte der Verwaltungsrechtsweg gem. § 40 I VwGO eröffnet sein.

Dabei würde es sich um eine öffentlich-rechtliche Streitigkeit handeln, denn für die Zulassung um die öffentliche Einrichtung ist Art. 21 BayGO die streitentscheidende Norm. In Anwendung der Zwei-Stufen-Theorie ist auch Art. 21 I BayGO und nicht Zivilrecht streitentscheidend, da es um die Entscheidung über das „Ob“ der Zulassung (1. Stufe) geht.

Da diese Streitigkeiten auch nichtverfassungsrechtlicher Art sind, für die keine abdrängende Sonderzuweisung gilt, wäre für diese der Verwaltungsrechtsweg gem. § 40 I VwGO eröffnet.

Die Überprüfung der gemeindlichen Satzung liegt daher im Rahmen der Gerichtsbarkeit des VGH/OVG.

3. Antragsbefugnis, § 47 II S. 1 VwGO

K müsste gem. § 47 II S. 1 VwGO geltend machen, dass er durch die Satzung oder deren Anwendung in seinen Rechten verletzt ist oder in absehbarer Zeit verletzt sein wird. K müsste daher möglicherweise in subjektiv-öffentlichen Rechten verletzt sein oder zukünftig verletzt werden.

Die Satzung schließt publizistische Veranstaltungen wie z.B. Autorenlesungen in der Halle aus. K ist noch nicht durch die Anwendung der Satzung betroffen. Er möchte jedoch auch in Zukunft Autorenlesungen durchführen und hat dafür schon konkrete Planungen. Es ist damit zu rechnen, dass die Gemeinde einen Antrag des K auf Zulassung zu der Halle aufgrund § 5 der Satzung ablehnen wird.

95 Hemmer/Wüst, Öffentliches Recht für Anfangssemester, Rn. 663; Kopp/Schenke, § 47 Rn. 23.

96 Vgl. dazu Hemmer/Wüst, Öffentliches Recht für Anfangssemester, Rn. 666.

Somit ist es möglich, dass K durch die Anwendung der Satzung in absehbarer Zeit möglicherweise in seinem subjektiv-öffentlichen Recht aus Art. 21 I BayGO verletzt wird.

hemmer-Methode: § 47 II S. 1 VwGO hat den gleichen Ausgangspunkt wie die Klagebefugnis § 42 II VwGO: Ein subjektiv-öffentliches Recht des Einzelnen. Die Voraussetzung ist für die Normenkontrolle jedoch erleichtert, da eine *zukünftige* Betroffenheit ausreicht.

4. Antragsfrist, § 47 II S. 1 VwGO

Der Antrag ist nur innerhalb von zwei Jahren nach Bekanntmachung der Rechtsvorschrift zulässig. Es ist nicht ersichtlich, dass dieser Zeitraum bereits verstrichen ist.

5. Sonstiges

Der VGH/das OVG ist gem. § 47 I VwGO zuständig für die Entscheidung über den Antrag auf Normenkontrolle. Von dem Vorliegen der weiteren Zulässigkeitsvoraussetzungen (wie Beteiligten- und Prozessfähigkeit, ordnungsgemäße Antragstellung mittels Anwalt, § 67 I VwGO, usw.) ist auszugehen.

B. Begründetheit des Antrags

Der Antrag ist begründet, wenn er sich gegen den richtigen Antragsgegner richtet, und die angegriffene Rechtsvorschrift ungültig ist, § 47 V S. 2 VwGO.[97]

Der Antrag ist gem. § 47 II S. 2 VwGO gegen die Gemeinde T zu richten.

§ 5 der Satzung müsste ungültig sein.

hemmer-Methode: Die Frage nach der Ungültigkeit einer Rechtsvorschrift ist die Frage nach der Rechtswidrigkeit. Denn **rechtswidrige Rechtsvorschriften** sind grundsätzlich **unwirksam** und ungültig - im Gegensatz zu Verwaltungsakten, die grundsätzlich fehlerunabhängig wirksam sind (§ 43 VwVfG). *Ausnahmen* von dem Grundsatz der Ungültigkeit rechtswidriger Rechtsvorschriften gibt es durch Unbeachtlichkeits- und Heilungsvorschriften in bestimmten Rechtsgebieten, z.B. für die Satzungen nach dem BauGB gem. §§ 214 ff. BauGB und für Satzungen der Gemeinden nach der Gemeindeordnung einiger Bundesländer.[98]

1. Ermächtigungsgrundlage der Satzung

Ermächtigungsgrundlage ist Art. 24 I Nr. 1 BayGO.[99]

2. Formelle Rechtmäßigkeit der Satzung

Von der formellen Rechtmäßigkeit der Satzung ist laut Sachverhalt auszugehen.

hemmer-Methode: Wäre dies nicht so, so müssten Sie an dieser Stelle untersuchen, ob das Verfahren zum Erlass der Satzung rechtmäßig war. Dies richtet sich bei gemeindlichen Satzungen, die stets vom Gemeinderat beschlossen werden, nach den Vorschriften der Gemeindeordnung über die Sitzung und Beschlussfassung des Gemeinderats![100]

---

97 Nach § 47 VwGO darf das OVH/VGH in Hessen und Bayern nicht die Vereinbarkeit mit der Landesverfassung prüfen, da dies in jenen Bundesländern dem Landesverfassungsgericht vorbehalten ist.

98 Nicht in Bayern, aber z.B. § 7 VI NRWGO; § 4 IV SäGO.

99 In anderen Bundesländern die allgemeine Satzungsermächtigung (z.B. § 7 I NRWGO, § 4 I SäGO), sofern keine spezielle Ermächtigung für Satzungen über die Benutzung der öffentl. Einrichtungen der Gemeinde wie in Bayern besteht.

100 Z.B. Art. 45 ff. BayGO; §§ 47 ff. NRWGO; §§ 36 ff. SäGO.

3. Materielle Rechtmäßigkeit der Satzung

Rechtswidrig ist eine Rechtsvorschrift, wenn sie nicht die Voraussetzungen der Ermächtigungsgrundlage einhält oder gegen sonstiges höherrangiges Recht verstößt.

Die Satzung könnte hier gegen Art. 3 I GG verstoßen, indem sie bestimmte Veranstaltungen von der Benutzung der Halle ausschließt, während alle anderen Veranstaltungen, z.B. Vereinsversammlungen, politische Veranstaltungen u.a., in der Halle durchgeführt werden können.

Ein Verstoß gegen Art. 3 I GG liegt vor, wenn Gleiches ungleich behandelt wird, ohne dass hierfür ein sachlicher Grund vorhanden ist.

Vergleichsgruppe sind hier alle anderen außer den publizistischen Veranstaltungen, die in der Halle durchgeführt werden können. Diese werden somit ungleich behandelt.

Sachlicher Grund könnte nur sein, dass es in der Vergangenheit zu der Beschädigung der Halle bzw. ihrer Einrichtung bei einer publizistischen Veranstaltung gekommen ist. Dies ist jedoch nur in einem Fall geschehen. Ein sachlicher Grund dafür, dass solche Veranstaltungen überhaupt nicht mehr in der Halle durchgeführt werden können, könnte dies nur dann sein, wenn nach der allgemeinen Erfahrung mit ausreichender Wahrscheinlichkeit angenommen werden könnte, dass diese Art von Veranstaltungen eine erhöhte Gefahr für die Veranstaltungshalle darstellt.

Dies ist jedoch offensichtlich nicht so. Es ist nicht ersichtlich, dass es bei publizistischen Veranstaltungen häufiger als bei anderen Arten von Veranstaltungen zu Ausschreitungen und Beschädigungen kommt. Aufgrund eines einzigen Falls kann dies nicht angenommen werden.

hemmer-Methode: Die Gemeinde könnte allerdings in der Satzung vorsehen, dass Veranstaltungen, die eine erhöhte Gefährdung für die Einrichtung darstellen, nicht zulässig sind. Dann müsste in jedem einzelnen Fall geprüft werden, ob dies bei einer bestimmten Veranstaltung gegeben ist.

Der *pauschale* Ausschluss wie hier einer bestimmten Art von Veranstaltungen, bei denen nicht die allgemeine Erfahrung besonderer Gefährlichkeit besteht, ist jedoch unzulässig!

Es liegt daher kein sachlicher Grund für die Ungleichbehandlung vor. § 5 der Satzung verstößt insoweit gegen Art. 3 I GG. Die Vorschrift ist rechtswidrig und damit ungültig.

Der Antrag ist begründet.

C. Ergebnis

Der Antrag ist zulässig und begründet.

hemmer-Methode: Eine Verletzung von Rechten des Antragstellers ist nicht erforderlich. In der *Begründetheit* des Antrags nach § 47 VwGO kommt es nur auf die objektive Rechtswidrigkeit der Rechtsvorschrift an. Nur für die *Zulässigkeit* des Antrags ist die Möglichkeit einer (zukünftigen) Rechtsverletzung erforderlich! Machen Sie sich die Besonderheit des Antrags auf Normenkontrolle klar: Die Normenkontrolle nach § 47 VwGO dient nicht nur dem Rechtsschutz des Einzelnen. Sie ist nicht von der Rechtsschutzgarantie nach Art. 19 IV GG gefordert! Sie ist vor allem ein **objektives Beanstandungsverfahren** für untergesetzliche (landesrechtliche) Rechtsvorschriften![101] Dies wird auch daran deutlich, dass die Normenkontrolle nach § 47 VwGO nicht nur durch den Einzelnen, sondern gem. § 47 II S. 1 VwGO auch von Behörden beantragt werden kann.

IV. Zusammenfassung

1. Die Gültigkeit bestimmter Rechtsvorschriften wird durch den VGH/das OVG gem. **§ 47 I VwGO** auf Antrag überprüft.

[101] Schmitt Glaeser, Rn. 405.

2. Macht das jeweilige Landesrecht von der Möglichkeit nach § 47 I Nr. 2 VwGO Gebrauch (in allen Bundesländern außer Berlin, Hamburg und Nordrhein-Westfalen), so unterliegen alle untergesetzlichen landesrechtlichen Rechtsvorschriften der Normenkontrolle nach § 47 VwGO.

D.h. **alle Rechtsverordnungen und Satzungen auf Landesebene**, und damit insbesondere auch die der Gemeinden, sind dann tauglicher Prüfungsgegenstand.

V. Vertiefung

- Hemmer/Wüst, Basics Öffentliches Recht, Rn. 269 ff.
- Vgl. dazu Life&Law 2000, 575 ff.; 2001, 505 ff.; 2002, 200 ff.

Die Zahlen beziehen sich auf die Nummern der Fälle.

S

U

V

W

Z

Notizen

Notizen

Notizen

Notizen

Notizen

hemmer/wüst
Verlagsgesellschaft mbH

Verlagsprogramm 2007

Jura mit den Profis

WWW.HEMMER-SHOP.DE

Liebe Juristinnen und Juristen,

Auch beim Lernmaterial gilt:
„Wer den Hafen nicht kennt, für den ist kein Wind günstig“ (Seneca).
Häufig entbehren Bücher und Karteikarten der Prüfungsrealität. Bei manchen Produkten stehen ausschließlich kommerzielle Interessen im Vordergrund. Dies ist gefährlich: Leider kann der Student oft nicht erkennen wie gut ein Produkt ist, weil ihm das praktische Wissen für die Anforderungen der Prüfung fehlt.
Denken Sie deshalb daran, je erfahrener die Ersteller von Lernmaterial sind, um so mehr profitieren Sie. Unsere Autoren im Verlag sind alle Repetitoren. Sie wissen, wie der Lernstoff richtig vermittelt wird. Die Prüfungsanforderungen sind uns bekannt.
Unsere Zentrale arbeitet seit **1976** an examenstypischem Lernmaterial und wird dabei von hochqualifizierten Mitarbeitern unterstützt.
So arbeiteten z.B. ehemalige Kursteilnehmer mit den Examensnoten von 16,0; 15,54; 15,50; 15,25; 15,08; 14,79; 14,7; 14,7; 14,4; 14,25; 14,25; 14,08; 14,04 ... als Verantwortliche an unserem Programm mit. Unser Team ist Garant, um oben genannte Fehler zu vermeiden.
Lernmaterial bedarf ständiger Kontrolle auf Prüfungsrelevanz. Wer sonst als derjenige, der sich täglich mit Examensthemen beschäftigt, kann diesem Anforderungsprofil gerecht werden.

Gewinnen Sie, weil

- gutes Lernmaterial Verständnis schafft
- fundiertes Wissen erworben wird
- Sie intelligent lernen
- Sie sich optimal auf die Prüfungsanforderungen vorbereiten
- Jura Spaß macht

und Sie letztlich unerwartete Erfolge haben, die Sie beflügeln werden.

Damit Sie sich Ihre eigene Bibliothek als Nachschlagewerk nach und nach kostengünstig anschaffen können, schlagen wir Ihnen speziell für die jeweiligen Semester Skripten und Karteikarten vor. Bildung soll für jeden bezahlbar bleiben, deshalb der studentenfreundliche Preis.

Viel Spaß und Erfolg beim intelligenten Lernen.

Karl Edmund Hemmer   Achim Wüst

Grundwissen

- Skripten „Grundwissen"
- Die wichtigsten Fälle
- Sonderband - Die 23 wichtigsten Fälle im neuen Schuldrecht
- Musterfälle für die Zwischenprüfung
- Lexikon, die examenstypischen Begriffe

Basiswissen

- Die Basics
- Die Classics

Examenswissen

- Skripten Zivilrecht
- Skripten Strafrecht
- Skripten Öffentliches Recht
- Skripten Schwerpunkt
- Die Musterklausuren für´s Examen

Karteikarten

- Die Shorties
- Die Karteikarten
- Übersichtskarteikarten

Assessor-Skripten/-karteikarten

BWL-Skripten

Intelligentes Lernen/Sonderartikel

- Garantiert erfolgreich lernen
- Coach dich - Psychologischer Ratgeber
- Lebendiges Reden - Psychologischer Ratgeber
- Lernkarteikartenbox
- Der Referendar
- Klausurenblock
- Gesetzesbox
- Wiederholungsmappe
- Jurapolis - das hemmer-Spiel

Life&LAW - die hemmer-Zeitschrift

Grundwissen

Für Ihr Jurastudium ist es nötig, sich schnell mit dem notwendigen Grundwissen einen Überblick zu verschaffen. Was aber ist wichtig und richtig? Bei der Fülle der Ausbildungsliteratur kann einem die Lust auf Jura vergehen. Wir beschränken uns in dieser Ausbildungsphase auf das Wesentliche. Weniger ist mehr.

Skripten Grundwissen

Die Reihe „Grundwissen“ stellt die theoretiscche Ergänzung unserer Reihe „die wichtigsten Fälle“ dar.

Mit ihr soll das notwendige Hintergrundwissen vermittelt werden, welches für die Bewältigung der Fallsammlungenerforderlich ist. Auf diese Art und Weise ergänzen sich beide Reihen ideal.Hilfreich dabei sind Verweisungen auf die jeweiligen Fälle der Fallsammlungen, so dass man das Erlernte gleich klausurtypisch anwenden kann.Die Darstellung erfolgt bewusst auf sehr einfachem Niveau. Es werden also für die Bewältigung der Ausführungen keine Kenntnisse vorausgesetzt. Ebenso wird bewusst auf Vertiefungshinweise verzichtet. Eine Vertiefung kann erfolgen, wenn die Kenntnisse anhand der Fälle wiederholt wurden. Dazu werden Hinweise in den Fallsammlungen gegeben.

Grundwissen und kleine Fälle sind so das ideale Lernsystem für eine klausur- und damit prüfungstypische Arbeitsweise.

Grundwissen Zivilrecht

BGB AT (111.10) 6,90 €

Schuldrecht AT (111.11) 6,90 €
vorraussichtlich erhältlich ab Frühjahr 2007

Schuldrecht BT I (111.12) 6,90 €

Schuldrecht BT II (111.13) 6,90 €

Sachenrecht I (111.14) 6,90 €

Sachenrecht II (111.15) 6,90 €

Grundwissen Strafrecht

vorraussichtlich erhältlich ab Frühjahr 2007

Strafrecht AT (112.20) 6,90 €

Strafrecht BT (112.21) 6,90 €

Grundwissen Öffentliches Recht

Staatsrecht (113.30) 6,90 €

Verwaltungsrecht (113.31) 6,90 €

Die wichtigsten Fälle

Die vorliegende Fallsammlung ist für Studenten in den ersten Semestern gedacht. Gerade in dieser Phase ist es wichtig, bei der Auswahl der Lernmaterialien den richtigen Weg einzuschlagen.
Die Gefahr zu Beginn des Studiums liegt darin, den Stoff zu abstrakt zu erarbeiten. Ein problemorientiertes Lernen, d.h. ein Lernen am konkreten Fall, führt zum Erfolg. Das gilt für die kleinen Scheine/die Zwischenprüfung genauso wie für das Examen. Wer gelernt hat, sich die Probleme des Falles aus dem Sachverhalt schnell zu erschließen, schreibt die gute Klausur.
Bei der Anwendung dieser Lernmethode sind wir Marktführer. Profitieren Sie von der 30-jährigen Erfahrung des Juristischen Repetitoriums hemmer im Umgang mit Examensklausuren. Diese Erfahrung fließt in sämtliche Skripten des Verlages ein. Das Repetitorium beschäftigt ausschließlich Spitzenjuristen, teilweise Landesbeste ihres Examenstermins. Die so erreichte Qualität in Unterricht und Skripten werden Sie woanders vergeblich suchen. Lernen Sie mit den Profis!
Ihre Aufgabe als Jurist wird es einmal sein, konkrete Fälle zu lösen. Diese Fähigkeit zu erwerben ist das Ziel einer guten juristischen Ausbildung. Nutzen Sie die Chance, diese Fähigkeit bereits zu Beginn Ihres Studiums zu trainieren. Erarbeiten Sie sich das notwendige Handwerkszeug anhand unserer Fälle. Sie werden feststellen:
Wer Jura richtig lernt, dem macht es auch Spaß. Je mehr Sie verstehen, desto mehr Freude werden Sie haben, sich neue Probleme durch eigenständiges Denken zu erarbeiten. Wir bieten Ihnen mit unserer juristischen Kompetenz die notwendige Hilfestellung.
Fallsammlungen gibt es viele. Die Auswahl des richtigen Lernmaterials ist jedoch der entscheidende Aspekt. Vertrauen Sie auf unsere Erfahrungen im Umgang mit Prüfungsklausuren. Unser Beruf ist es, alle klausurrelevanten Inhalte zusammenzutragen und verständlich aufzubereiten. Prüfungsinhalte wiederholen sich. Wir vermitteln Ihnen das, worauf es in der Prüfung ankommt
– verständlich – knapp – präzise.

BGB AT (115.21)	12,80 €
Schuldrecht AT (115.22)	12,80 €
Schuldrecht BT (115.23)	12,80 €
GOA-BereicherungsR (115.24)	12,80 €
Deliktsrecht (115.25)	12,80 €
Verwaltungsrecht (115.26)	12,80 €
Staatsrecht (115.27)	12,80 €
Strafrecht AT (115.28)	12,80 €
Strafrecht BT I (115.29)	12,80 €
Strafrecht BT II (115.30)	12,80 €
Sachenrecht I (115.31)	12,80 €
Sachenrecht II (115.32)	12,80 €
ZPO I (115.33)	12,80 €
ZPO II (115.34)	12,80 €
Handelsrecht (115.35)	12,80 €
Erbrecht (115.36)	12,80 €
Familienrecht (115.37)	12,80 €
Gesellschaftsrecht (115.38)	12,80 €
Arbeitsrecht (115.39)	12,80 €
StPO (115.40)	12,80 €

Sonderband Der Streit- und Meinungsstand im neuen Schuldrecht

Der hemmer/wüst Verlag stellt mit dem vorliegenden Werk die umstrittensten Problemkreise in 23 Fällen des neuen Schuldrechts dar, zeigt den aktuellen Meinungsstand auf und schafft so einen Überblick. Es wird das notwendige Wissen vermittelt.

115.20 *14,80 €*

Musterfälle für die Zwischenprüfung

Exempla docent - an Beispielen lernen. Die Fälle zu den Basics! Nur wer so lernt, weiß was in der Klausur verlangt wird.
Die Fallsammlungen erweitern unsere Basics und stellen die notwendige Fortsetzung für das Schreiben der Klausur dar. Genau das, was Sie für die Scheine brauchen - nämlich exemplarisch dargestellte Falllösungen. Wichtige, immer wiederkehrende Konstellationen werden berücksichtigt.
Profitieren Sie von der seit 1976 bestehenden Klausurerfahrung des Juristischen Repetitoriums hemmer. Über 1000 Klausuren wurden für die Auswahl der Musterklausuren auf ihre „essentials" analysiert

Musterklausur für die Zwischenprüfung Zivilrecht

Ein Muss: Klassiker wie die vorvertragliche Haftung (c.i.c.), die Haftung bei Pflichtverletzungen im Schuldverhältnis (§ 280), Vertrag mit Schutzwirkung, Drittschadensliquidation, Mängelrecht, EBV, Bereicherungs- und Deliktsrecht werden klausurtypisch aufbereitet. Auf „specials" wie Saldotheorie, Verarbeitung, Geldwertvindikation, Vorteilsanrechnung und Nebenbesitz wird eingegangen. So entsteht wichtiges Grundverständnis.

16.31 *14,80 €*

Musterklausur für die Zwischenprüfung Strafrecht

Auch hier wieder prüfungstypische Fälle mit genauen Aufbauhilfen. Die immer wiederkehrenden „essentials" der Strafrechtsrechtsklausur werden in diesem Skript abgedeckt: Von der Abgrenzung von dolus eventualis und bewusster Fahrlässigkeit über die Irrtumslehre bis hin zu Problemen der Täterschaft und Teilnahme, u.v.m. Wer sich die Zeit nimmt, diese Musterfälle sorgfältig durchzuarbeiten, besteht jede Grundlagenklausur.

16.32 *14,80 €*

Musterklausur für die Zwischenprüfung Öffentliches Recht

Dieses Skript enthält die wichtigsten, in der Klausur immer wiederkehrenden Problemkonstellationen für die Bereiche Verfassungs- und Verwaltungsrecht. Im Verfassungsrecht werden die Zulässigkeitsvoraussetzungen von Verfassungsbeschwerden, Organstreitverfahren sowie abstrakter und konkreter Normenkontrolle erörtert. Im Rahmen der Begründetheitsprüfung werden die klausurrelevanten Grundrechte ausführlich erläutert. Gleichzeitig werden auch staatsorganisationsrechtliche Problemfelder aufbereitet. Die Klausuren zum Verwaltungsrecht zeigen die optimale Prüfung von Anfechtungs-, Verpflichtungs- und Fortsetzungsfeststellungsklagen sowie von Widerspruchsverfahren. Standardprobleme wie die Rücknahme oder der Widerruf eines Verwaltungsaktes und die Behandlung von Nebenbestimmungen eines VA sind u.a. Gegenstand der Begründetheitsprüfung.

16.33 *14,80 €*

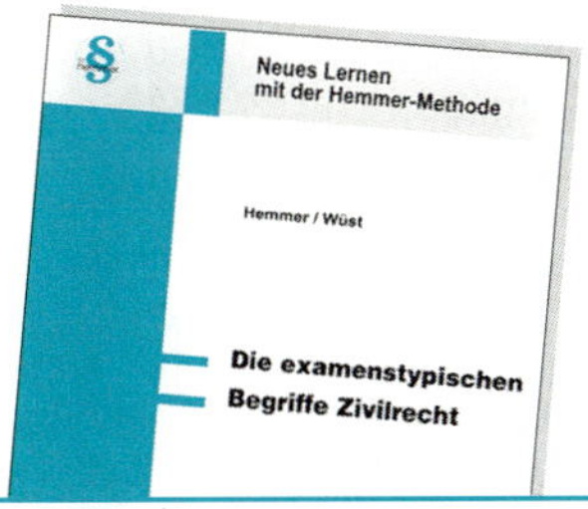

Die examenstypischen Begriffe/ ZivilR.

Das Grundwerk für die eigene Bibliothek. Alle examenstypischen Begriffe in diesem Nachschlagewerk werden anwendungsspezifisch für Klausur und Hausarbeit erklärt. Das gesammelte Examenswissen ist eine optimale schnelle Checkliste. Zusätzlicher Nutzen: Das große Stichwortverzeichnis. Neben der Einbettung des gesuchten Begriffs in den juristischen Kontext finden Sie Verweisungen auf entsprechende Stellen in unserer Skriptenreihe. Begriffe werden transparenter. Sie vertiefen Ihr Wissen. So können Sie sich schnell und auf anspruchsvollem Niveau einen Überblick über die elementaren Rechtsbegriffe verschaffen.

14.01 *14,80 €*

Sie sind Jurastudent in den mittleren Semestern und wollen die großen Scheine unter Dach und Fach bringen. Wenn Sie sich in dieser Phase mit tausend Meinungen beschäftigen, besteht die Gefahr, sich im Detail zu verlieren. Wir empfehlen Ihnen, schon jetzt das Material zu wählen, welches Sie nicht nur durch die Scheine, sondern auch durch das Examen begleitet.

Die „Basics" - Reihe

Die Klassiker der hemmer-Reihe. So schaffen Sie die Universitätsklausuren viel leichter. Die Basics vermitteln Ihnen Grundverständnis auf anspruchsvollem Niveau, sie sind auch für die Examensvorbereitung ideal.
Denn: Wissen wird konsequent unter Anwendungsgesichtspunkten erworben.
Die Basics dienen auch der schnellen Wiederholung vor dem Examen oder der mündlichen Prüfung, wenn Zeit zur Mangelware wird.

Basics-Zivilrecht I

BGB-AT/ Vertragliche Schuldverhältnisse mit dem neuen Schuldrecht

Im Vordergrund steht die Vermittlung der Probleme des Vertragsschlusses, u.a. das Minderjährigenrecht und die Stellvertretung. Neben rechtshindernden (z.B. §§ 134, 138 BGB) und rechtsvernichtenden Einwendungen (z.B. Anfechtung) werden auch die Klassiker der Pflichtverletzung nach § 280 BGB wie Unmöglichkeit (§§ 280 I, III, 283), Verzug (§§ 280 I, II, 286) und Haftung bei Verletzung nicht leistungsbezogener Nebenpflichten i.S.d. § 241 II BGB (früher: pVV bzw. c.i.c. jetzt: § 280 I bzw. § 280 I i.V.m. § 311 II BGB) behandelt. Ausführlich wird auf die wichtige Unterscheidung von Schadensersatz nach § 280 I BGB und Schadensersatz statt der Leistung nach §§ 280 I, III, 281-283 bzw. § 311a II BGB eingegangen. Nach Mängelrecht, Störung der GG und Schadensrecht schließt das Skript mit dem nicht zu unterschätzenden Gebiet des Dritten (z.B. Abgrenzung § 278 / § 831 / § 31; § 166; Vertrag mit Schutzwirkung zugunsten Dritter; DriSchaLi) im Schuldverhältnis ab.

110.0011 *14,80 €*

Basics-Zivilrecht II

Gesetzliche Schuldverhältnisse, Sachenrecht

Das Skript befasst sich mit dem Recht der GoA, dem Bereicherungsrecht und dem Recht der unerlaubten Handlungen als immer wieder klausurrelevante gesetzliche Schuldverhältnisse. Der Einstieg in das Sachenrecht wird mit der Abhandlung des Besitzrechts und dem Erwerb dinglicher Rechte an beweglichen Sachen erleichtert, wobei der Schwerpunkt auf dem rechtsgeschäftlichen Erwerb des Eigentums liegt. Über das für jede Prüfung unerlässliche Gebiet des EBV gibt das Skript einen ausführlichen Überblick.
Eine systematische Aufbereitung des Pfandrechts und des Grundstückrechts führen zum richtigen Verständnis dieser prüfungsrelevanten Gesetzesmaterie.

110.0012 *14,80 €*

Basics-Zivilrecht III

Familienrecht/ Erbrecht

Die typischen Probleme des Familienrechts: Von der Ehe als Klassiker für die Klausur (z.B. § 1357; GbR; Gesamtschuldner; Gesamtgläubiger; §§ 1365; 1369 BGB) zum ehelichen Güterrecht bis hin zur Scheidung.
Gegenstand des Erbrechts sind die gesetzliche und gewillkürte Erbfolge, die möglichen Verfügungen (Testament bzw. Erbvertrag) des Erblassers und was sie zum Inhalt haben (z.B. Erbeinsetzung, Vermächtnis, Auflage), Annahme und Ausschlagung der Erbschaft sowie neben Fragen der Rechtsstellung des Erben (z.B. im Verhältnis zum Erbschaftsbesitzer) auch das Pflichtteilsrecht und der Erbschein.
Fazit: Das Wichtigste in Kürze für den schnellen Überblick.

110.0013 *14,80 €*

Basics-Zivilrecht IV

Zivilprozessrecht (Erkenntnisverfahren und Zwangsvollstreckungsverfahren)

Wegen fehlender Praxis ist in der Regel die ZPO dem Studenten fremd. Von daher wurde hier besonders auf leichte Verständlichkeit Wert gelegt. Der Schwerpunkt im Erkenntnisverfahren liegt neben den immer wiederkehrenden Problemen der Zulässigkeitsvoraussetzungen (z.B. Zuständigkeit, Streitgegenstand) auf den typischen Problemen des Prozesses, wie z.B. Versäumnisurteil, Widerklage und Klagenhäufung. Die Beteiligung Dritter am Rechtsstreit wird im Hinblick auf die Klausur und die examensrelevante Verortung erklärt.
Das Kapitel der Zwangsvollstreckung befasst sich vor allem mit dem Ablauf der Zwangsvollstreckung und den möglichen Rechtsbehelfen von Schuldner, Gläubiger und Dritten.
Dieses Skript gehört daher zur „Pflichtlektüre", um sich einen vernünftigen Überblick zu verschaffen!

110.0014 14,80 €

Basics-Zivilrecht V

Handels- und Gesellschaftsrecht

Im Vordergrund steht: Wie baue ich eine gesellschaftsrechtliche Klausur richtig auf. Häufig geht es um die Haftung der Gesellschaft und der Gesellschafter. Eine systematische Aufbereitung führt durch das Recht der Personengesellschaften, also der GbR und OHG, sowie der KG. Das Recht der Körperschaften, wozu der rechts- und nichtrechtsfähige Verein, die GmbH sowie die AG zählen, wird ebenso im Überblick dargestellt.
Auf dem Gebiet des Handelsrechts als Sonderrecht des Kaufmanns dürfen typische Problemkreise wie Kaufmannseigenschaft, Handelsregister, Wechsel des Unternehmensträgers und das kaufmännische Bestätigungsschreiben nicht fehlen. Abschließend befasst sich das Skript mit den Mängelrechten beim Handelskauf, der auch häufig die Schnittstelle zu BGB-Problemen darstellt.

110.0015 *14,80 €*

Basics-Zivilrecht VI

Arbeitsrecht

Das Arbeitsrecht gehört in den meisten Bundesländern zum Pflichtprogramm in der Examensvorbereitung. Hier tauchen immer wieder die gleichen Fragestellungen auf, die in diesem Skript knapp, präzise und klausurtypisch aufbereitet werden, wie die Zulässigkeit der Kündigungsschutzklage, Kündigungsschutz nach dem KSchG, innerbetrieblicher Schadensausgleich, fehlerhafter Arbeitsvertrag und die Reaktionsmöglichkeiten des Arbeitnehmers auf Änderungskündigungen. Ferner bildet auch das Recht der befristeten Arbeitsverhältnisse nach dem TzBfG einen Schwerpunkt.

110.0016 *11,80 €*

Basics-Strafrecht

Je besser der Einstieg, umso besser später die Klausuren. Weniger ist häufig mehr. Alle klausurwichtigen Probleme und Fragestellungen des materiellen Strafrechts auf einen Blick: Vom StGB-AT bis hin zum StGB-BT finden Sie all das dargestellt, was als Grundlagenwissen im Strafrecht angesehen wird. Außerdem werden die wichtigsten Aufbaufragen zur strafrechtlichen Klausurtechnik - an denen gerade Anfänger häufig scheitern - in einem eigenen Kapitel einfach und leicht nachvollziehbar erläutert.

110.0032 *14,80 €*

Basics-Öffentliches Recht I

Verfassungsrecht/ Staatshaftungsrecht

Materielles und prozessuales Verfassungsrecht bilden zusammen mit wichtigen Problemstellungen des Staatshaftungsrechts die Grundlage für dieses Skript. Öffentlich-rechtliches Wissen wird konsequent unter Anwendungsgesichtspunkten erworben.

110.0035 *14,80 €*

Basics-Öffentliches Recht II

Verwaltungsrecht

Grundfragen des allgemeinen und besonderen Verwaltungsrechts werden im Rahmen der wichtigsten Klagearten der VwGO verständlich und einprägsam dargestellt. Zusammen mit dem Skript Ö-Recht I werden Sie sich in der öffentlich rechtlichen Klausur sicher fühlen.

110.0036 *14,80 €*

Basics-Steuerrecht

Die Basics im Steuerrecht für einen einfachen, aber instruktiven Einstieg in das materielle Einkommensteuer- und Steuerverfahrensrecht. Die notwendigen Bezüge des Einkommensteuerrechts zum Umsatz- und Körperschaftssteuerrecht werden dargestellt sowie auf examens- und klausurtypische Konstellationen hingewiesen. Ein ideales Skript für alle, die sich erstmals mit der Materie befassen und die Grundstrukturen verstehen wollen. Es wird der Versuch unternommen, den Einstieg so verständlich wie möglich zu gestalten. Dazu werden immer wieder kleine Beispiele gebildet, die das Erlernen des abstrakten Stoffs vereinfachen sollen.

110.0004 *14,80 €*

Basics-Europarecht

Neben unserem Hauptskript nun die Basics zum Europarecht. Verständlicher Einstieg oder schnelle Wiederholung der wesentlichen Probleme? Für beides sind die Basics ideal. Wer in die Tiefe gehen möchte, kann dies mit unserem Klassiker, dem Hauptskript Europarecht. In Verbindung mit den Classics Europarecht und der Fallsammlung auf Examensniveau sind Sie somit gerüstet für die Prüfung in Ausbildung und Examen. Vernachlässigen Sie dieses immer wichtiger werdende Prüfungsgebiet nicht!

110.0005 *14,80 €*

Skripten Classics

In den Classics haben wir für Sie die wichtigsten Entscheidungen der Obergerichte, denen Sie während Ihres Studiums immer wieder begegnen, ausgewählt und anschaulich aufbereitet. Bestimmte Entscheidungen müssen bekannt sein. In straffer Form werden der Sachverhalt, die Entscheidungssätze und die Begründung dargestellt. Die hemmer-Methode ordnet die Rechtssprechung für die Klausuren ein. Rechtsprechung wird so verständlich, Seitenfresserei vermieden.
Hiermit bereiten Sie sich auch gezielt auf die mündliche Prüfung vor.

BGH-Classics Zivilrecht

Rechtskultur und Verständnis des Gesetzes werden in weiten Teilen von der Rechtsprechung geprägt. Nicht umsonst spricht man von der Rechtsprechung als der normativen Kraft des Faktischen. Die wegweisenden Entscheidungen müssen Student, Referendar und Anwalt bekannt sein. Auf leicht erfaßbare, knappe, präzise Darstellung wird Wert gelegt. Die hemmer-Methode sichert den für die Klausur und Hausarbeit notwenigen „background“ ab.

15.01 *14,80 €*

BGH-Classics Strafrecht

Auch die Entscheidungen im Strafrecht in ihrer konkreten Aufbereitung führen zur richtigen Einordnung der jeweiligen Problematik. Es wird die Interessenslage der Rechtsprechung erklärt. Im Vordergrund steht oft Einzelfallgerechtigkeit. Deswegen vermeidet die Rechtsprechung auch allzu dogmatische Entscheidungen.
Effizient, und damit in den wesentlichen Punkten knapp und präzise, wird die Entscheidung selbst wiedergegeben. So sparen Sie sich Zeit und erleiden nicht den berühmten Informationsinfarkt. Sowohl in der Examensvorbereitung, als auch in Klausur und Hausarbeit dienen die Classics als schnelles Lern- und Nachschlagewerk.

15.02 *14,80 €*

Examenswissen

In der letzten Phase sollten Sie sich mit voller Kraft auf das Examen vorbereiten. Besonders wichtig ist jetzt fundiertes Wissen auf Examensniveau! unser Filetstück: die Hauptskripten. Konfronierten Sie sich frühzeitig mit dem, was Sie im Examen erwartet. Examenswissen unter professioneller Anleitung.

Classics Öffentliches Recht

Das Skript umfasst die Dauerbrenner aus den Bereichen der Rechtsprechung zu den Grundrechten, zum Staatsrecht, Verwaltungsrecht AT und BT sowie zum Europarecht. Neben der inhaltlichen Darstellung der Entscheidung werden mit Hilfe knapper Anmerkungen Besonderheiten und Bezüge zu anderen Problematiken hergestellt und somit die Fähigkeit zur Verknüpfung geschärft.

15.03 *14,80 €*

Classics Europarecht

Anders als im amerikanischen Recht gibt es bei uns kein reines „case-law“. Gleichwohl hat die Rechtsprechung für Rechtsentwicklung und -fortbildung eine große Bedeutung. Gerade im Europarecht kommt man ohne festes Basiswissen in der europäischen Rechtsprechung nur selten zum Zuge. Auch für das Pflichtfach ein unbedingtes Muss!

15.04 *14,80 €*

Zivilrecht BGB-AT I-III

Die Aufteilung der Unwirksamkeitsgründe nach den verschiedenen Büchern des BGB (z.B. BGB-AT, Schuldrecht AT usw.) entspricht nicht der Struktur des Examensfalls. Wegen der klassischen Einteilung wird der Begriff BGB-AT/ Schuldrecht AT beibehalten. Unsere Skripten BGB-AT I - III unterscheiden entsprechend der Fallfrage in Klausur und Hausarbeit (Anspruch entstanden? Anspruch untergegangen? Anspruch durchsetzbar?) zwischen wirksamen und unwirksamen Verträgen, zwischen rechtshindernden, rechtsvernichtenden und rechtshemmenden Einwendungen. Damit stellen sich diese Skripten als großer Fall dar und dienen auch als Checkliste für Ihre Prüfung. Schon das Durchlesen der Gliederung schafft Verständnis für den Prüfungsaufbau.

BGB-AT I

Entstehen des Primäranspruchs

Besteht der Vertrag, so kann der Anspruchsteller Erfüllung, z.B. Übereignung, Überlassung der Mietsache etc. verlangen. Dies setzt unter anderem Rechtsfähigkeit der Vertragspartner, eine wirksame Willenserklärung, Zugang und ggf. Bevollmächtigung voraus. Nur wenn ein wirksamer Vertrag vorliegt, entsteht die Leistungspflicht des Schuldners und deren Folgeproblematik wie Rücktritt und Schadensersatz. Konsequent befasst sich das Skript daher auch mit den Problemkreisen der Stellvertretung sowie der Einbeziehung von AGB´en.

0001 *14,80 €*

BGB-AT II

Scheitern des Primäranspruchs

Scheitert der Vertrag von vornherein, so entfallen Erfüllungsansprüche. Die Unwirksamkeitsgründe sind im Gesetz verstreut, wie z.B. § 125, § 134, § 2301. Als konsequentes Rechtsfolgenskriptum sind alle klausurtypischen rechtshindernden Einwendungen zusammengefasst.

0002 *14,80 €*

BGB-AT III

Erlöschen des Primäranspruchs

Der Primäranspruch (bzw. Leistungs- oder Erfüllungsanspruch) kann nachträglich wegfallen, z.B. durch Erfüllung, Aufrechnung, Anfechtung, Unmöglichkeit. Nur wer Unwirksamkeitsgründe im Kontext des gescheiterten Vertrags einordnet, lernt richtig. Die rechtshemmenden Einreden (z.B. Verjährung, § 214 BGB) bewirken, dass der Berechtigte sein Recht nicht (mehr) geltend machen kann.

0003 *14,80 €*

Die klassischen Rechtsfolgeskripten zum Schadensersatz - „klausurtypisch!“

Schadensersatzrecht I

Das Skript erfasst neben Allgemeinem zum Schadensersatzrecht zunächst den selbstständigen Garantievertrag als Primäranspruch auf Schadensersatz. Daneben wird die gesetzliche Garantiehaftung behandelt. Ebenfalls enthalten sind die Sachmängelhaftung im Kauf- und Werk-, Miet- und Reisevertragsrecht sowie die Rechtsmängelhaftung.

0004 *14,80 €*

Schadensersatzrecht II

Umfassende Darstellung des Leistungsstörungsrechts, rechtsfolgenorientierte Darstellung der Sekundäransprüche-Schadensersatzansprüche.

0005 *14,80 €*

Schadensersatzrecht III

Befasst sich schwerpunktmäßig mit dem Anspruchsinhalt, d.h. mit der Frage des Umfangs der Ersatzpflicht, also dem „wie viel“ eines dem Grunde nach bereits bestehenden Anspruchs. Drittschadensliquidation, Vorteilsausgleichung und hypothetische Schadensursachen dürfen nicht fehlen.

0006 *14,80 €*

Schuldrecht

Die Reihe Schuldrecht orientiert sich an der Klausurrelevanz des Schuldrechts. In nahezu jeder Klausur ist nach Schadensersatzansprüchen des Gläubigers bei Leistungsstörungen des Schuldners, nach bereicherungsrechtlichen Ansprüchen oder nach der deliktischen Haftung gefragt.
Die Schuldrechtsskripten eignen sich hervorragend sowohl zur erstmaligen Aneignung der Materie als auch zur aufgrund der Schuldrechtsreform notwendigen Neustrukturierung bereits vorhandenen Wissens.

Schuldrecht I

Das allgemeine Leistungsstörungsrecht war schon immer äußerst klausurrelevant. Dies hat sich durch die Schuldrechtsreform in erheblichem Maße verstärkt, zumal das Besondere Schuldrecht nun häufig Rückverweisungen auf die §§ 280 ff. BGB vornimmt (z.B. § 437 BGB). Entsprechend der Gesetzessystematik ist das Skript von der Rechtsfolge her aufgebaut: Welche Art des Schadensersatzes verlangt der Gläubiger? Schwerpunkte bilden das Unmöglichkeitsrecht, der allgemeine Anspruch aus § 280 I BGB (auch vorvertragliche Haftung und Schuldnerverzug), die Ansprüche auf Schadensersatz statt der Leistung, Rücktritt und Störung der Geschäftsgrundlage.

0051 *14,80 €*

Schuldrecht II

Die Klassiker im Examen! Kauf- und Werkvertrag in allen prüfungsrelevanten Varianten. Dies gilt insbesondere beim Kauf, dessen spezielles Gewährleistungsrecht abgeschafft und stattdessen auf die §§ 280 ff. BGB Bezug genommen wurde. Das Skript setzt sich mit den kaufspezifischen Fragestellungen wie Sachmangelbegriff, Nacherfüllung, Rücktritt, Minderung und Schadensersatz, Versendungs- und Verbrauchsgüterkauf auseinander. Ferner wird das - dem Kauf nun weitgehend gleichgeschaltete - Werkvertragsrecht behandelt.

0052 *14,80 €*

Schuldrecht III

Umfassend werden die klausurrelevanten Probleme der Miete, Pacht, Leihe, des neuen Darlehensrechts (samt Verbraucherwiderruf nach §§ 491 ff. BGB), des Leasing- und Factoringrechts abgehandelt. Die äußerst wichtigen Fragestellungen aus dem Bereich Bürgschaft („Wer bürgt, wird erwürgt"), Reise- und Maklervertrag kommen ebenfalls nicht zu kurz.

0053 *14,80 €*

Bereicherungsrecht

Die §§ 812 ff. sind regelmäßig die Folge unwirksamer Verträge. Abgrenzungsprobleme gibt es dabei u.a. zum Wegfall der Geschäftsgrundlage (z.B. Rückabwicklung bei der nichtehelichen Lebensgemeinschaft) und §§ 987 ff. Die hemmer-Methode versteht sich als Gebrauchsanweisung für die erfolgreiche Bewältigung des anspruchsvollen Rechtsgebiets Bereicherungsrecht. Ohne Verständnis für dieses Rechtsgebiet bleibt der Zusammenhang im Zivilrecht im Dunkeln.

0008 *14,80 €*

Verbraucherschutzrecht

Das Verbraucherschutzrecht erlangt im Gesamtgefüge des BGB eine immer stärkere Bedeutung. Kaum ein Bereich, in dem die Besonderheiten des Verbraucherschutzrechtes nicht zu abweichenden Ergebnissen führen, so z.B. bei den §§ 474 ff. BGB, oder bei der Widerrufsproblematik der §§ 355 ff. BGB. Insbesondere die umständliche Verweisungstechnik der §§ 499 ff. BGB stellt den Bearbeiter von Klausuren vor immer neue Herausforderungen. Das Skript liefert eine systematische Einordnung in den Gesamtzusammenhang. Wer den Verbraucher richtig einordnet, schreibt die gute Klausur.

0007 *14,80 €*

Deliktsrecht I

Eine umfassende Einführung in das deliktische Haftungssystem. Da die deliktische Haftung gegenüber jedermann besteht, können die §§ 823 ff BGB. in jede Klausur problemlos eingebaut werden. Neben einer umfassenden Übersicht über die Haftungstatbestände werden sämtliche klausurrelevanten Problemfelder der §§ 823 ff BGB. umfassend behandelt (z.B. Probleme der haftungsbegründenden und -ausfüllenden Kausalität). § 823 I BGB ist als elementarer, strafrechtsähnlicher Grundtatbestand leicht erlernbar. Auch § 823 II und §§ 824 - 826 BGB sollten nicht vernachlässigt werden. Neben § 831 BGB (Vorsicht beim Entlastungsbeweis!), der Haftung für Verrichtungsgehilfen, befasst sich der erste Band auch mit der Mittäterschaft, Teilnahme und Beteiligung gem. § 830 BGB.

0009 *14,80 €*

Deliktsrecht II

Deliktsrecht II vervollständigt das deliktische Haftungssystem mit besonderem Schwerpunkt auf der Gefährdungshaftung und der Haftung für vermutetes Verschulden. Zum einen erfolgt eine ausführliche Erörterung der im BGB integrierten Haftungsnormen. Zum anderen vermittelt das Skript ein umfassendes Wissen in den klausurrelevanten Spezialgesetzen wie dem StVG, dem ProdHaftG und dem UmweltHaftG. Abgerundet werden die Darstellungen durch den wichtigen Beseitigungs- und Unterlassungsanspruch des § 1004 BGB.

0010 *14,80 €*

Sachenrecht I-III:

Sachenrecht ist durch immer wiederkehrende examenstypische Problemfelder gut ausrechenbar. Anders als das Schuldrecht ist es ein klar strukturiertes Rechtsgebiet. In der Regel besteht deswegen eine feste Vorstellung, wie der Fall zu lösen ist. Deshalb gilt es gerade hier, mit der hemmer-Methode den Ersteller der Klausur als imaginären Gegner zu erfassen. Es gilt, Begriffe wie z.B. Widerspruch und Vormerkung in ihrer rechtlichen Wirkung zu begreifen und in den Kontext der Klausur einzuordnen.

Sachenrecht I

Zu Beginn werden die allgemeinen Lehren des Sachenrechts (Abstraktionsprinzip, Publizität, numerus clausus etc.) behandelt, die für den Einstieg und ein grundlegendes Verständnis der Materie unabdingbar sind. Im Vordergrund stehen dann das Besitzrecht und das Eigentümer-Besitzer-Verhältnis. Gerade das EBV ist klausurrelevant. Hier dürfen Sie keinesfalls auf Lücke lernen. Schließlich geht es auch um den immer wichtiger werdenden (verschuldensunabhängigen) Beseitigungs- bzw. Unterlassungsanspruch aus § 1004 BGB.

0011 *14,80 €*

Sachenrecht II

Sachenrecht II behandelt den Erwerb dinglicher Rechte an beweglichen Sachen. Neben dem Erwerb kraft Gesetzes ist Schwerpunkt hier natürlich der rechtsgeschäftliche Erwerb des Eigentums. Bei dem Erwerb vom Berechtigten und den §§ 932 ff. BGB müssen Sie sicher sein, insbesondere, wenn wie im Examensfall regelmäßig Dritte (Besitzdiener, Besitzmittler, Geheißpersonen) in den Übereignungstatbestand eingeschaltet werden. Daneben geht es um die klausurrelevanten Probleme beim Pfandrecht, bei der Sicherungsübereignung und beim Anwartschaftsrecht des Vorbehaltsverkäufers.

0012 *14,80 €*

Sachenrecht III

Gegenstand des Skripts Sachenrecht III ist das Immobiliarsachenrecht, wobei die Übertragung des Eigentums an Grundstücken im Vordergrund steht. Weitere Schwerpunkte bilden u.a. Erst- und Zweiterwerb der Vormerkung, die Hypothek und Grundschuld -Gemeinsamkeiten und Unterschiede-, Übertragung sowie der Wegerwerb von Einwendungen und Einreden bei diesen.

0012A *14,80 €*

Kreditsicherungsrecht

Der Clou! Wettlauf der Sicherungsgeber, Verhältnis Hypothek zur Grundschuld, Verlängerter Eigentumsvorbehalt und Globalzession/Factoring sind häufig Prüfungsgegenstand. Lernen Sie das, was zusammen gehört, als zusammengehörend zu betrachten. Alle examenstypischen Sicherungsmittel im Überblick: Wie sichere ich neben dem bestehenden Rückzahlungsanspruch einen Kredit? Unterschieden werden Personalsicherheiten (z.B. Bürgschaft, Schuldbeitritt), Mobiliarsicherheiten (z.B. Sicherungsübereignung, Sicherungsabtretung, Eigentumsvorbehalt und Pfandrecht) sowie Immobiliarsicherheiten (Grundschuld und Hypothek). Wer die Unterscheidung zwischen akzessorischen und nichtakzessorischen Sicherungsmitteln wirklich verstanden hat, geht unbesorgt in die Prüfung.

0013 *14,80 €*

Nebengebiete

Familienrecht

Das Familienrecht wird häufig in Verbindung mit anderen Rechtsgebieten geprüft. So sind z.B. §§ 1357, 1365, 1369 BGB Schnittstelle zum BGB-AT und nur in diesem Kontext verständlich. Die sog. Ehestörungsklage hat ihre Bedeutung bei §§ 823 und 1004 BGB. Da nur der geschädigte Ehegatte einen eigenen Schadensersatzanspruch gegen den Schädiger hat, stellen sich Probleme der Vorteilsanrechnung (vgl. § 843 IV BGB) und Fragen beim Regress. Von Bedeutung sind bei der Nichtehelichen Lebensgemeinschaft Bereicherungsrecht und, wie bei Eheleuten auch, familienrechtliche Bestimmungen sowie das Recht der BGB-Gesellschaft. Die typischen Problemkreise des Familienrechts sind berechenbar und leicht erlernbar.

0014 *14,80 €*

Erbrecht

„Erben werden geboren, nicht gekoren." oder „Erben werden gezeugt, nicht geschrieben." deuten auf germanischen Einfluß mit seinem Sippengedanken. Das Prinzip der Universalsukzession und die Testamentidee sind römisch-rechtliche Tradition. Die Spannung zwischen individualistischem (der Erbe steht im Vordergrund) und kollektivistischem Ansatz (die Sippe ist privilegiert) ist auch für die Klausur von großer praktischer Relevanz, z.B. gewillkürte oder gesetzliche Erbfolge, Formwirksamkeit des Testaments (auch gemeinschaftliches Testament und Erbvertrag), Widerruf und Anfechtung, Bestimmung durch Dritte, Vor- und Nach- sowie Ersatzerbschaft, Vermächtnis, Pflichtteilsrecht, Erbschaftsbesitz, Miterben, Erbschein. Auch die dingliche Surrogation, z.B. bei § 2019 BGB, und das Verhältnis des Erbrechts zum Gesellschaftsrecht sollte als prüfungsrelevant bekannt sein.

0015 *14,80 €*

Zivilprozessrecht I

Versäumnisurteil, Erledigung, Streitverkündung, Berufung (ZPO I, sog. Erkenntnisverfahren) sind mit der hemmer-Methode leicht verständlich für die Klausuranwendung aufbereitet. Von den vielen Bestimmungen der ZPO sind insbesondere diejenigen, die mit materiellrechtlichen Problemen verknüpft werden können, klausurrelevant. ZPO-Probleme werden nur dann richtig erfasst und damit auch für die Klausur handhabbar, wenn man den praktischen Hintergrund verstanden hat. Dies erleichtert Ihnen die hemmer-Methode. Die klausurrelevanten Neuerungen der ZPO-Reform sind selbstverständlich eingearbeitet.

0016 *14,80 €*

Zivilprozessrecht II

Zwangsvollstreckungsrecht - mit diesem Skript halb so wild: Grundzüge, allgemeine und besondere Vollstreckungsvoraussetzungen, sowie die klausurrelevanten Rechtsbehelfe wie §§ 771 BGB (und die Abgrenzung zu § 805), 766 und 767 BGB werden wie gewohnt übersichtlich und gut verständlich für die Anwendung in der Klausur aufbereitet. Dann werden auch gefürchtete Zwangsvollstreckungsklausuren leicht.

0017 *14,80 €*

Arbeitsrecht

Arbeitsrecht ist stark von Richterrecht geprägt und hat sich auch, wie z.B. im Streikrecht, praeter legem entwickelt. Entsprechend häufig sind die Neuerungen. Gleichwohl ist die Arbeitsrechtsklausur im Regelfall standardisiert: Kündigungsschutz (Feststellungsklage) und Lohnzahlung (Leistungsklage) bilden häufig das Grundgerüst. Eingestreut sind regelmäßig Probleme wie z.B. Gratifikationen, Urlaubsabgeltungsanspruch, faktische Bindung und Anwendbarkeit der Grundrechte. Verständnis entsteht. So macht Arbeitsrecht Spaß. Das Standardwerk! Ausgehend von einem großen Fall wird das gesamte Arbeitsrecht knapp und prägnant erklärt.

0018 *16,80 €*

Handelsrecht

Handelsrecht verschärft wegen der Sonderstellung der Kaufleute viele Bestimmungen des BGB (z.B. §§ 362, 377 HGB). Auch Vertretungsrecht wird modifiziert (z.B. § 15 HGB, Prokura), ebenso die Haftung (§§ 25 ff HGB). So kann eine Klausur ideal gestreckt werden. Deshalb sind Kenntnisse im Handelsrecht unerlässlich, alles in allem aber leicht erlernbar.

0019A *14,80 €*

Gesellschaftsrecht

Ein Problem mehr in der Klausur: die Gesellschaft, insbesondere BGB-Gesellschaft, OHG, KG und GmbH. Zu unterscheiden ist häufig zwischen Innen- und Außenverhältnis. Die Haftung von Gesellschaft und Gesellschaftern muss jeder kennen. In der examenstypischen Klausur sind immer mehrere Personen vorhanden (Notendifferenzierung!), so dass sich zwangsläufig die typischen Schwierigkeiten der Mehrpersonenverhältnisse stellen (Zurechnung, Gesamtschuld, Ausgleichsansprüche etc.).

0019B *14,80 €*

Rechtsfolgeskripten

Regelmäßig ist die sog. Herausgabeklausur („A verlangt von B Herausgabe. Zu Recht?") Prüfungsgegenstand. Der Rückgriff kann als Zusatzfrage jede Klausur abschließen. Klausurtypisch werden diese Problemkreise im Anspruchsgrundlagenaufbau dargestellt. So schreiben Sie die 18 Punkteklausur. Ein Muss für jeden Examenskandidaten!

Herausgabeansprüche

Der Band setzt das Rechtsfolgesystem bisheriger Skripten fort. Die Anspruchsgrundlagen, die in den verschiedenen Rechtsgebieten verstreut sind, werden in einem eigenen Skript klausurtypisch konzentriert behandelt, §§ 285, 346, 546, 604, 812, 861, 985, 1007 BGB. Die ideale Checkliste für die Herausgabeklausur. Wer konsequent von der Fallfrage aus geht, lernt richtig.

0031 *14,80 €*

Rückgriffsansprüche

Der Regreß ist examenstypisch. Dreiecksbeziehungen sind nicht nur im wirklichen Leben problematisch, sondern auch im Recht. Der Band gibt unsere Erfahrungen mit den verschiedenen Examenskonstellationen wieder. Beispielhaft ist die Begleichung einer Schuld durch einen Dritten und der Regreß beim Schuldner. In Betracht kommen häufig GoA, Gesamtschuld und Bereiche-rungsrecht.

0032 *14,80 €*

Strafrecht

Eine zweistellige Punktezahl ist im Strafrecht immer im Bereich des Möglichen. Gerade im Strafrecht ist es wichtig, die Klassiker genau zu kennen. Im Strafrecht/Strafprozessrecht wird Ihre Belastbarkeit getestet: innerhalb relativ kurzer Zeit müssen viele Problemkreise „abgehakt" werden.

Strafrecht AT I

Für das Verständnis im Strafrecht unabdingbar sind vertiefte Kenntnisse des Allgemeinen Teils. Der Aufbau eines vorsätzlichen Begehungsdelikts wird ebenso vermittelt wie der eines vorsätzlichen Unterlassungsdelikts bzw. eines Fahrlässigkeitsdelikts. Darin eingebettet werden die examenstypischen Probleme erläutert und anhand der hemmer-Methode Lernverständis geschaffen. Um die allgemeine Strafrechtssystematik besser zu verstehen, beinhaltet dieses Skript zudem Ausführungen zur Garantiefunktion des Strafrechts, zum Geltungsbereich des deutschen Strafrechts sowie einen Überblick über strafrechtliche Handlungslehren.

0020 *14,80 €*

Strafrecht AT II

Dieses Skript vermittelt Ihnen anwendungsorientiert die Problemkreise Versuch (insbesondere Rücktritt vom Versuch), Täterschaft und Teilnahme (z.B. Täter hinter dem Täter), die Irrtumslehre (z.B. aberratio ictus), sowie das Wichtigste zu den Konkurrenzen.
Grundbegriffe werden erläutert und zudem in den klausurtypischen Zusammenhang gebracht. Auch Sonderfälle wie die „actio libera in causa" werden in fallspezifischer Weise erklärt.

0021 *14,80 €*

Strafrecht BT I

Bei den Klassikern wie u.a. Diebstahl, Betrug einschließlich Computerbetrug, Raub, Erpressung, Hehlerei, Untreue (BT I) sollte man sich keine Fehltritte leisten. Mit der hemmer-Methode wird der verständnisvolle Umgang mit Fällen, die im Grenzbereich eines oder mehrerer Tatbestände liegen, eingeübt. Auf klausurtypische Fallkonstellationen wird hingewiesen.

0022 *14,80 €*

Intelligentes Lernen
mit der hemmer-Methode

Strafrecht BT II

Immer wieder in Hausarbeit und Klausur: Totschlag, Mord, Körperverletzungsdelikte, Aussagedelikte, Urkundsdelikte, Straßenverkehrsdelikte. In aller Regel werden diese Delikte mit Täterschaftsformen des Allgemeinen Teils kombiniert, und dadurch die Problematik klausurtypisch gestreckt.

0023 *14,80 €*

Strafprozessordnung

Strafprozessrecht hat auch im Ersten Juristischen Staatsexamen deutlich an Bedeutung gewonnen: In fast jedem Bundesland ist mittlerweile verstärkt mit StPO-Zusatzfragen im Examen zu rechnen. Begriffe wie z.B. Legalitätsprinzip, Opportunitätsprinzip und Akkusationsprinzip dürfen keine Fremdworte bleiben. Lernen Sie spielerisch die Abgrenzung von strafprozessualem und materiellem Tatbegriff. Auf alle klausurtypischen Probleme wird eingegangen.

0030 *14,80 €*

Verwaltungsrecht

Auch die Verwaltungsrechtsskripten sind klausur- und hausarbeitsorientiert und damit als großer Fall zu verstehen. Trainieren Sie Verwaltungsrecht mit uns klausurorientiert. Lernen Sie mit der hemmer-Methode die richtige Einordnung. Im Öffentlichen Recht gilt: wenig Dogmatik - viel Gesetz. Gehen Sie deshalb mit dem sicheren Gefühl in die Prüfung, die Dogmatik genau zu kennen und zu wissen, wo Sie was zu prüfen haben.

Verwaltungsrecht I

Wie in einem großen Fall sind im Verwaltungsrecht I die klausurtypischen Probleme der Anfechtungsklage als zentrale Klageart der VwGO dargestellt. Entsprechend der Reihenfolge in einer Klausur werden Fragen der Zulässigkeit, vom Vorliegen eines VA bis zum Vorverfahren, und der Begründetheit, von der Ermächtigungsgrundlage bis zum Widerruf und der Rücknahme von VAen, klausurorientiert aufbereitet.

0024 *14,80 €*

Verwaltungsrecht II

Die richtige Einordnung der Prüfungspunkte im Rahmen der Zulässigkeit und Begründetheit von Verpflichtungs-, Fortsetzungsfeststellungs-, Leistungs- und Feststellungsklage sowie Normenkontrolle unter gleichzeitiger Darstellung typischer Fragestellungen der Begründetheit sind Gegenstand dieses Skripts. Sie machen es zu einem unentbehrlichen Hilfsmittel zur Vorbereitung auf Zwischenprüfung und Examina.

0025 *14,80 €*

Verwaltungsrecht III

Profitieren Sie von unserer jahrelangen Erfahrung als Repetitoren und unserer Sachkenntnis von Prüfungsfällen. Widerspruchsverfahren, vorbeugender und vorläufiger Rechtsschutz, Rechtsmittel sowie Sonderprobleme aus dem Verwaltungsprozess- und allgemeinen Verwaltungsrechts sind anschließend für Sie keine Fremdwörter mehr.

0026 *14,80 €*

Staatsrecht

Stoffauswahl und Schwerpunktbildung von Verfassungsrecht (Staatsrecht I) und Staatsorganisationsrecht (Staatsrecht II) orientieren sich am praktischen Bedürfnis von Klausur und Hausarbeit. Da in diesem Bereich häufig nach dem Prinzip „terra incognita“ gelernt wurde, gilt es Lücken zu schließen. Wer Staatsrecht richtig gelernt hat, kann sich jedem Fall stellen. Es gilt der Wahlspruch der Aufklärung: „sapere aude“ (Wage, Dich Deines Verstandes zu bedienen.), Kant, auf ihn Bezug nehmend Karl Popper (Beck´sche Reihe, „Große Denker“).

Staatsrecht I

Die Grundrechte sind das Herzstück der Verfassung. Zulässigkeit und Begründetheit der Verfassungsbeschwerde geben jedem Klausurersteller die Möglichkeit, Grundrechtsverständnis abzuprüfen. Die einzelnen Grundrechte werden im Rahmen der Begründetheit der Verfassungsbeschwerde umfassend erklärt. Lernen Sie mit der hemmer-Methode den richtigen Fallaufbau, auf den gerade im Öffentlichen Recht besonders viel Wert gelegt wird.

0027 *14,80 €*

Staatsrecht II

Speziell hier gilt: Die wenigen Klassiker, die immer wieder in der Klausur eingebaut sind, muss man kennen.

Dies sind im Prozessrecht: Organstreitigkeiten, abstrakte und konkrete Normenkontrolle und föderale Streitigkeiten (Bund-/ Länderstreitigkeiten). Das materielle Recht beinhaltet Staatszielbestimmungen (Art. 20 GG), Finanzverfassung, daneben auch oberste Staatsorgane, Gesetzgebungskompetenz und -verfahren, Verwaltungsorganisation und das Recht der politischen Parteien. Mit diesen Problemkreisen sollten Sie sich im Rahmen einer sinnvollen Examensvorbereitung mit den jeweiligen landesrechtlichen Besonderheiten auseinandersetzen. Skripten, die die Problematik „verallgemeinernd“ auf Bundesebene darstellen, helfen meist nicht weiter!

0028 *14,80 €*

Staatshaftungsrecht

Das Staatshaftungsrecht ist eine Querschnittsmaterie aus den Bereichen Verfassungsrecht, Allgemeines und Besonderes Verwaltungsrecht und dem Bürgerlichen Recht. Diese Besonderheit macht es einerseits kompliziert, andererseits interessant für Klausurersteller! In diesem Skript finden Sie alle klausurrelevanten Probleme des Staatshaftungsrechts examenstypisch aufgearbeitet.

0040 *14,80 €*

Europarecht

Immer auf dem neusten Stand! Unser Europarecht hat sich zum Klassiker entwickelt. In Zeiten unüberschaubarer Normenflut ermöglicht dieses Skript die zum Verständnis notwendige Orientierung und Vereinfachung. Anschaulich und klar strukturiert erspart es Zeit und dient dem Allgemeinverständnis für dieses in Zukunft immer wichtiger werdende Prüfungsgebiet. Zusammen mit der Fallsammlung Europarecht Garant für ein erfolgreiches Abschneiden in der Prüfung! Die hohe Nachfrage gibt dem Skriptum recht.

0029 *16,80 €*

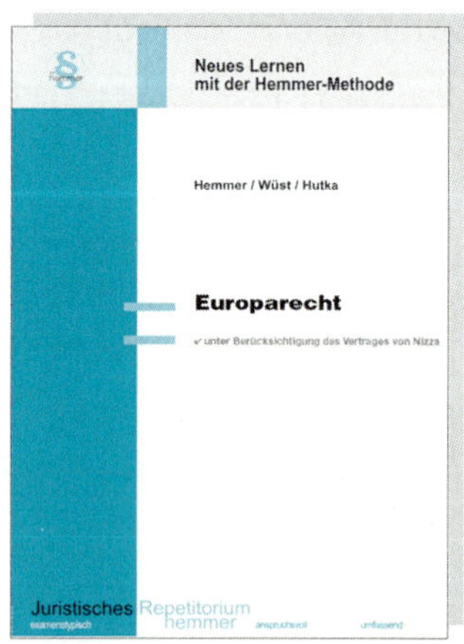

Öffentliches Recht - landesspezifische Skripten

Wesentliche Bereiche des Öffentlichen Rechts- Kommunalrecht, Sicherheitsrecht, Bauord-nungsrecht - sind aufgrund der Kompetenzverteilung des Grundgesetzes Landesrecht. Hier müssen Sie sich im Rahmen einer sinnvollen Examensvorbereitung mit den jeweiligen landesrechtlichen Besonderheiten auseinandersetzen. Skripten, die die Problematik „verallgemeinernd" auf Bundesebene darstellen, helfen meist nicht weiter!

Baurecht/Bayern
Baurecht/Nordrhein-Westfalen
Baurecht/Baden Württemberg

Bauplanungs- und Bauordnungsrecht werden in klausurtypischer Aufarbeitung so dargestellt, dass selbst ein Anfänger innerhalb kürzester Zeit die Systematik des Baurechts erlernen kann. Vertieft werden darüber hinaus alle wichtigen Spezialprobleme des Baurechts wie gemeindliches Einvernehmen, Vorbescheid, Erlass von Bebauungsplänen etc. behandelt.

01.0033 BauR Bayern *14,80 €*

02.0033 BauR NRW *14,80 €*

vorraussichtlich erhältlich ab Frühjahr 2007

03.0033 BauR Baden Württ. *14,80 €*

Polizei- und Sicherheitsrecht/ Bayern
Polizei- und Ordunungsrecht/ Nordrhein-Westfalen
Polizeirecht/Baden Württemberg

Gerade das Polizei- und/oder Sicherheitsrecht stellt sich von Bundesland zu Bundesland unterschiedlich dar: Hier kommt die Stärke der landesrechtlichen Skripten voll zur Geltung! Lernen Sie im jeweils regionalen Kontext die Begriffe Primär- und Sekundärmaßnahme, Konnexität, Anscheins- und Putativgefahr usw. Der Aufbau des Skripts orientiert sich an der typischen Systematik einer Polizeirechtsklausur.

01.0034 Polizei-/SR Bayern *14,80 €*

02.0034 Polizei-/OR NRW *14,80 €*

03.0034 PolizeiR/ Baden Württ. *14,80 €*

Kommunalrecht/Bayern
Kommunalrecht/NRW
Kommunalrecht/Baden Württemberg

In vielen Bundesländern ist Kommunalrecht das Herz der verwaltungsrechtlichen Klausur, da es sich mit den meisten anderen Bereichen des Verwaltungsrecht-BT hervorragend kombinieren lässt: Begriffe wie eigener und übertragener Wirkungskreis, Kommunalaufsicht, Verbands- und Organkompetenz, Befangenheit von Gemeinderäten, Kommunale Verfassungsstreitigkeit, gemeindliche Geschäftsordnung und vieles mehr werden in gewohnt fallspezifischer Art dargestellt und erklärt.

01.0035 KomR. Bayern *14,80 €*

02.0035 KomR. NRW *14,80 €*

03.0035 KomR. Baden Württ. *14,80 €*

Schwerpunktskripten

Auch im Bereich der Wahlfachgruppen können Sie auf die gewohnte und bewährte Qualität der Hemmer-Skripten zurückgreifen. Wir ermöglichen Ihnen, ihren Schwerpunktbereich effektiv und examenstypisch zu erschließen. Die Zusammenstellung der Skripten orientiert sich am examensrelevanten Stoff und den wichtigsten Problemkreisen.

Kriminologie

Das Skript Kriminologie umfasst sämtliche, für die Wahlfachgruppe relevanten Bereiche: Kriminologie, Jugendstrafrecht und Strafvollzug. Im Mittelpunkt stehen insbesondere die Erscheinungsformen und Ursachen von Kriminalität, der Täter, aber auch das Opfer und die Kontrolle und Behandlung des Straftäters.Durch die Behandlung vieler strafrechtlicher Grundbegriffe ist das Skriptum auch für den Studenten geeignet, der diese Wahlfachgruppe nicht gewählt hat.

0039 *16,80 €*

Völkerrecht

Die Probleme im Völkerrecht sind begrenzt. Erschließen Sie sich mit Hilfe dieses Skripts die Problemkreise der völkerrechtlichen Verträge, über die Personalhoheit bis hin zum Interventionsverbot.
Denken Sie daran: Seit das Europarecht Prüfstoff des Ersten und Zweiten Juristischen Staatsexamens geworden ist, hat die Attraktivität der Wahlfachgruppe Völker-/Europarecht stark zugenommen.

0036 *16,80 €*

Internationales Privatrecht

In der Praxis wird der Jurist von morgen nicht darum herumkommen, sich mit IPR zu beschäftigen. Internationale Verflechtungen gewinnen an Bedeutung und den nationalen Scheuklappen wird entgegen gewirkt. Das Skript ist fallorientiert und ermöglicht den leichten Einstieg. Die Anwendung des Internationalen Einheitsrechts, staatsvertraglicher Kollisionsnormen sowie des autonomen Kollisionsrechts werden hier erläutert. Auch werden die Rechte der natürlichen Person auf internationaler Ebene vom Vertragsrecht bis hin zum Sachenrecht behandelt.

0037 *16,80 €*

Kapitalgesellschaftsrecht

Im Skript Kapitalgesellschaftsrecht werden die Gründung der Kapitalgesellschaften und deren Organisationsverfassung dargestellt. Es beinhaltet daneben die Rechtsstellung der Gesellschafter, die Finanzordnung der Gesellschaften und die Stellung der Gesellschaften im Rechtsverkehr. Abschließend erfolgt ein Überblick über das Konzernrecht und Sonderformen der Kapitalgesellschaften.

0055 *16,80 €*

Rechtsgeschichte I

Gegenstand des Skripts ist die Rechtsgeschichte des frühen Mittelalters bis hin zur Rechtsgeschichte des 20. Jahrhunderts. Inhaltlich deckt es die Bereiche Verfassungsrechtsgeschichte, Privatrechtsgeschichte und Strafrechtsgeschichte ab. Hauptsächlich hilft das Skript bei der Vorbereitung auf die rechtsgeschichtlichen Klausuren. Gleichzeitig ist es auch für „kleine" Grundlagenklausuren und die „großen" Examensklausuren geeignet. Ideal auch zur Vorbereitung auf die mündliche Prüfung.

0058 *16,80 €*

Rechtsgeschichte II

Das Skript Rechtsgeschichte II befasst sich mit der Römischen Rechtsgeschichte und liefert im Zusammenhang mit dem Skript Rechtsgeschichte I (Deutsche Rechtsgeschichte) den Stoff für die Wahlfachgruppe. Darüber hinaus sollten Grundzüge der Rechtsgeschichte zum Wissen eines jeden Jurastudenten gehören. Mit diesem Skript werden Sie schnell in die Entwicklungen und Einflüsse der Römischen Rechtsgeschichte eingeführt.

0059 *16,80 €*

Wettbewerbs- und Markenrecht

Im Rahmen des Rechts des unlauteren Wettbewerbs werden die Grundzüge erklärt, die für das Verständnis dieser Materie unerlässlich sind. Aus dem Bereich des Immaterialgüterrechts wird das Markenrecht näher betrachtet, etwa Unterlassungs- und Schadensersatzansprüche wegen Markenverletzung.

0060 *16,80 €*

Rechts- und Staatsphilosophie sowie Rechtssoziologie

Ziel des Skriptes ist es, über die Vermittlung des für die Klausur erforderlichen Wissens hinaus den Leser zu befähigen, ein eigenständiges rechtsphilosophisches Denken zu entwickeln und die erforderliche Argumentation auszuprägen. Das Werk führt zunächst gezielt in die Grundlagen und Fragestellungen der Rechtsphilosophie und Rechtssoziologie ein. Dem folgt eine historisch wie thematisch orientierte Auswahl von Philosophen und Soziologen, wobei nach einem festen Gliederungsmuster deren Leben, Vorstellung von Recht und Gerechtigkeit, Gesellschaft und Staat vorgestellt wird. Die Ausführungen schließen mit aktuellen Bezügen zur jeweiligen Theorie als Denkanstoß ab.

0062 *16,80 €*

Insolvenzrecht

Das Skript umfasst sämtliche relevanten Bereiche: Insolvenzantragsverfahren, vorläufige Insolvenzverwaltung, Anfechtung, Aus- und Absonderung sowie alles rund um das Amt des Insolvenzverwalters. Ebenfalls besprochen werden die Besonderheiten von Arbeitsverhältnissen in der Insolvenz sowie die Besonderheiten des Verbraucherinsolvenzverfahrens. Mit einer Vielzahl von Beispielen aus der Praxis ist das Skriptum geeignet, sich einen groben Überblick über diesen sehr bedeutsamen Bereich zu verschaffen.

0063 *16,80 €*

Steuererklärung leicht gemacht

Das Skript gibt alle erforderlichen Anleitungen und geldwerte Tipps für die selbstständige Erstellung der Einkommensteuererklärung von Studenten und Referendaren. Zur Verdeutlichung sind Beispielfälle eingebaut, deren Lösungen als Grundlage für eigene Erklärungen dienen können.

0038 *14,80 €*

Abgabenordnung

Die Abgabenordnung als das Verfahrensrecht zum gesamten Steuerrecht hält viele Besonderheiten bereit, die Sie sowohl im Rahmen der Pflichtfachklausur im 2. Examen, wie auch in der Wahlfachklausur beherrschen müssen. Hierbei hilft zwar Systemverständnis im allgemeinen Verwaltungsrecht, das wir Ihnen mit unseren Skripten Verwaltungsrecht I - III vermitteln. Jedoch ist auch eine detaillierte Auseinandersetzung mit abgabenordnungsspezifischen Problemen unverzichtbar. Im Ersten und Zweiten Examen stellen verfahrensrechtliche Fragen regelmäßig zwischen 25 und 30 % des Prüfungsstoffes der Steuerrechtsklausur dar. Hier zeigt sich immer wieder, dass das Verfahrensrecht zu wenig beachtet wurde. Eine gute Klausur kann aber nur dann gelingen, wenn sowohl die einkommensteuerrechtliche als auch die verfahrensrechtliche Problematik erfasst wurde.

0042 *16,80 €*

Einkommensteuerrecht

Der umfassende Überblick über das Einkommensteuerrecht! Der gesamte examensrelevante Stoff sowohl für die Wahlfachgruppe als auch für die Pflichtklausur im 2. Examen: Angefangen bei den einkommensteuerlichen Grundfragen der subjektiven Steuerpflicht und den Besteuerungstatbeständen der sieben Einkommensarten, über die verschiedenen Gewinnermittlungsmethoden, bis hin zur Berechnung des zu versteuernden Einkommens orientiert sich das Skript streng am Klausuraufbau und stellt so absolut notwendiges Handwerkszeug dar. Das Skript eignet sich sowohl für den Einstieg, als auch für die intensive Auseinandersetzung mit dem Einkommensteuerrecht. Auch für jeden „Steuerzahler" empfehlenswert! Schwerpunkt bleiben die examensrelevanten Problemkreise.

0043 *21,80 €*

Die Musterklausuren für das Examen

Fahrlässig handelt, wer sich diese Fälle entgehen lässt! Aus unserem langjährigen Klausurenkursprogramm die besten Fälle, die besonders häufig Gegenstand von Prüfungen waren und sicher wieder sein werden. Lernen Sie den Horizont von Klausurenerstellern und -korrektoren anhand von exemplarischen Fällen kennen .

Musterklausuren Examen Zivilrecht

Das Repetitorium hemmer ist für seine Trefferquote bekannt. Das zeigt sich auch in den Musterklausuren: Teilweise wurden die ausgewählten Fälle später zu nahezu identischen Originalexamensfällen. Die Themenkreise sind weiter hochaktuell. Examensklausuren haben eine eigene Struktur. Der Ersteller konstruiert Sachverhalt und Lösung nach bestimmten Regeln, die es zu erfassen gilt. Objektiv muss die Klausur wegen der Notendifferenzierung anspruchsvoll, aber lösbar sein, eine Vielzahl von Problemen beinhalten und bei der Lösung ein einheitliches Ganzes ergeben. Subjektives Merkmal ist, wie der Ersteller die objektiven Merkmale gewichtet hat. Hier zeigt sich sein Ideengebäude, welches zu erfassen die wesentliche Aufgabe bei der Klausurbewältigung ist.

16.01 *14,80 €*

Musterklausuren Examen Strafrecht

Wenig Gesetz, viel Dogmatik. Gerade im Strafrecht gilt: „Streit erkannt, Gefahr gebannt!" Strafrecht ist regelmäßig ein Belastungstest: Strafrechtliche Klausuren bestehen aus einer Vielzahl von Problemen aus dem Allgemeinen Teil, dem Besonderen Teil, bzw. aus beiden. Routine beim „Abhaken" der Problemkreise zahlt sich aus. Frühzeitiges Klausurentraining schafft Sicherheit im Examen.

16.02 *14,80 €*

Musterklausuren Examen Steuerrecht

Steuerrechtliche Klausuren zeichnen sich durch immer wiederkehrende Einzelkonstellationen aus, die zu einem großen Fall zusammengebastelt sind. Es ist leicht eine gute Note zu schreiben, wenn man die Materie kennt. Auf der Grundlage von original Examensklausuren aus den letzten Jahren werden die klassischen Problemfelder aus dem materiellen Recht wie aus dem Verfahrensrecht examenstypisch aufbereitet und vermittelt.

16.03 *14,80 €*

Musterklausur Examen Europarecht

Europarecht ist ohne Fälle nicht fassbar. Erleichtern Sie sich das Verständnis für Europarecht, indem Sie anwendungsspezifisch und fallorientiert lernen. Nachdem das Europarecht auch als Pflichtfach immer größere Bedeutung erlangt, stellt diese Fallsammlung als Erweiterung des Lernmaterials zum Europarecht eine unerlässliche Hilfe bei der Examensvorbereitung dar.

16.04 *14,80 €*

Die Shorties - Minikarteikarten

Die Shorties -
in 20 Stunden zum Erfolg

Die wichtigsten Begriffe und Themenkreise werden anwendungsspezifisch erklärt.
Knapper geht es nicht.
Die „sounds“ der Juristerei (super learning) grafisch aufbereitet - in Kürze zum Erfolg.

- als Checkliste
zum schnellen Erfassen des jeweiligen Rechtsgebiets.

- zum Rekapitulieren
mit dem besonderen Gedächtnistraining schaffen Sie Ihr Wissen ins Langzeitgedächtnis.

- vor der Klausur zum schnellen Überblick

- ideal vor der mündlichen Prüfung

Die Shorties 1
BGB AT, SchuldR AT (50.10) — *21,80 €*

Die Shorties 2/I
KaufR, MietV, Leihe, WerkVR, ReiseV, Verwahrung (50.21) — *21,80 €*

Die Shorties 2/II
GoA, BerR, DeliktsR, SchadensersatzR (50.22) — *21,80 €*

Die Shorties 3
SachenR, ErbR, FamR (50.30) — *21,80 €*

Die Shorties 4
ZPO I/II, HGB (50.40) — *21,80 €*

Die Shorties 5
StrafR AT/BT (50.50) — *21,80 €*

Die Shorties 6
Öffentliches Recht (50.60) — *21,80 €*
(VerwR, GrundR, BauR, StaatsOrgR, VerfProzR)

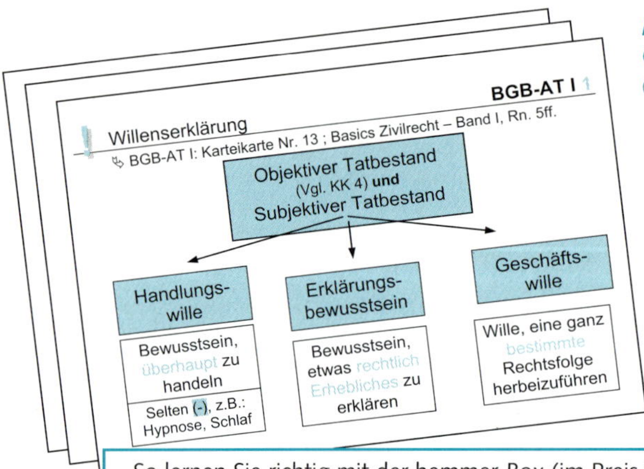

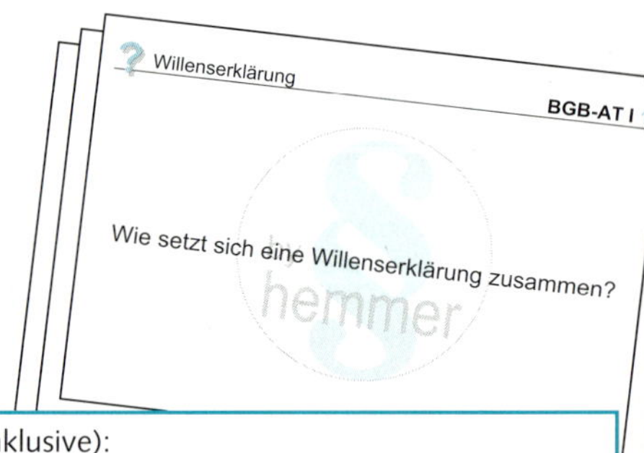

So lernen Sie richtig mit der hemmer-Box (im Preis inklusive):

1. Verstehen: Haben Sie den gelesenen Stoff verstanden, wandert die Karte auf Stufe 2., Wiederholen am nächsten Tag.

2. Wiederholen: Haben Sie den Stoff behalten, wandert er von Stufe 2. zu Stufe 4.

3. kleine Strafrunde: Konnten Sie den Inhalt von 2. nicht exakt wiedergeben, arbeiten Sie die Themen bitte noch einmal durch.

4. fundiertes Wissen: Wiederholen Sie die hier einsortierten Karten nach einer Woche noch einmal. Konnten Sie alles wiedergeben? Dann können Sie vorrücken zu Stufe 5.

5. Langzeitgedächtnis: Wiederholen Sie auf dieser Stufe das Gelernte im Schnelldurchlauf nach einem Monat. Sollten noch Fragen offen bleiben, gehen sie bitte eine Stufe zurück.

HEMMER Karteikarten - Logisch und durchdacht aufgebaut!

Intelligentes Lernen
schnell & effektiv

Einleitung
führt zur Fragestellung hin und verschafft Ihnen den schnellen Überblick über die Problemstellung

Frage oder zu lösender Fall
konkretisiert den jeweiligen Problemkreis

II. Verschulden bei Vertragsverhandlungen — SchR-AT I

Vorvertragliche Sonderverbindung — hemmer — Karte 22

Die c.i.c. setzt ein vorvertragliches Vertrauensverhältnis voraus. Dieses entsteht nicht durch jeden gesteigerten sozialen Kontakt, sondern nur durch ein Verhalten, das auf den Abschluss eines Vertrages oder die Anbahnung geschäftlicher Kontakte abzielt. Ob es später tatsächlich zu einem Vertragsschluss kommt, ist dagegen unerheblich. Der Vertragsschluss ist nur erheblich für die Abgrenzung zwischen §§ 280 I, 241 II BGB (pVV) und §§ 280 I, 311 II, 241 II BGB (c.i.c.): Fällt die Pflichtverletzung in den Zeitraum vor Vertragsschluss, sind ohne Rücksicht auf den späteren Vertragsschluss die §§ 280 I, 311 II, 241 II BGB richtige Anspruchsgrundlage.

A macht einen Stadtbummel. Aus Neugier betritt er ein neues Geschäft, um das Warenangebot näher kennen zu lernen. Dazu kommt es aber nicht. Er rutscht kurz hinter dem Eingang auf einer Bananenschale aus und bricht sich ein Bein.
Hat A Ansprüche aus c.i.c.?

Abwandlung: A betritt das Geschäft nur, weil es gerade zu regnen angefangen hat. Er hat keinerlei Kaufinteresse.

Juristisches Repetitorium hemmer
examenstypisch • anspruchsvoll • umfassend

1. *Grundfall*:

Fraglich ist, ob ein vorvertragliches Schuldverhältnis vorliegt. Dieses entsteht insbesondere erst durch ein Verhalten, das auf die Aufnahme von Vertragsverhandlungen (§ 311 II Nr. 1 BGB), die Anbahnung eines Vertrags (§ 311 II Nr. 2 BGB) oder eines geschäftlichen Kontakts (§ 311 II Nr. 3 BGB) abzielt. Hier betritt A das Geschäft zwar ohne konkrete Kaufabsicht, aber doch als potentieller Kunde in der Absicht, sich über das Warensortiment zu informieren, um später möglicherweise doch etwas zu kaufen. **Sein Verhalten ist somit auf die Anbahnung eines Vertrags gerichtet, bei welchem der A im Hinblick auf eine etwaige rechtsgeschäftliche Beziehung dem Geschäftsinhaber die Möglichkeit zur Einwirkung auf seine Rechte, Rechtsgüter und Interessen gewährt oder ihm diese anvertraut, vgl. § 311 II Nr. 2 BGB.**

Der Geschäftsinhaber hat die Pflicht, alles Zumutbare zu unternehmen, um seine Kunden vor Schäden an Leben und Gesundheit zu schützen. Diese Pflicht wurde hier verletzt. *Im Hinblick auf die Darlegungs- und Beweislast* zum Vertretenmüssen ist von § 280 I 2 BGB auszugehen. Ausreichend ist daher von Seiten des Geschädigten der Nachweis des objektiv verkehrsunsicheren Zustands im Verantwortungsbereich des Schuldners, hier durch die Bananenschale. Der Schuldner, also der Geschäftsinhaber muss dann nachweisen, dass er und seine Erfüllungsgehilfen alle zumutbaren Maßnahmen zur Vermeidung des Schadens ergriffen haben. Das wird regelmäßig nicht gelingen. **Von Vertretenmüssen ist daher auszugehen,** gegebenenfalls ist dem Geschäftsinhaber das *Verschulden der Erfüllungsgehilfen (z.B. Ladenangestellten) nach § 278 BGB zuzurechnen.* Die **Pflichtverletzung war ursächlich für den Schaden des A. A kann somit Schadensersatz aus §§ 280 I, 311 II Nr. 2, 241 II BGB verlangen** (u.U. gekürzt um einen *Mitverschuldensanteil*).

2. Abwandlung:

In der Abwandlung hat A von vornherein keinerlei Kaufabsicht. Sein **Verhalten ist nicht auf die Anbahnung eines Vertrags gerichtet**. Das bloße Betreten eines Ladens genügt jedoch nicht, um ein gesteigertes Vertrauensverhältnis zu begründen. **Daher scheiden Ansprüche aus §§ 280 I, 311 II Nr. 2, 241 II BGB aus**. *Es kommen lediglich deliktische Schadensersatzansprüche in Betracht.*

hemmer-Methode: Bei dauernden Geschäftsbeziehungen, innerhalb derer sich ein Vertrauensverhältnis herausgebildet hat, ist eine Haftung aus c.i.c. auch für Handlungen, die nicht unmittelbar auf die Anbahnung eines Vertrages gerichtet sind, gerechtfertigt, sofern die Handlung in engem Zusammenhang mit der Geschäftsbeziehung steht.

Antwort
informiert umfassend und in prägnanter Sprache

hemmer-Methode
ein modernes Lernsystem, das letztlich erklärt, was und wie Sie zu lernen haben. Gleichzeitig wird background vermittelt. Die typischen Bewertungskategorien eines Korrektors werden miterklärt. So lernen Sie Ihre imaginären Gegner (Ersteller und Korrektor) besser einzuschätzen und letztlich zu gewinnen. Denken macht Spass und Jura wird leicht.

Die Karteikartensätze

Lernen Sie intelligent
mit der 5-Schritt-Methode.

Weniger ist mehr. Das schnelle Frage- und Antwortspiel sich auf dem Markt durchgesetzt. Mit der hemmer-Methode wird der Gesamtzusammenhang leichter verständlich, das Wesentliche vom Unwesentlichen unterschieden. Ideal für die AG und Ihre Lerngruppe: wiederholen Sie die Karteikarten und dem hemmer-Spiel „Jurapolis". Lernen Sie so im Hinblick auf die mündliche Prüfung frühzeitig auf Fragen knapp und präzise zu antworten. Wissenschaftlich ist erwiesen, dass von dem Gelernten in der Regel innerhalb von 24 Stunden bis zu 70% wieder vergessen wird. Daher ist es wichtig, das Gelernte am nächsten Tag zu wiederholen, bevor Sie sich neue Karteikarten vornehmen.
Mit den Karteikarten können Sie leicht kontrollieren, wie viel Sie behalten haben.
Karteikarten bieten die Möglichkeit, knapp, präzise und zweckrational zu lernen. Im Hinblick auf das Examen werden die wichtigsten examenstypischen Problemfelder vermittelt. Das Kartei-kartensystem entspricht modernen Lernkon-zepten und führt zum „learning just in time" (Lernen nach Bedarf). Da sie kurz und klar strukturiert sind, kann mit ihnen in kürzester Zeit der Lernstoff erarbeitet und vertieft werden.

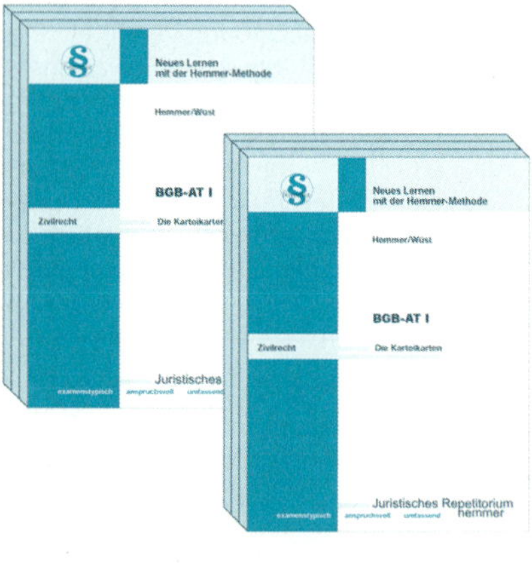

Basics - Zivilrecht

Das absolut notwendige Grundwissen vom Vertragsabschluß bis zum EBV. Alles was Sie im Zivilrecht wissen müssen. Die Grundlagen müssen sitzen.

20.01 *12,80 €*

Basics - Strafrecht

Karteikarten Basics-Strafrecht bieten einen Überblick über die wichtigsten Straftatbestände wie z.B.: Straftaten gegen Leib und Leben sowie Eigentumsdelikte und Straßenverkehrsdelikte, sowie verschiedene Deliktstypen, wichtige Probleme aus dem allgemeinen Teil, z.B. Versuch, Beteiligung Mehrerer, usw.

20.02 *12,80 €*

Basics - Öffentliches Recht

Anhand der Karten Basics-Öffentliches Recht erhalten Sie einen breitgefächerten Überblick über Staatsrecht, Verwaltungs-, und Staatshaftungsrecht. So lassen sich die verschiedenen Rechtsbehelfe optimal in ihrer Zulässigkeits- und Begründetheitsstation auf die Grundlagen hin erlernen.

20.03 *12,80 €*

BGB-AT I

Die BGB-AT I Karteikarten beinhalten das, was zum Wirksamwerden eines Vertrages beiträgt (Wirksamwerden der WE, Geschäftsfähigkeit, Rechtsbindungswille, usw.) bzw. der Wirksamkeit hindernd entgegensteht (Willensvorbehalte, §§ 116 ff., Sittenwidrigkeit, u.v.m.). Die Problemfelder der Geschäftsfähigkeit, insbesondere das Recht des Minderjährigen, dürfen bei dieser Möglichkeit zu lernen nicht fehlen.

22.01 *14,80 €*

BGB-AT II

Die BGB-AT II Karteikarten stellen in bekannt knapper und präziser Weise dar, was auf dem umfangreichen Gebiet der Stellvertretung von Ihnen erwartet wird. Die unerlässlichen Kenntnisse der Probleme der Anfechtung, der AGB-Bestimmungen und des Rechts der Einwendungen und Einreden können hiermit zur Examensvorbereitung wiederholt bzw. vertieft werden.

22.02 *14,80 €*

Schuldrecht AT I

Im bekannten Format werden hier die Grundbegriffe des Schuldrechts dargestellt. Dazu gehören der Inhalt und das Erlöschen des Schuldverhältnisses (z.B. durch Erfüllung, Aufrechnung oder auch Rücktritt). Insbesondere die verschiedenen Probleme in Zusammenhang mit der Haftung im vorvertraglichen Schuldverhältnis nach §§ 280 I, 311 II, 241 II BGB (c.i.c.), das Verhältnis des allgemeinen Leistungsstörungsrechts zu anderen Vorschriften und die Formen und Wirkungen der Unmöglichkeit werden behandelt.

22.031 *14,80 €*

Schuldrecht AT II

Klassiker wie Verzug, Abtretung, Schuldübernahme, Vertrag zugunsten oder mit Schutzwirkung zugunsten Dritter und Drittschadensliquidation gehören hier genauso zum Stoff der Karteikarten wie die Gesamtschuldnerschaft und das Schadensrecht (§§ 249 ff. BGB), das umfassend von Schadenszurechnung bis hin zu Art, Inhalt und Umfang der Ersatzpflicht dargestellt wird.

22.032 *14,80 €*

Schuldrecht BT I

Bei diesen Karteikarten steht das Kaufrecht als examensrelevante Materie im Vordergrund. Die Schwerpunkte bilden aber auch Sachmängelrecht und die Probleme rund um den Werkvertrag.

22.40 *14,80 €*

Schuldrecht BT II

Die Karteikarten Schuldrecht BT II behandeln nach Kaufrecht im Karteikartensatz Schuldrecht BT I, die restlichen Vertragstypen. Dazu gehören vor allem das Mietrecht, der Dienstvertrag, die Bürgschaft und die GoA. Auch Gebiete wie z.B. Schenkung, Leasing, Schuldanerkenntnis und Auftrag kommen nicht zu kurz.

22.41 *14,80 €*

Bereicherungsrecht

Die §§ 812 ff. BGB sind regelmäßig die Folge unwirksamer Verträge. Abgrenzungsprobleme gibt es u.a. zum Wegfall der Geschäftsgrundlage (z.B. Rückabwicklung bei der nichtehelichen Lebensgemeinschaft) und §§ 987 ff. BGB. Der Karteikartensatz versteht sich als Gebrauchsanweisung für die erfolgreiche Bewältigung des anspruchsvollen Rechtsgebiets Bereicherungsrecht. Ohne Verständnis für dieses Rechtsgebiet bleibt der Zusammenhang im Zivilrecht im Dunkeln.

22.08 *14,80 €*

Deliktsrecht

Thematisiert werden im Rahmen dieser Karteikarten schwerpunktmäßig die §§ 823 I und 823 II BGB. Verständlich und präzise wird auch auf die Probleme der §§ 830 ff. eingegangen, wobei besonders auf den Verrichtungsgehilfen und die Gefährdungshaftung geachtet wird. Neben einem Einblick in das Staatshaftungsrecht wird auch die Haftung aus dem StVG, ProdHaftG und die negatorische/ quasinegatorische Haftung behandelt.

22.09 *14,80 €*

Sachenrecht I

Mit den Karteikarten zum Sachenrecht können Sie ein so komplexes Gebiet wie dieses optimal wiederholen und Ihr Wissen trainieren.
Das Sachenrecht mit EBV, Anwartschaftsrecht und Pfandrechten ist für jeden Examenskandidaten ein Muss.

22.11 *14,80 €*

Sachenrecht II

Auch auf einem so schwierigen Gebiet wie dem Grundstücksrecht und den damit verbundenen Pfand- und Sicherungsrechten geben die Karteikarten nicht nur eine zügige Wissensvermittlung, sondern reduzieren die Komplexität des Immobiliarsachenrechts auf das Wesentliche und erleichtern somit die eigene Systematik, z.B. des Hypothek- und Grundschuldrechts, zu verstehen. Begriffe wie die Vormerkung und das dingliche Vorkaufsrecht müssen im Examen beherrscht werden.

22.12 *14,80 €*

Kreditsicherungsrecht

Die Karteikarten als Ergänzung zum Skript Kreditsicherungsrecht ermöglichen Ihnen, spielerisch mit den einzelnen Sicherungsmitteln umzugehen, und die Unterschiede zwischen akzessorischen und nichtakzessorischen Sicherungsmitteln genauso wie ihre Besonderheiten zu beherrschen.

22.13 *14,80 €*

Arbeitsrecht

Arbeitsrecht ist stark von Richterrecht geprägt und hat sich auch, wie z.B. im Streikrecht, praeter legem entwickelt. Entsprechend häufig sind die Neuerungen. Gleichwohl ist die Arbeitsrechtsklausur im Regelfall standardisiert: Kündigungsschutz (Feststellungsklage) und Lohnzahlung (Leistungsklage) bilden häufig das Grundgerüst. Eingestreut sind regelmäßig Probleme wie z.B. Gratifikationen, Urlaubsabgeltungsanspruch, faktische Bindung und Anwendbarkeit der Grundrechte.
Verständnis entsteht, so macht Arbeitsrecht Spaß.

22.18 *14,80 €*

Familienrecht

Die wichtigsten Problematiken dieses Gebietes werden hier im Überblick dargestellt und erleichtern Ihnen den Umgang mit Ehe, Sorgerecht, Vormundschaft, aber auch dem Familienprozessrecht.

22.14 *14,80 €*

Erbrecht

Die Grundzüge des Erbrechts mit den einzelnen Problematiken der gewillkürten und gesetzlichen Erbfolge, des Pflichtteilrechts und der Erbenhaftung gehören ebenso zum Examensstoff wie die Annahme und Ausschlagung der Erbschaft und die Problematik mit dem Erbschein. Die Grundlagen zu beherrschen ist wichtiger als einzelne Sonderprobleme.

22.15 *14,80 €*

ZPO I

ZPO taucht zunehmend in den Examensklausuren auf und darf nicht vernachlässigt werden. Nutzen Sie die Möglichkeit, sich durch die knappe und präzise Aufbereitung in den Karteikarten mit dem Prozessrecht vertraut zu machen, um im Examen eine ZPO-Klausur in Ruhe angehen zu können.

22.16 *14,80 €*

ZPO II

Die Karteikarten ZPO II führen Sie quer durch das Recht der Zwangsvollstreckung bis hin zu den verschiedenen Rechtsbehelfen in der Zwangsvollstreckung. Dabei können Rechtsbehelfe wie die Vollstreckungsgegenklage oder die Drittwiderspruchsklage den Einstieg in eine BGB-Klausur bilden.

22.17 *14,80 €*

Handelsrecht

Im Handelsrecht kehren oft bekannte Probleme wieder, die mittels der Karteikarten optimal wiederholt werden können. Auch für das umfassende Schuld- und Sachenrecht des Handels, in dem auch viele Verknüpfungen zum BGB bestehen, bieten die Karteikarten einen guten Überblick.

22.191 *14,80 €*

Gesellschaftsrecht

Die Personengesellschaften, Körperschaften und Vereine haben viele Unterschiede, weisen aber auch Gemeinsamkeiten auf. Um diese mit allen wichtigen Problemen optimal vergleichen zu können, eignen sich besonders die Karteikarten im Überblicksformat.

22.192 *14,80 €*

Strafrecht-AT I

Das vorsätzliche Begehungsdelikt mit all seinen Problemen der Kausalität, der Irrtumslehre bis hin zur Rechtfertigungsproblematik und Schuldfrage ist hier umfassend, aber in bekannt kurzer und übersichtlicher Weise dargestellt.

22.20 *14,80 €*

Strafrecht-AT II

Die Karteikarten Strafrecht AT II decken die restlichen Problemkreise Versuch (insbesondere Rücktritt vom Versuch), Täterschaft und Teilnahme, das Fahrlässigkeitsdelikt und die oft vernachlässigten Konkurrenzen ab.

22.21 *14,80 €*

Die Karteikarten

Strafrecht-BT I

Ergänzend zum Skript werden Ihnen hier die Vermögensdelikte in knapper und übersichtlicher Weise veranschaulicht. Besonders im Strafrecht BT, wo es oft zu Abgrenzungsproblematiken kommt (z.B. Abgrenzung zwischen Raub und räuberischer Erpressung) ist eine Darstellung auf Karteikarten sehr hilfreich.

22.22 *14,80 €*

Strafrecht-BT II

Die Strafrecht BT II - Karten befassen sich mit den Nichtvermögensdelikten. Besonderes Augenmerk wird hierbei auf die Körperverletzungsdelikte sowie die Urkundendelikte und die Brandstiftungsdelikte gelegt.

22.23 *14,80 €*

StPO

In fast jeder StPO-Klausur werden Zusatzfragen auf dem Gebiet des Strafprozessrechts gestellt. Es handelt sich hierbei meist um Standardfragen, aber gerade diese sollten Sie sicher beherrschen. Die Karteikarten decken alle Standardprobleme ab, von Prozessmaximen bis hin zu den einzelnen Verfahrensstufen.

22.30 *14,80 €*

Verwaltungsrecht I

Ob allgemeines oder besonderes Verwaltungsrecht - die einzelnen Probleme der Eröffnung des Verwaltungsrechtsweges werden Ihnen immer wieder begegnen. Wiederholen Sie hier auch Ihr Wissen rund um die Anfechtungsklage, welche die zentrale Klageart in der VwGO darstellt.

22.24 *14,80 €*

Verwaltungsrecht II

Von der Verpflichtungsklage über die Leistungsklage bis hin zum Normenkontrollantrag sowie weitere Bereiche, mit deren jeweiligen Sonderproblemen werden alle verwaltungsrechtlichen Klagearten dargestellt.

22.25 *14,80 €*

Verwaltungsrecht III

Mittels Karteikarten können die Spezifika der jeweiligen Rechtsgebiete umfassend aufbereitet und verständlich erklärt werden. Thematisiert werden im Rahmen dieser Karten das Widerspruchsverfahren, der vorläufige sowie der vorbeugende Rechtsschutz und das Erheben von Rechtsmitteln.

22.26 *14,80 €*

Staatsrecht

Karteikarten eignen sich besonders gut, die einzelnen Grundrechte, Verfassungsrechtsbehelfe und Staatszielbestimmungen darzustellen, da gerade die einschlägigen Rechtsbehelfe zum Bundesverfassungsgericht sehr klaren und eindeutigen Strukturen folgen, innerhalb derer eine saubere Subsumtion notwendig ist. Das Gesetzgebungsverfahren und die Aufgaben der obersten Staatsorgane können hierbei gut wiederholt werden. Auch wird ein kurzer Einblick in die auswärtigen Beziehungen und die Finanzverfassung gegeben.

22.27 *14,80 €*

Europarecht

Nutzen Sie die Europarechtskarteikarten, um im weitläufigen Gebiet des Europarechts den Überblick zu behalten. Vom Wesen und den Grundprinzipien des Gemeinschaftsrechts über das Verhältnis von Gemeinschaftsrecht zum mitgliedstaatlichen Recht bis hin zu den Institutionen wird hier übersichtlich alles dargestellt, was Sie als Grundlagenwissen benötigen. Hinzu kommen die klausurrelevanten Bereiche des Rechtsschutzes und der Grundfreiheiten.

22.29 *14,80 €*

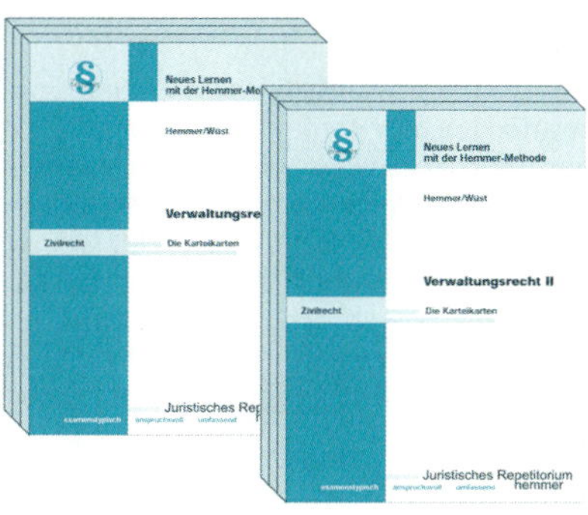

Übersichtskarteikarten

> Ihr Begleiter vom 1. Semester bis zum 2. Staatsexamen! Die wichtigsten Problemfelder im Zivil-, Straf- und Öffentlichen Recht sind knapp, präzise und übersichtlich dargestellt. Sie erfassen effektiv auf einen Blick das Wesentliche. Die grafische Aufbereitung auf der Vorderseite erleichtert den schnellen Zugriff. Die Kommentierung mit der hemmer-Methode auf der Rückseite schafft die Einordnung für die Klausur. Nutzen Sie die Übersichtskarten auch als Checkliste zur Kontrolle.

BGB im Überblick I

Mit den Übersichtskarteikarten verschaffen Sie sich einen schnellen und effizienten Überblick über die wichtigsten zivilrechtlichen Problemkreise des BGB-AT, Schuldrecht AT und BT sowie des Sachenrecht AT und BT.

Knapp und teilweise graphisch aufbereitet vermitteln Ihnen die Übersichtskarten das Wesentliche. Aufbauschemata helfen Ihnen bei der Subsumtion. Für den Examenskandidaten sind die Übersichtskarten eine „Checkliste", für den Anfänger eine Möglichkeit zum ersten Einblick.

25.01 *30,00 €*

BGB im Überblick II

Diese Karteikarten bieten einen Überblick der Gebiete Erbrecht, Familienrecht, Handelsrecht, Arbeitsrecht und ZPO.

Für den Examenskandidaten sind die Übersichtskarteikarten eine „Checkliste", für den Anfänger eine Möglichkeit zum ersten Einblick.

25.011 *30,00 €*

Strafrecht im Überblick

Die Übersichtskarten leisten eine Einordnung in den strafrechtlichen Kontext. Im Hinblick auf das Examen werden so die wichtigsten examenstypischen Problemfelder vermittelt. Behandelt werden die Bereiche Strafrecht AT I und II wie auch BT I und II und StPO. Im Strafrecht BT ist bekanntlich fundiertes Wissen der Tatbestandsmerkmale mit ihren Definitionen gefragt, was sich durch Lernen mit den Übersichtskarten gezielt und schnell wiederholen lässt.

25.02 *30,00 €*

Öffentliches Recht im Überblick

Verschaffen Sie sich knapp einen Überblick über das Wesentliche der Gebiete Staatsrecht und Verwaltungsrecht. Die verwaltungs- und staatsrechtlichen Klagearten, Staatszielbestimmungen und die wichtigsten Vorschriften des Grundgesetzes werden mit den wichtigsten examenstypischen Problemfeldern verknüpft und vermindern in der gezielten Knappheit die Datenflut.

25.03 *16,80 €*

ÖRecht im Überblick / Bayern
ÖRecht im Überblick / NRW

Mit dem zweiten Satz der Übersichtskarteikarten im Öffentlichen Recht können Sie Ihr Wissen nun auch auf den Gebiete Polizei- und Sicherheitsrecht überprüfen und auffrischen. Die wichtigsten Probleme auf den Gebieten Baurecht und Kommunalrecht werden im klausurspezifischen Kontext dargestellt, z.B. die Besonderheiten von Kommunalverfassungsstreitigkeiten im Kommunalrecht oder Fortsetzungsfeststellungsklagen im Polizeirecht.

25.031 ÖRecht im Überb. / Bayern *16,80 €*

25.032 ÖRecht im Überb. / NRW *16,80 €*

Europarecht/Völkerrecht im Überblick

Die Übersichtskarten zum Europarecht dienen der schnellen Wiederholung. Gerade in diesem Rechtsgebiet ist es wichtig, einen schnellen Überblick über Institutionen, Klagearten usw. zu bekommen. Klassiker wie Grundfreiheiten und Verknüpfungen zum deutschen Recht werden ebenfalls dargestellt. Komplettiert wird der Satz durch eine Darstellung der Grundzüge des Völkerrechts.

25.04 *16,80 €*

Skripten Assessor-Basics

Trainieren Sie mit uns genau das, was Sie im 2. Staatsexamen erwartet. Die Themenbereiche der Assessor-Basics sind alle examensrelevant. So günstig erhalten Sie nie wieder eine kleine Bibliothek über das im 2. Staatsexamen relevante Wissen. Die Skripten dienen als Nachschlagewerk, sowie als Anleitung zum Lösen von Examensklausuren.

Theoriebände

Die Zivilrechtliche Anwaltsklausur/Teil 1:
410.0004 *18,60 €*

Das Zivilurteil
410.0007 *18,60 €*

Die Strafrechtsklausur im Assessorexamen
410.0008 *18,60 €*

Die Assessorklausur Öffentliches Recht
410.0009 *18,60 €*

Klausurentraining (Fallsammlung)

Zivilurteile (früher. Zivilprozess)
410.0001 *18,60 €*

Arbeitsrecht
410.0003 *18,60 €*

Strafprozess
410.0002 *18,60 €*

Zivilrechtliche Anwaltsklausuren/Teil 2:
410.0005 *18,60 €*

Öffentlichrechtl. u. strafrechtl. Anwaltsklausuren
410.0006 *18,60 €*

in Vorbereitung: Skript FGG-Verfahren

Karteikarten Assessor-Basics

Zivilprozessrecht im Überblick
41.10 *19,80 €*

Strafrecht im Überblick
41.20 *19,80 €*

Öffentliches Recht im Überblick
41.30 *19,80 €*

Familien- und Erbrecht im Überblick
41.40 *19,80 €*

Skripten für BWL'er, WiWi und Steuerberater

Profitieren Sie von unserem know-how.
Seit 1976 besteht das ,in Würzburg gegründete, Repetitorium hemmer und bildet mit Erfolg aus. Grundwissen im Recht ist auch im Wirtschaftsleben heute eine Selbstverständlichkeit. Die prüfungstypischen Standards, die so oder in ähnlicher Weise immer wiederkehren, üben wir anhand unserer Skripten mit Ihnen ein. Durch unsere jahrelange Erfahrung wissen wir, mit welchen Anforderungen zu rechnen sind und welche Aspekte der Ersteller einer juristischen Prüfungsklausur der Falllösung zu Grunde legt. Das prüfungs- und praxisrelevante Wissen wird umfassend und gleichzeitig in der bestmöglichen Kürze dargestellt. Der Zugang zur „Fremdsprache Recht" wird damit erleichtert. Unsere Erfahrung - Ihr Profit. Die richtige Investition in eine gute Ausbildung garantiert den Erfolg.

Privatrecht für BWL´er, WiWi & Steuerberater
18.01 *14,80 €*

Ö-Recht für BWL´er, WiWi & Steuerberater
18.02 *14,80 €*

Musterklausuren für´s Vordiplom/PrivatR
18.03 *14,80 €*

Musterklausuren für´s Vordiplom/ÖRecht
18.04 *14,80 €*

Die wichtigsten Fälle:
BGB-AT, Schuldrecht AT/BT für BWL´er
118.01 *14,80 €*

Die wichtigsten Fälle:
GesR, GoA, BerR für BWL´er
118.02 *14,80 €*

Garantiert erfolgreich lernen

Wie Sie Ihre Lese- und Lernfähigkeit steigern

Das Leben ist ein ständiger Lernprozess. Ob für Prüfungen, Examina, berufliche und private Weiterbildung: Niemand kommt daran vorbei, sich ständig neues Wissen anzueignen. Wie zeigen Ihnen wie Sie effektiver lernen.

75.03 *16,80 €*

Coach dich!

Rationales Effektivitäts-Training zur Überwindung emotionaler Blockaden

70.05 *19,80 €*

Lebendiges Reden (inkl. CD)

Wie man Redeangst überwindet und die Geheimnisse der Redekunst erlernt.

70.06 *21,80 €*

Die praktische Lern-Karteikartenbox

- Maße der Lernbox mit Deckel: je 160 mm x 65 mm x 120 mm
- für alle Karteikarten, auch für die Übersichtskarteikarten
- inclusive Lernreiter als Sortierhilfe: In 5 Schritten zum Langzeitgedächtnis

28.01 *1,99 €*

Der Referendar

24 Monate zwischen Genie und Wahnsinn

Das gesamte nicht-examensrelevante Wissen über Trinkversuche, Referendarsstationen, Vorstellungsgespräch... von Autor und Jurist Jörg Steinleitner. Humorvoll und sprachlich spritzig!

250 Seiten im Taschenbuchformat

70.01 *8,90 €*

Der Rechtsanwalt

Meine größten (Rein-) Fälle

Die im vorliegenden Band vereinigten Kolumnen erschienen in der Zeitschrift Life&LAW unter dem Titel: „Voll, der Jurist". Steinleitner hat sie für die Buchausgabe überarbeitet und ergänzt.

250 Seiten im Taschenbuchformat

70.02 *9,90 €*

Die Gesetzesbox

- stabile Box aus geprägtem Kunstleder mit Magnetverschluss
- für Ihre Gesetzestexte (Schönfelder und Sartorius)
- innen und außen gepolstert

28.05 *24,80 €*

Orig. Klausurenblock

DinA 4, 80 Blatt, Super praktisch

- Wie in der Prüfung wissenschaftlicher Korrekturrand, 1/3 von links
- glattes Papier zum schnellen Schreiben
- Klausur schreiben, rausreißen, fertig

KL 1		*2,49 €*
S 805	*DinA 4, 80 Blatt, 5er Pack*	*11,80 €*
S 810	*DinA 4, 80 Blatt, 10er Pack*	*22,80 €*

Intelligentes Lernen Wiederholungsmappe

Kaum etwas ist frustrierender, als sich in mühseliger Arbeit Wissen anzueignen, nur um wenige Zeit später festzustellen, dass das Meiste wieder vergessen wurde. Mit dieser Wiederholungsmappe möchten wir diesem Problem beim Lernen entgegentreten. Mit einem effektiven Wiederholungsmanagement werden Sie Ihr Wissen beständig auf einem hohen Niveau halten.

Wiederholungsmappe inklusive Übungsbuch und Mindmapps

75.01 *9,90 €*

Jurapolis - das hemmer-Spiel

Mit Jurapolis lernen Sie Jura spielerisch.

Die mündliche Prüfungssituation wird spielerisch trainiert. Sie trainieren im Spiel Ihre für die mündliche Prüfung so wichtige rhetorische Fähigkeiten. Vergessen Sie nicht, auch im Mündlichen wird entscheidend gepunktet.

Inklusive Karteikartensatz (ohne Übersichtskarteikarten und Shorties) nach Wahl, bitte bei Bestellung angeben!

Lässt sich auch mit eigenen Karteikarten spielen!

40.01 *30,00 €*

bitte abtrennen oder kopieren

Bestellschein

Intelligentes Lernen
mit der hemmer-Methode

Bestellen Sie:
per Fax: 09 31/79 78 240
per e-Shop: www.hemmer-shop.de
per Post: hemmer/wüst Verlagsgesellschaft
Mergentheimer Str. 44, 97082 Würzburg

D

Kundennummer (falls bekannt)

Absender:

Name: Vorname:

Straße: Hausnummer:

PLZ: Ort:

Telefon: E-Mail-Adresse:

Bestell-Nr.:	Titel:	Anzahl:	Einzelpreis:	Gesamtpreis:

+ Versandkostenanteil: 3,30 €
ab 30.- € versandkostenfrei!

Gesamtsumme

Prüfen Sie in Ruhe zuhause!
Alle Produkte dürfen innerhalb von 14 Tagen an den Verlag (Originalzustand) zurückgeschickt werden. Es wird ein uneingeschränktes gesetzliches Rückgaberecht gewährt. Hinweis: Der Besteller trägt bei einem Bestellwert bis 40 € die Kosten der Rücksendung. Über 40 € Bestellwert trägt er ebenfalls die Kosten, wenn zum Zeitpunkt der Rückgabe noch keine (An-) Zahlung geleistet wurde.
Ich weiß, dass meine Bestellung nur erledigt wird, wenn ich in Höhe meiner Bestellungs-Gesamtsumme zzgl. des Versandkostenanteils zum Einzug ermächtige. Bestellungen auf Rechnung können leider nicht erledigt werden. Bei fehlerhaften Angaben oder einer Rücklastschrift wird eine Unkostenpauschale in Höhe von 8 € fällig. Die Lieferung erfolgt unter Eigentumsvorbehalt.

Buchen Sie die Endsumme von meinem Konto ab:

Kontonummer:

BLZ:

Bank:

☐ **Schicken Sie mir bitte unverbindlich und kostenlos Informationsmaterial über hemmer-Hauptkurse in** ____________

Ort, Datum: **Unterschrift:**